KB161682

포스트-코로나
중국 경제 매뉴얼

포스트-코로나
중국 경제 매뉴얼

중 국 이 구 상 하 는 미 래 경 제 로 의 변 신

Post-Covid Chinese Economy Manual

손창호 지음

이담북스

프롤로그

"앞으로 3년 정도는 고생해야 할 것으로 예상합니다."

필자가 만난 북경의 보건 전문가들은 2020년 4월경 코로나 상황이 2023년은 되어야 비로소 종식될 것이라면서 중국에서 방역과 격리가 일상화될 것으로 예견했다. "설마 3년까지야 가겠어?"라고 반문했지만 이들의 판단은 정확했다. 수천 년 넘게 역병(疫病)을 치러 본 경험이 녹아 있는 훈수였다. 실제로 중국은 2022년 12월이 되도록 제로코로나 정책을 고수했다. 중국의 모든 주요 도시들은 대부분 한 차례 이상 봉쇄를 겪었고 중국 전역에 걸쳐 인적 및 물류 이동은 수시로 차단당했다. 건강보(建康寶)라고 불리는 전국적 방역 데이터 시스템이 개개인의 모든 거주지와 건물의 진출입을 실시간 모니터링하면서 코로나의 확산을 통제하였다. 사흘에 한 번씩 인근 코로나 부스에 들러 검사를 받는 것은 하나의 일상으로 자리 잡았다. 14억 명에 달하는 거대인구는 3년에 걸쳐 제로코로나 상황을 감내하고 버텼다. 그리고 2023년 들어서야 비로소 리오프닝이 시작되었다.

제로코로나 기간 동안 중국 경제는 진화했다. 전기차(EV)가 대세로 자리 잡았고 플랫폼 경제의 비중은 더욱 커졌다. 사회경제의 오프라인에서 디지털 온라인으로의 전환이 가파르게 진행되었으며 신에너지, 빅데이터, 인공지능 같은 영역에서의 기술적 도약이 두드러졌다. 중국의 공장들은 코로나가 파급되었던 초기에는 전 세계를 대상으로 마스크와 인공호흡기를 끊임없이 공급하는 글로벌 방역물품 병참기지 역할을 자임하였다. 이후 취해진 제로코로나 정책으로 많은 어려움을 겪었지만 끝내 극복해 냈고 그 과정에서 중국인들이 자국 경제의 저력과 견실함에 대해 자부심을 가지게 된 것도 사실이었다.

코로나 사태에 대응하면서 중국은 중국 특색의 미래 경제 기획을 모색하였다. 코로나로 인한 인명 피해 최소화 성과는 중국 정부로 하여금 새로운 경제정책 추진에 필요한 확고한 지지 기반을 제공하였다. 외부로부터의 경제적 압박이 상시화하고 세계 정치경제의 전반적인 불안정성도 새로운 방향성 모색을 더욱 정당화하였다. 제로코로나 기간 중 부각된 신개념들은 리오프닝 이후 경제 정책의 근간으로 당당하게 자리 잡았다. 일찍이 2010년 대를 대표한 중국몽(中國夢)이나 신창타이(新常態) 같은 개념들은 2020년대 중국의 정책기조를 반영하는 새로운 개념들로 질적 변환하였다. 중국식 현대화, 쌍순환, 공동부유 등 개념들은 3년 동안 국제사회와는 다른 길을 걸어온 중국이 포스트-코로나 시대를 운용하는 좌표이며 지향점이다. 대부분 국가들이 표방한 위드(with)-코로나 정책과 중국이 추구한 제로(zero)-코로나 정책이 각각 거둔 공과(功過)와 그 내면에 서린 세계관의 경쟁, 즉 "위드 대(對) 제로"의 판가름이다.

본서는 현재의 중국을 이해하는 데 필수적인 2020년부터 2023년까지 중국에서 논의되었던 경제 분야의 담론, 정책, 현안 등을 총망라한다. 본서는 총 7장, 59파트로 구성되어 있다. 제1장은 중국 경제의 배경을 설명하기 위해 인구, 지리, 무역, 투자, 경제철학 등 제반 분야를 서술했다. 제2장은 코로나 기간 중 주요 정책담론으로 등장한 중국식 현대화, 신(新)성장, 쌍순환, 공동부유, 대단일 시장 등 개념을 설명했다. 제3장과 제4장은 중국의 거시경제정책의 흐름을 주관하는 제14차 5개년 계획의 주요 부문별 정책방향을 상세하게 소개했다. 제5장은 현재 중국 경제의 주된 현안들인 반도체, 배터리, 희토류, 5G 등 분야를 개괄하고 제6장은 중국과 미국, 일본, 유럽, 러시아 등 국가와의 경제 관계를 서술했다. 마지막 제7장은 한국과 중국 간 경제협력 관계의 흐름과 미래를 조망했다.

본서는 매뉴얼처럼 구성되어 있다. 물론 처음부터 끝까지 읽는 것이 가장 바람직하지만 독자의 관심과 취향에 따라 다양한 독법이 가능하다. 중국 경제에 입문하는 경우 제1장과 제2장을 숙독한 다음 나머지 부분은 통독하기를 권한다. 제1장은 중국 경제를 전체적으로 조망하는 데 필요한 배경과 함께 전반적인 역사적 흐름을 많이 담아냈고 제2장은 중국 정책의 최근 기조를 다루고 있는데, 제1장과 제2장을 이해하면 나머지 부분은 좀 더 쉽게 접근하는 것이 가능하다. 중국 경제에 대한 기본적 지식을 갖춘 경우 제2장과 제5장을 먼저 읽기를 권한다. 2020년대 중국 경제에 대한 주요 정책 테마들과 사업 아이템별 현황을 총망라하면서 요지만 뽑아 정리하여 놓았다. 중국 거시경제에 대해 관심이 있을 경우 제3장과 제4장을 읽으면 중국이 추구하는 향후 10여 년 동안의 정책기조를 이해할 수 있다. 국제정치경제 차원에서 중국을 접근하는 경우 제5장과 제6장에 최근 관심 대상인 주요 현안과 주제들의 요지와 핵심 사안을 서술하였다.

본서가 담은 내용은 중국의 주류적 시각을 반영한다. 2020년 2월부터 2023년 8월까지 북경의 중국 경제 전문가들과의 교류와 대화 속에 담겨 있는 중국식 경제 세계관과 운영 논리에 대한 인식을 최대한 객관적이고 중립적으로 녹여 담았다. 그것은 G2로서의 자신감을 본격적으로 갖기 시작한 2020년대 중국을 반영하는 시각인데 1980년대부터 2010년대와는 질적으로 다른 사고(思考)와 경제관이다. 이들은 모두 중국 경제의 현재와 미래에 대해 치열한 고민을 하고 있으며 그 내면에는 14억 명 규모의 G2 경제를 어떻게 운영해야 할지에 대한 진지한 문제의식이 서려 있다. 그리고 이러한 시각은 현재 진행형이다. 제로코로나 기간 중에도 계속 진화하였으며 중국 경제 리오프닝이 본격화하는 바로 현시점에도 진화 중이다. 중국의 경제관을 정확하게 짚고, 앞으로 어떻게 진행될지 추이를 고민하고, 진단하고, 상호 호혜적인 협력을 모색하는 것은 중국의 최인접국인 한국으로서는 당연한 과제다.

필자는 외교관이지만 본서의 내용은 경제학을 주된 분석의 근간으로 삼았다. 그 이유는 자유시장을 중심으로 하는 주류 경제학 논리가 유용하기 때문이었다. 실제 중국 경제정책 기조에는 다양한 경제학적 접근이 배어 있는데 이를 확인하고, 분석하고, 대조하는 접근은 흥미로우면서도 중국 경제의 이해를 높이는 유의미한 작업이었다. 그 밖에 경제사, 경제발전론, 비교경제학적 접근을 활용하여 중국 경제가 취하는 다양한 정책기조의 역사적 기반을 모색하였으며 최근 많이 논의되는 지경학적(地經學的) 논의도 적극 차용하였다. 아울러 정치외교 차원에서 다뤄지는 중국 경제 관련 다양한 담론들은 외생변수로 삼아 필요한 부분에는 간단하게 언급하는 수준에서 전체적인 글의 흐름이 유지되도록 하였다.

마지막으로 본서의 내용은 모두 일반에게 공개된 정부 발표문, 설명자료, 문건, 서적, 언론보도, 인터넷 홈페이지, 학계 및 연구기관 논문과 보고서 등에만 근거하고 있으며 본서에 담긴 사실관계와 정책들에 대한 평가는 전적으로 필자 본인의 주관적이고 개인적 견해임을 밝혀 둔다.

2023년 8월,
북경에서
손창호

목차

제1장 / **중국 경제의 주요 요소**

중국의 주요 도시

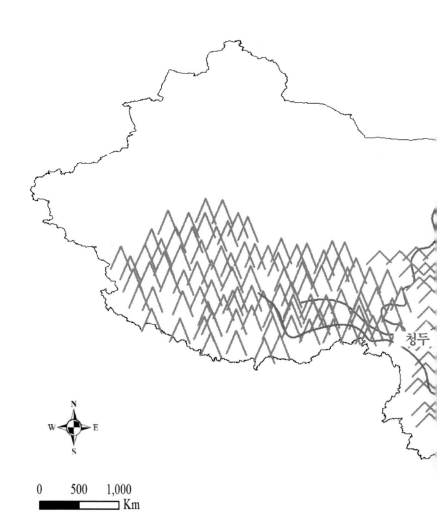

청두

N
W E
S

0   500   1,000
▬▬▬▬▭▭▭▭ Km

중국의 주요 지방정부

신장-위구르
자치구

0　　500　　1,000
Km

동북3성

산서성

북경

산동성

상해

호남성

광동성

중국의 주요 지형

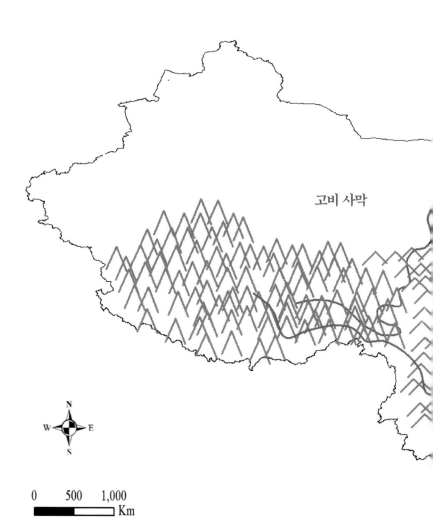

고비 사막

N
W   E
S

0   500   1,000
Km

일대일로 연계 주요 도시 및 항만

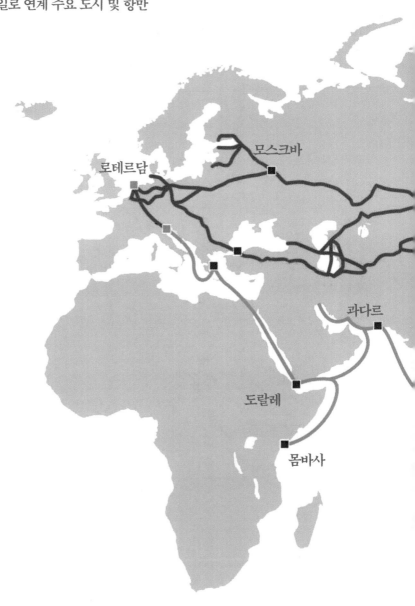

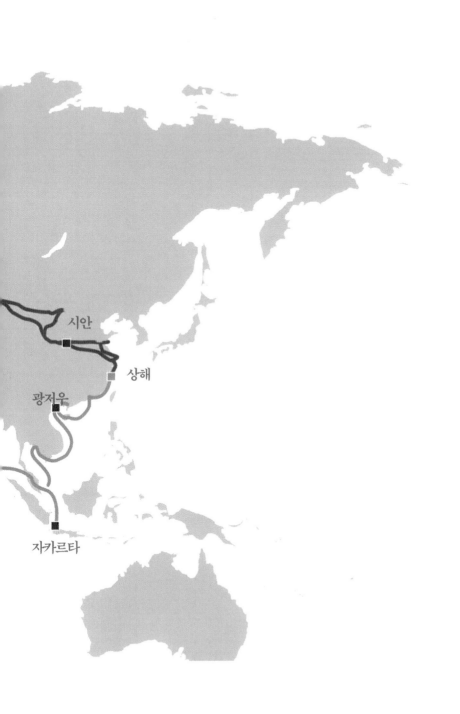

제1장

중국 경제의
주요 요소

거대인구의
국가

국가가 14억의 인구를 보유하기 위해서는 여러 조건을 필요로 한다. 우선 14억 명이 거주하는 땅이 있어야 한다. 중국의 국토는 전 세계 3위를 차지할 정도로 넓다. 다음은 14억 명의 먹거리인 식량이 충분히 생산되어야 한다. 중국은 황하와 장강 유역의 비옥한 농경지를 갖췄다. 마지막으로는 경제사회가 안정되어야 한다. 14억 명이 한 국가를 구성하고 반 세기 이상 통일된 상태를 유지한다는 것은 그만큼 통치 규범이 확립되었고 이를 뒷받침하는 법, 규율, 관습 등이 자리 잡아 있음을 뜻한다. 14억 명을 모두 사로잡을 만큼 강력한 통치규범은 단시간 내에 만들어지지 않는다. 장기간의 시간이 필요하고 그만큼 농축된 문화와 정치 및 사회 철학이 발달되어 있어야 한다. 중국은 기원전 상나라부터 시작해서 현재까지 이르도록 수많은 격동을 거치면서 14억 명의 인구에 이르렀다. 그러는 가운데 중국은 국토, 식량 생산, 그리고 안정적인 경제사회 운영에 대한 풍부한 경험을 갖췄다.

중국이 전 세계에서 차지하는 인구의 비중은 대략 15퍼센트 정도다. 중국은 이 비중을 5천 년 가까이 유지해 오고 있다. 예전의 청나라, 명나라로 거슬러 올라가도 이미 3억 명 수준의 인구를 보유했고, 그전의 송나라와 당나라 때도 5천만 명 넘는 인구를 갖고 있었다. 전 인류의 15퍼센트에 해당하는 인구가 중국의 통일왕조하에서 수 차례에 걸쳐 번영했다는 점은 이들 왕조가 거대인구와 전 영토를 포괄하는 유교, 불교, 성리학 등 시대정신에 맞는 정치철학 또는 종교를 앞세워 전 인구가 공유하는 상징체계를 제공했음을 뜻한다. 이는 이스라엘의 철학자인 유발 하라리의 저서 "사피엔스"에서 국가나 조직의 단합을 위해 갖춰져야 하는 상징 또는 은유를 의미한다. 아울러 넓은 영토를 다스리는 데 필요한 각종 교통과 유통체계를 갖춤으로써 중앙정부의 지시가 신속하게 지방에 하달되어 세금을 효율적으로 거둬들이도록 했다. 관료제가 성장하고 이는 거대 영토와 인구를 관리하는 근간이 되었다. 거대 인구 대부분이 농민이었고 이들은 식량 생산을 맡았다. 농민이 매년 안정적으로 농경작에 매진하도록 하는 것이 모든 중국 경제사회의 기본이었다. 이를 성공적으로 운영하는 왕조는 번영했고 실패하는 왕조는 멸망했다.

새로운 왕조가 번영을 시작하는 과정에서 취하는 조치는 비슷했다. 예를 들어 당나라는 토지제도를 개혁해서 농업을 안정화시켰고 세제개혁을 통해 왕조를 운영하는 데 필요한 자금을 확보했다. 실크로드를 통해 자기(瓷器)와 실크를 고가로 수출하는 흑자무역을 운영하였다. 내부적으로는 도로, 하천, 운하 등을 정비해서 상업이 원만하게 융통되도록 하였다. 지배적인 이데올로기로 인도의 불교를 받아들여 전국적으로 사찰을 짓고 불교문화가 융성하도록 하였다. 전형적인 국가 안정화 조치였고 당나라는 당대 최대의 제국으로 거듭났다.

현대 중국도 거대 영토와 거대 인구를 다스린다는 점에서는 이전의 통일 왕조와 동일한 도전에 직면한다. 현대 중국이 몇백 년 넘게 중국을 다스리는 국가로 자리매김하기 위해서는 앞서 언급한 역대 왕조들의 성과들을 다시금 구현해야 한다. 정치, 경제, 사회, 문화 등 모든 분야에 걸쳐 14억 명에 달하는 인구가 평화롭게 살아가는 체제를 만들어야 한다. 그런 의미에서 중국이 1949년 건국한 이후 많은 혼란을 거쳤음에도 불구하고 1980년대부터 빠르게 경제성장에 성공하고 전반적으로 안정적인 경제사회를 구축한 것은 놀라운 성과다.

1980년대 들어 덩샤오핑이 추진한 개혁개방은 14억 명의 중국인을 새롭게 다뤄야 하는 난제였다. 덩샤오핑이 직면한 과제는 단순히 나라를 외부에 개방하고 중국 내부를 개혁하는 것 이상이었다. 14억 명으로 구성된 거대경제를 안정적으로 운영하겠다는 구상이었다. 여느 중국 왕조와 마찬가지로 현대 중국도 농업을 안정화시켰다. 식량 생산의 원활화가 최우선시되었는데 산적한 도전 중 가장 쉬운 과제였다. 중국이 초창기에 교조적으로 추구했던 사회주의적 집체 농장 같은 실패사례를 내려놓고 자율과 시장경제를 도입함으로써 농민들이 자유롭게 경작생활에 임하도록 했다. 중국의 주된 곡창지대인 장강과 황하 유역에서의 생산량은 급증했다. 당시 8억 명이 넘는 농민들은 나머지 6억 명의 도시인이 필요로 하는 식량을 공급했다.

농업이 안정화되는 가운데 경제 분야에서는 시장경제체제를 도입함으로써 개개인의 역량에 경제를 맡겼다. 수천만 명이 넘는 상인들이 각각의 개인 이익을 극대화하면서 돈을 벌었다. 애덤 스미스가 주창한 시장경제가 구현되었다. 14억 명에 달하는 규모의 경제가 작용하는 역동적인 경제권의 부상이었다. 신흥 성장경제에 필요한 각종 기술과 노하우는 외국으로부터 도입했다. 미국, 유럽, 일본, 한국 등에서 유입되는 각종 투자와 현지 공장 진출은 중국인들로 하여금 빠르게 세계경제로 편입하게 만드는 매개체였다.

14억 명의 거대 인구와 소비시장은 자칫 개방이 가져올 수 있는 외국 경제에 대한 종속의 우려를 잠재웠다. 아무리 미국, 유럽, 일본, 한국의 기업들이 우수해도 결코 14억 명 모두를 아우르지는 못한다는 자신감이었다. 실제로 워낙 큰 소비시장이기 때문에 그 어떤 업체도 중국 소비시장을 독점하기란 불가능했다. 중국 내수시장에 진출을 계속해도 어느 순간부터는 수천만 명에 달하는 중국 기업인들이 기술과 경영 노하우를 따라잡았다. 중국 경제가 대외 개방을 근간으로 30년 넘게 도약한 배경에는 이러한 거대인구를 바탕으로 하는 대마 불사론이 작용하였던 것이었다.

중국 정부는 자유경제를 주장하는 애덤 스미스의 주문을 충실하게 이행했다. 야경정부의 입장에서 외부경제와 공공재를 제공했다. 중국 전역에 걸쳐 토목공사를 단행했다. 여느 왕조와 다름없이 교통과 유통을 정비했다. 도로와 철로를 건설하여 중국의 모든 지역의 신속한 이동을 보장했다. 항만과 공항을 건설하여 외국과의 물류이동이 가능하도록 했다. 발전소와 댐을 지어 전력을 제공함으로써 산업화에 필요한 동력을 갖췄다. 대대적인 도시화 가운데 구식 건물들 대신 고층 건물들을 지어 도시 인구의 거주공간을 마련하였다. 이 모든 조치들은 민간 경제가 번영하도록 만드는 정부의 공공 서비스였다. 이를 통해 민간 경제가 성장하면서 납부한 세금은 다시금 중국 경제에 도움이 되는 각종 사회간접자본과 인프라에 재투자되면서 선순환을 이뤄갔다.

민간 섹터와 공공 섹터가 경제활동을 구가하는 데 있어 거대 인구는 규모의 경제를 가능하게 한다. 중국에서 창업을 할 경우 최소한 수천만 명의 지역 소비시장을 대상으로 하는 이점을 누린다. 지역시장에서 1퍼센트의 소비자만 구입해도 수십만 명을 대상으로 매출을 올리게 된다. 만일 전국구 기업으로 거듭나면 1퍼센트의 인구만 확보해도 천만 명의 소비자를 고객으로 보유함을 의미한다. 판매하는 제품이 소정의 경쟁력만 갖추면 그다음부터는 규모의 경제를 누리기 때문에 그만큼 생산단가가 더 떨어진다. 공공 섹터도 마찬가지다. 전국적으로 도로가 건설되면 도로에 필요한 아스팔트와 시멘트 같은 원자재도 규모의 경제를 누리기 때문에 단가가 떨어진다. 철도, 항만, 공항, 발전소, 댐 등 모든 인프라 시설도 마찬가지다. 중국 경제 전체에 동일하게 적용되는 규모의 경제는 거대 인구가 있기 때문에 가능하고 중국 경제 전체의 경쟁력을 올리는 원동력이다.

중국 경제는 민간 기업들의 자유로운 경영활동을 허용할 경우 고속성장이 가능함을 확인했다. 이러한 중국인의 상업적 기질은 역사상 많이 등장했다. 그러나 또 한편으로는 경제사회가 안정을 유지해야 한다는 요구도 상당하다. 전 세계 15퍼센트에 달하는 거대인구의 불만이 폭증하고 사회질서가 깨질 경우의 불안정성과 무질서는 그 여파가 국가의 존립을 뒤흔들 정도로 크기 때문이다. 성장과 안정의 긴장 관계는 중국사회가 직면하는 근원적인 도전이다. 성장만 구가한 왕조는 급격한 내부 모순 누적과 불균형의 심화가 초래한 내분으로 망했다. 안정만 추구한 왕조는 국력과 기술 정체로 인해 보다 앞선 기술로 무장한 외부 세력에 의해 망했다. 중국의 예전 왕조가 황제를 중심으로 거대한 중앙집권체제를 갖춘 것을 단순히 산업화와 현대화 이전의 구태의연한 통치체제로 간주하기에 앞서 당시 통치자들이 어떻게 인류의 15퍼센트에 달하는 거대인구를 잘 다스려야 할지 여부에 대해 고민했고 어떤 솔루션을 냈는지를 살펴보면 현대 중국관리에 대한 해답도 제시된다.

2020년부터 2023년까지 중국이 겪은 코로나19 팬데믹 사태와 중국의 대응은 전염병 앞에서 안정이 최우선시된다는 정부의 입장이 확연하게 드러난다. 전염병의 불확실한 확진과 파급효과에 직면해서 중국 정부가 취한 제로코로나 정책은 14억 명의 거대 인구를 고려한 안정지향적 조치였다. 다른 대부분 국가들의 인구 규모가 수천만 명에 불과한 상황에서 외국의 확진 사례와 경험은 중국에 적용하기가 어려웠다. 더욱이 일정 숫자 이상의 확진자와 사망자가 발생할 경우 중국사회의 안정성은 극도로 취약해지는 것을 역사적 사례가 잘 일깨워주고 있었다. 14억 명의 중국인이 제로코로나 시기에 경제적 피해를 감내하면서 묵묵히 인내한 이유는 사회적 안정에 대한 선호가 그만큼 크기 때문이었다. 거대 인구로 살아온 중국인들의 선택이었다.

개혁과 개방을 통한
경제 도약

1970년대의 대혼란기를 거쳐 1980년을 맞은 중국 경제는 전 세계 최빈국 수준이었다. 미국 같은 선진국은 이미 중화학 공업을 지나 정보통신 산업으로 전환을 하는 시기였다. 경제적으로 뒤처진 소련조차도 여전히 공산권에서는 강자로 군림하던 시기였다. 중국은 모든 분야에서 뒤처져 있었다. 자유시장권에서는 당연히 배제되어 있었고 공산권 경제에서도 소련의 견제로 인해 존재감이 위축되어 있던 시기였다. 비록 14억 명에 달하는 거대 인구를 보유했지만 폐쇄적인 경제하에서 그 어떤 개혁과 혁신도 존재하지 않는 정체된 경제였다.

덩샤오핑이 중국의 새로운 지도자로 등극하면서 제일 먼저 자각한 것은 중국 안보에 대한 위협이었다. 그것은 또 다른 청나라를 보는 듯한 기시감이었다. 19세기 청나라가 당시 산업혁명에 뒤떨어져 외세 앞에 무릎을 꿇었던 사례의 데자뷔였다. 청나라도 당시 4억 명에 달하는 거대 인구와 국력을 갖췄지만 기술력과 생산력에 앞서 있던 영국에 일방적으로 패배했던 치욕의 역사를 중국은 기억하고 있었다. 덩샤오핑이 개혁개방의 기치를 올린 것은 아픈 역사를 다시금 되풀이하지 않겠다는 다짐이었다. 중국은 미국과 유럽의 경제시스템이 성장을 가져오고, 산업화를 달성하고, 더 나아가 미래성장까지 가능하게 만드는 시스템이라는 것을 시인했고 적극적으로 수용했다. 당시 공산주의를 지향한 소련이 미국과 유럽과의 체제 경쟁과 기술경쟁에서 밀린다는 판단도 중국으로 하여금 친서방 입장을 취하게 만든 배경이기도 했다.

중국 인근에 위치한 한국과 싱가포르 등의 약진도 중국에 큰 자극이 되었다. 무역을 통해 돈을 벌고 기술혁신을 기반으로 경쟁력을 쌓는 접근은 중국에 많은 영감을 주었다. 한국전쟁의 참화로 전 국토가 초토화된 한국이 불과 20여 년 만에 현대화된 산업체계를 구축하고 최신 정보통신 분야에서도 두각을 내는 모습에서 중국은 경각심을 갖지 않을 수 없었다. 그러나 다른 한편으로는 개혁개방에 자신감을 갖게 된 것도 사실이었다. 한국이 푼 성공방정식을 중국도 답습하면 한국만큼 성장할 수 있다는 안도감을 제공하였기 때문이었다.

덩샤오핑이 추구한 개혁개방은 결국 외국의 우수한 경제시스템을 중국에 도입해서 중국의 개혁을 이끈다는 것을 기조로 삼았다. 중국 시장을 개방함으로써 외국 기업들의 진출을 허용하는 접근이었다. 외국 기업들에 14억 명의 거대시장을 내주는 대신 중국은 외국 기업들이 보유한 기술, 영업 노하우, 기업 거버넌스 등을 습득하겠다는 계산이었다. 외국기업들의 요구사항을 받아들이는 것은 당연한 수순이었다. 세제, 토지, 노무, 회계, 교통, 보건, 환경 등 사회 제반 분야에 걸쳐 외국기업들은 중국 당국에 끊임없이 제도개편과 개혁을 요구하였고 중국은 이를 받아들였다.

덩샤오핑의 처방은 옳았다. 1980년대 초기부터 중국 경제는 고도성장을 시작했다. 원래 상거래에 능한 중국인이었기에 친시장, 친기업, 친자본 정책을 도입한 즉시 모든 분야에서 도약했다. 노동집약적인 경공업에서부터 중공업으로, 다시금 중공업에서 정보통신 산업으로 변신했다. 중국에 진출한 외자기업들이 이러한 과정을 동반했다. 저렴한 중국의 노동인력을 활용하기 위해 전 세계 섬유가공업체들이 대거 중국에 공장을 차렸고 그다음에는 전자기업들이 광저우와 상해 같은 연안도시에 투자 진출하였다. 이들은 중국 시장에서 막대한 이윤을 거뒀지만 그 과정에서 중국 상공인들도 외국 기업들의 노하우를 어깨너머로 배웠다. 비록 짝퉁이지만 중국 기업이 자체적으로 의류제품을 제작하였고 전자제품을 만들었다. 바야흐로 "메이드 인 차이나" 시대가 열린 것이었다.

덩샤오핑의 개혁개방 노선은 따라잡기 노선이다. 뒤떨어진 중국이 미국과 유럽 같은 선진국을 따라잡기 위해서는 어쩔 수 없이 이들의 시스템과 노하우를 받아들여야 한다는 전술적 접근이었다. 선진국을 따라잡는다는 것은 기술력과 생산의 발전을 의미하는데 여기에는 안보의 개념도 함께 들어가 있다. 단순히 "잘 살아 보세" 정도가 아니라 기술력과 생산력을 제고하면서 외세로부터의 관여를 배제할 수 있는 실력을 양성함으로써 국가안보를 확고하게 다지겠다는 방어적 입장이 서려 있는 것이다. 중국이 고도성장을 함으로써 민간경제가 윤택해지고 14억 명이 모두 잘 먹고 잘 사는 것은 오히려 부수적인 효과로 볼 정도로 덩샤오핑을 중심으로 했던 중국 지도부가 가졌던 전략적 사고는 확고했다.

2020년대 들어 개혁개방 노선이 재조명되는 것은 당연하다. 중국이 G2 반열에 올랐고 모든 분야에 걸쳐 글로벌 차원의 경쟁력을 구가하기 때문이다. 1980년대 개혁개방이 추구했던 목표는 달성했다. 국력에서는 선진국을 따라잡는 데 성공했고 이제는 선진국과 경쟁을 하는 단계에 들어섰다. 40여 년의 기간 동안 중국은 십만여 개에 달하는 외자기업들의 중국 시장 진출을 허용했고 이들로 하여금 마음껏 중국 시장에서 수익을 거두도록 하였다. 그리고 이들이 요구하는 제도개혁도 상당 부분 받아들였다. 2020년대 중국 경제가 보여주는 모습은 이러한 과정의 결과물이다. 거대한 중국의 내수시장은 14억 명의 소비자들을 대상으로 여전히 성장세를 보이고 대외무역, 투자, 금융 같은 분야도 미국을 위협하는 수준으로 발달하였다.

개혁개방은 미국과 유럽의 선진국들이 중국에게 계속 선진기법과 체계를 훈수 둘 것을 주문한다. 그러나 2020년대 중국 입장에서 미국과 유럽이 중국에게 선보일 새로운 제도개혁은 많지 않다. 기술적이고 실무적인 제도개혁은 모두 끝난 지 오래다. 이제부터 미국이 중국에 요구하는 제도개혁은 중국 사회의 핵심가치를 흔드는 것들이다. 그것은 민주주의, 자유주의, 자본주의, 인권주의를 배경으로 하기 때문에 중국으로 하여금 경제 영역뿐 아니라 정치사회까지 함께 바꿀 것을 요구한다. 더 이상 선진국으로부터 배울 것이 없다고 여기는 중국이 40여 년 동안 유지했던 개혁개방을 재고하는 이유 중 하나다.

민간 섹터와
국유 기업의 관계

다양한 형태의 기업들이 현대 중국을 이끈다. 알리바바, 텐센트, 바이두 같은 인터넷 플랫폼 기업들은 미국의 아마존이나 구글과 대등하게 기업활동을 한다. 비야디 같은 전기자동차 기업들은 미래 자동차 시장을 놓고 테슬라 같은 업체들과 시장을 다툰다. 오포나 비보 같은 핸드폰 기업들은 아이폰과 갤럭시폰을 대상으로 글로벌 핸드폰 시장에서 경쟁한다. 하이얼은 글로벌 가전업체로 부상하여 이미 글로벌 경쟁력을 갖췄다. 이들은 모두 민간업체로서 중국 기업인들이 일궈 놓은 기업들이다. 반면 시노펙, 페트로차이나 같은 국유기업들은 BP와 엑슨 모빌 같은 굴지의 글로벌 민간 기업들과 경쟁하는 것이 사실이다.

이렇듯 국제시장에서는 경쟁하지만 국내시장에서는 독점을 누리는 경우도 많다. 특히 국유기업들이 이에 해당한다. 앞서 언급한 정유회사들은 모두 국유회사다. 중국 내에서는 정부가 석유 및 에너지 분야를 통제한다. 공상은행 같은 국유은행들 또한 외국 금융에 대한 제한적인 개방하에서 중국 내 은행업을 장악한다. 에어 차이나, 남방항공, 동방항공 등 국유 항공사들이 중국 내 항공시장을 독점한다. 중국이동통신이나 중국연합통신 같은 국유 통신회사가 중국의 모든 통신을 운영한다. 전력발전, 수도, 철도, 도로 같은 사회 기간시설도 마찬가지다. 중국의 국유기업이 전체 중국 경제에서 차지하는 비중은 50퍼센트에 달한다.

민간과 국유기업 사이에는 정부와 민간의 특성이 혼재된 기업들이 존재한다. 정부로부터 지원을 받거나 보조금을 받으면서 정책적으로 중국 경제 발전을 유도하는 기업들이다. 자동차, 철강, 석유화학, 신재생에너지 등 자본집약적 산업 분야가 대표적이다. 정부가 운영하는 국유금융기관으로부터 자금을 융통하고 정부가 조달하는 다양한 기간산업에 참여하여 수익을 창출한다. 하지만 국유기업들처럼 글로벌 기업들과의 경쟁에서 자유롭지는 못하다. 이들 기업은 한편으로는 정부로부터의 혜택을 받으면서도 또 한편으로는 치열한 경쟁을 마다하지 않으면서 성장했다.

1980년대 개혁개방은 중국으로 하여금 이렇듯 세 갈래에 걸친 경제성장을 추구하게 했다. 이는 중국이 가진 경제운영에 대한 노하우를 최대한 살린 접근이었다. 1980년 이전까지는 전형적인 국가 통제하에서의 중앙계획경제를 이끌었다. 주요 산업에 대해서는 기업이 아닌 국가의 중앙행정부처인 철강부, 섬유부 등이 시장에서 경쟁하는 것이 아닌 시장을 만들고 관리했다. 다만 이러한 국가계획경제가 더 이상 작동이 불가능하다는 점은 1970년대 후반부터 자명해졌고 1980년대 들어서는 이를 포기해야 했다. 정부가 관장하는 공공 섹터와 민간기업이 자유로운 기업활동을 하는 민간 섹터와의 관계 재정립이 가장 시급한 과제였다.

우선 민간 섹터의 창의성과 혁신성이 요구되는 분야에 대해서는 과감하게 민영화와 자유화를 단행했다. 정부가 손을 떼고 민간 기업으로 하여금 자유로운 경영 활동을 보장했다. 정부가 운영했던 기관들은 민간기업이 인수했다. 정부가 생각하지 못하는 수많은 분야에 우후죽순처럼 기업들이 창업하여 중국의 경제를 견인했다. 다만 이러한 민간 영역의 자유로운 활동은 어디까지나 정부가 허용했기 때문이었다. 정부가 마음만 먹으면 언제든 회수가 가능했다. 이는 여느 자유주의 국가에서처럼 민간의 자유로운 경영과 사유재산제가 헌법 차원에서 보장되어 있는 것과는 원천적으로 다르다. 민간 섹터의 자유로운 활동을 보장하기 위해 정부가 있는 것이 아닌, 정부와 국가가 발전하기 위해 민간 섹터가 육성된다는 접근이기 때문이다.

혼합 영역에서의 정부와 민간의 공조는 1980년대 신흥발전국가들의 모델을 반영하였다. 중국은 인근에 있는 한국, 홍콩, 싱가포르 등의 성공모델에 관심을 가졌다. 경쟁력 있는 민간 기업을 육성하는 과정에서 정부가 다양한 지원을 하는 모델은 중국 같은 사회주의 국가에서도 충분히 가능했다. 특히 한국의 모델이 벤치마킹 대상이었다. 각 산업 분야별로 유망한 기업을 선정하여 이들 기업에 대해서는 보조금과 기술지원 같은 전폭적인 지원을 아끼지 않는 방식이었다. 자칫 정부지원에 익숙해져서 경쟁력이 약해질 것으로 우려하였기 때문에 글로벌 기업과의 경쟁에도 노출시켰다. 우수한 제품과의 경쟁 속에서 자체적으로 경쟁력을 키우도록 유도하였다. 중국 내 시장에서는 다국적 기업들이 공장을 지어 시장의 점유율을 한껏 끌어올렸지만 14억 명의 거대시장은 중국 기업들에게도 충분히 기회를 부여했다. 수출시장에 대한 진출 또한 기술력은 낙후되었지만 가격경쟁력을 갖춰서 한 단계씩 가치사슬을 올라탔다.

중국 국유기업들의 산업 분야는 경제안보 차원에서 비중이 가장 높은 분야다. 14억 명이라는 거대인구와 거대영토를 안정적으로 다스리기 위해서는 필연적인 분야들이다. 금융, 통신, 전력, 철도, 항공, 수도, 보건 등 분야는 모든 국민들에게 공통적으로 공급되어야 하는 공공서비스 분야다. 이러한 분야를 민간 섹터나 혼합형에 맡기는 것은 중국 정부로서는 불가능하다. 자유주의 국가들은 이러한 분야마저 효율성을 중시하기 때문에 상당부분 민영화를 단행했다. 민영 기업들이 운영하는 가운데 정부가 규제를 가하는 접근방법을 취했다. 중국은 반대로 국유기업들로 이들 서비스를 안정적으로 제공하는 과정에서 민간기업의 혁신 능력도 구비하도록 했다.

이러한 세 가지 접근방법은 모두 성공을 거뒀다. 민영기업들은 경공업, 중공업, 테크 기업들은 글로벌 경쟁력을 갖췄다. 혼합 영역에서도 중국기업들은 정부의 지원에만 의존하지 않으면서 경쟁력을 쌓았다. 국유기업들은 중국의 고도 경제성장에 발맞춰 안정적으로 공공서비스를 제공했다. 그러나 중국이 40여 년에 걸쳐 성장을 해왔고 이제는 1980년대와는 전혀 다른 국내외 환경에 직면해 있기 때문에 조정의 과정을 거치기 시작하였다.

가장 큰 과제는 안정성과 효율성의 문제다. 민간 섹터가 성장하면서 자본과 데이터가 공공 섹터 못지 않게 축적되기 시작하였다. 특히 알리바바 같은 플랫폼 기업들이 누리는 자본과 정보는 전 중국을 포괄할 수준이다. 이렇듯 플랫폼 경제가 공공서비스와 유사하게 변모해 가는 것은 중국 정부에게도 고심의 대상이다. 한편으로는 계속 혁신을 해야 하지만 동시에 국가의 안정과 공공 서비스를 보호해야 하는 과제가 있다. 또 한편으로는 혼합경제에 대한 도전이다. 한국도 1980년대까지는 혼합경제를 당연시 여겼지만 1990년대부터 세계무역기구(WTO) 체제에 편입된 이후부터는 사실상 시장 주도형 경제로 변모했다. 이는 자연스러운 전환 과정이었다. 자국 경제가 취약하면 보호주의와 정부의 관여가 묵인되지만 경제가 일정 수준으로 성장하면 자유경쟁체제로 옮겨야 혁신성의 제고가 가능하기 때문이다. 중국으로서도 G2 경제를 이룬 이상 혼합경제 영역에 대한 경쟁력 압박을 어떻게 처리할지 여부가 관건이다. 마지막으로는 국유기업들의 효율성 저하다. 기간산업들도 어느 정도 수준에 오르면 효율성이 문제시된다. 중국의 국유기업들의 혁신성은 알리바바나 텐센트 같은 기업들이 보여주는 민간 섹터의 역량에 비해 많이 부족하다. 정부 당국으로서는 중국 경제의 50%에 달하는 국유기업들의 공공서비스를 보장하는 능력과 혁신성을 어떻게 제고할지 여부가 중국 경제 미래의 향방을 좌우하게 될 것이다.

한국식 경제성장 모델
벤치마킹

　중국 경제는 시장경제와 사회주의경제가 혼합되어 있다. 한편으로는 혁신적인 민간기업들이 기술력을 갖춰 외국기업들과 경쟁한다. 또 한편으로는 거대한 국유기업들이 금융, 인프라, 에너지, 원자재, 전력발전, 철도, 항공사 등을 운영한다. 국유자산관리감독위원회라는 중앙정부기관이 마치 지주회사처럼 이들 국유기업을 관리한다. 자연스럽게 정부 차원의 각종 정책들은 국유기업들이 도맡는다. 제14차 5개년 계획 같은 산업정책을 앞장서 수행하는 주체도 국유기업들이다. 정책자금을 동원하고 거대한 인프라 프로젝트들을 추진하는 등 중국 정부 입장에서는 경제정책을 추구하는 데 있어서 일반 자유시장주의를 운영하는 국가들보다는 훨씬 가용 정책수단이 풍부하다.

　이러한 경제정책 운영은 한국으로서는 기시감이 있다. 왜냐하면 1960년대부터 추구했던 경제성장 방식이기 때문이다. 수출을 하기 위해 선별된 기업들은 금융 당국이 통제하는 국책 은행들로부터 정책자금을 제공받았다. 처음에는 경공업 위주 산업을 육성하였고 1970년대부터는 중공업으로 격상하였다. 이들 기업은 수출전선에서 성공을 거두면서 대기업으로 성장했지만 그 과정에서 다른 기업들은 배제되었다. 정부는 선별된 기업들과 긴밀하게 협력하면서 수출정책을 추구하였는데 이는 한국의 경제성장을 가져온 가장 핵심적인 정책이었다. 자유시장주의보다는 중상주의적 혼합경제 정책이었다.

한국은 1990년대 들어 시장화와 민영화를 통해 선진적인 경제체제를 구축하였다. 정부가 직접적으로 관여하는 경제 영역은 축소되는 가운데 민간의 역할은 계속 증대되었다. 경제개발 5개년 계획 같은 직접적인 산업정책보다는 민간을 지원하는 간접적인 방식으로 선회하였다. 30년 가까이 정부의 통제하에 경제를 운영해 오던 한국이 이렇듯 민간을 중심으로 하는 경제성장으로 전환하는 것은 쉬운 일이 아니었다. 1980년대 말의 노사분쟁과 1990년대 우루과이 라운드에 따른 시장 개방, 그리고 1990년대 말 IMF 위기 등을 거친 이후에야 이뤄졌지만 이는 한국 경제로 하여금 다시금 선진국을 향해 도약하게 만들었다.

중국이 경제성장정책을 추구하는 과정에 있어 한국은 중요한 벤치마킹 대상이었다. 이는 1980년대로 거슬러 올라간다. 개혁개방을 추구하기 위해서는 선례가 필요했는데 한국은 가장 좋은 사례였다. 당시만 해도 한국은 여전히 군사독재였고 대부분의 경제 영역이 정부 통제하에 관리되었기 때문에 중국이 따라 하기 수월했다.

중국은 1981년에 시작된 제6차 5개년 계획을 통해 본격적인 경제성장에 나섰고 이는 자국 산업의 육성과 함께 수출을 통한 외화 확보였다. 한편으로는 한국식으로 정부가 통제하는 영역을 중심으로 산업개발을 하였는데 이는 철강, 석유화학, 자동차, 에너지 등 주로 중공업 분야에 해당했다. 국유은행이 국유기업에게 자금을 제공해서 기업들로 하여금 산업활동을 하도록 하는 접근이었다. 또 한편으로는 민간 영역의 자유화였는데 이는 외국 기업들의 중국 시장 진출을 대거 허용하는 전략이었다. 다국적 기업들은 중국에 공장을 짓고 중국의 저렴한 노동력을 활용하여 제품을 생산하고 이를 다시 제3국에 수출하거나 중국 내수시장에 팔았다. 이 과정에서 중국은 자연스럽게 외국 기업의 기술과 경영 노하우를 습득했다.

한국기업들이 본격적으로 중국에 투자진출을 시작한 것은 1990년대부터였다. 한국은 1960년대부터 30여 년의 경제성장을 거쳐 기업운영과 제조업에 대한 노하우가 중국에 터전을 잡는 시점이었다. 한국이 외국에서도 공장운영을 할 수 있는 수준을 갖춘 시점이었다. 한국 기업에게 중국처럼 가까운 위치에 있고 문화도 유사한 국가에 투자 진출할 기회가 있는 것은 호재였고 중국 기업인들도 반겼다. 중국 입장에서는 서양의 기업들은 바로 따라잡기에 버거웠다. 반면 한국의 기술은 갓 개발도상국의 수준을 벗어난 위치였기 때문에 보다 용이했다. 한국을 따라잡고 그다음에 선진국을 뒤쫓는 것이 가장 수월한 전략이었다. 한국의 기술력도 계속 성장했기 때문에 중국으로서는 한국과 동반하면서 경쟁력을 길렀다.

한국이 세계무역기구(WTO) 체제하에서 또 한 번의 도약을 한 것도 중국에게 관심 대상이었다. 1990년대 한국은 세계화를 구가하였는데 가장 큰 골자는 시장개방이었다. 한국은 30년 넘게 자국 시장을 닫고 외국으로 수출만 하는 불균형한 수출입정책을 추구하였다. 한국은 개발도상국으로서 한국의 시장을 외국의 기업으로부터 보호하려는 당연한 조치였다. 그러나 1994년 우루과이 라운드로 인해 한국의 시장은 열렸고 그 시점부터 한국은 외국의 소비재들이 무관세로 수입되는 시장으로 변했다. 그럼에도 한국은 선전했고 오히려 우수한 외국 소비재들을 본떠 경쟁력을 갖춘 소비재를 만드는 데 성공하는 저력을 보였다. 그리고 WTO가 마련해준 글로벌 무관세 시장에 역으로 수출하면서 도약했다. 중국으로서도 1990년대 말이 되면 경제성장을 구가한 지 20년이 경과하였고 한국과 마찬가지로 10퍼센트대의 고성장에 성공하였기 때문에 시장 개방을 긍정적으로 검토하였다.

한국이 WTO에 가입한 지 7년 후인 2001년 중국의 WTO 가입은 중국으로 하여금 또 한 번의 도약을 가능하게 하였다. 중국은 투자진출뿐 아니라 무관세 수출시장으로 변모하였다. 경쟁력을 갖춘 소비재들이 중국 내 무관세로 수입되었다. 중국 입장에서는 수입시장 개방은 결코 쉬운 결정이 아니었다. 역사적으로 서양 기업들은 19세기 아편전쟁 시점부터 150년 넘게 중국을 소비시장으로 눈독 들였고 중국 시장을 여는 데 심혈을 기울였기 때문이었다. 반대로 중국인들은 청나라 시절부터 현대 중국에 이르기까지 시장 개방에 소극적이었다. 그럼에도 중국은 WTO를 통한 시장 개방을 단행했고 결과는 한국과 마찬가지로 대성공이었다. 중국 시장은 빠르게 선진화를 달성했고 중국 기업인들도 한국 기업인들과 마찬가지로 우수한 외국 소비재들을 접하면서 자국 경쟁력을 끌어올렸다. 중국이 갖춘 대량생산을 기반으로 하는 규모의 경제는 세계무역기구가 제공한 무관세 해외시장을 빠르게 잠식했고 중국은 2010년이 되면서 세계의 공장으로 그 위상을 확고히 갖췄다.

한국의 또 다른 도약을 가져온 정보통신 분야도 마찬가지였다. 한국은 2000년대 들어 발 빠르게 정보통신 분야에서 경쟁력을 쌓았다. 정부 차원에서는 정보통신을 위한 각종 제도를 신속하게 도입하였고 기업들도 전 분야에 걸쳐 우수한 제품을 만들었다. 한국산 핸드폰은 기존 수출 품목들을 빠르게 제치고 수출 효자상품으로 자리 잡았다. 그 뒤로는 메모리 반도체가 뒤따랐다. 중국으로서는 또 한 번 따라 할 수 있는 좋은 성장 모델이었다. 자국에 진출한 핸드폰 공장을 통해 중국은 자연스럽게 정보통신 기술을 습득하였다. 그 과정에 2G와 3G 같은 통신기준들의 중요성도 체감하였다. 한국이 거둔 성공을 보면서 부단히 노력했고 이는 2010년대부터 빛을 발하기 시작하였다.

한국이 그랬던 것처럼 경제성장을 구가한 지 40년이 넘게 흐른 21세기 중국이 자신감을 갖고 세계로 진출하는 것은 자연스럽다. 경공업과 중공업 분야에서 경쟁력을 쌓았고 2001년 이후 시장 개방을 통해 해외시장과 연결되었다. 하지만 한국과는 점차 다른 길을 걷기 시작했다. 한국은 민간 영역의 자유화를 통해 이제는 민간기업이 경제성장을 주도하는 방향으로 선회하였다. 이들이 혁신을 하고 세계와 경쟁하는 접근이다. 정부는 제도적 지원을 할 뿐 시장에 대한 개입을 최대한 자제한다. 반면 중국은 여전히 국가가 경제운영을 주도하고 이 과정에서 정부의 시장 개입도 상당하다. 그것은 중국이 추구하는 사회주의체제하에서 어쩔 수 없는 선택이다.

중국 경제와
지리적 여건

중국 경제는 덩샤오핑이 시작한 개혁개방을 추구한 이래 벌써 40년이 흐르고 있다. 현대 중국은 그동안 몇 차례에 걸쳐 환골탈태를 했을 만큼 변했다. 마치 한국의 1960년대 경제가 2020년대와는 비교도 하지 못할 정도로 변했듯이 중국 경제도 마찬가지다. 다만, 중국 경제의 규모가 워낙 크고 인구도 많기 때문에 최첨단 과학기술 영역과 개발도상국의 낙후된 분야가 공존한다는 점이 한국과 다르다. 연안의 항구를 통해 외국과 교류를 하는 상해, 광저우, 선전 같은 도시들은 세계 여느 대도시와 비교해도 전혀 밀리지 않는 현대적인 도시들이다. 반면 내륙에 위치해 있어 외부와의 접촉이 제한적인 지역들은 여전히 낙후되어 있다.

한국은 반도 형태의 국토를 가졌고 폭이 좁기 때문에 굳이 연안과 내륙을 분간할 필요가 없다. 그러나 중국처럼 국토가 한반도의 수십 배에 달하고 내륙도시의 위치가 연안으로부터 1천 킬로미터 넘게 위치해 있으면 내륙과 해외 간 교류가 어렵다. 중국에서 연안과 내륙의 성장 차이가 가장 크게 도드라지는 것도 이렇듯 국토의 크기 때문이다. 중국 연안으로부터 백여 킬로미터 이내의 대부분 도시들이 고성장을 이룩했다는 점도 이를 잘 설명한다.

남쪽에 광저우, 선전, 홍콩 등이 있고 동쪽에는 상해, 항저우, 수저우, 이우, 염성 등이 있다. 북쪽으로 올라가면 산동반도의 웨이하이와 칭다오가 있고 그 위로 천진과 요동반도의 대련 등이 있다. 모두들 대표적인 공업도시로서 중국의 경제성장을 견인하는 도시들이다.

중국의 대동맥이라고 할 수 있는 장강 유역도 연안 못지않은 경제력을 자랑한다. 난징, 우한, 충칭 등이 중국 중부의 경제성장을 이끄는데 장강을 활용한 물자 운송이 그 중심에 있다. 마치 유럽이 라인강을 따라 주요 경제도시를 구축하였듯이 중국도 마찬가지다. 물론 강을 활용한 경제성장은 현대에 들어서면 그 위상을 철도와 고속도로에게 물려주기는 했지만 이 지역에 면면하게 흐르는 경제와 상업의 유전자를 무시하지 못한다. 현대적 교통수단이 발달하기 전까지만 해도 강을 통한 유통이 가장 유리했고 중국은 수천 년에 걸친 시간 동안 강을 가장 잘 활용한 민족이었기 때문이었다. 지금도 중국 중부의 장강 유역에 위치한 도시들과 남쪽 연안에 위치한 도시들이 치열하게 경쟁을 하는 이유도 이러한 역사적 근원을 무시하지 못한다.

중국 경제도시들이 연안과 강 유역에 위치하는 것은 미국도 마찬가지다. 미국의 동부 중심지인 뉴욕, 보스턴, 볼티모어, 필라델피아는 전통의 제조업 도시들이고 서부의 신흥 도시들인 샌프란시스코, 로스앤젤레스, 샌디에이고, 시애틀 또한 정보통신 등을 중심으로 많은 발전을 구가하고 있다. 동부 도시들은 주력 무역대상이 유럽이고, 서부도시들은 아시아 국가들과 교역을 한다. 유럽이 세계의 중심일 때 신흥 강국이었던 미국은 유럽과의 교역을 통해 빠르게 기술력을 따라잡고 유럽과 동등한 수준에 올랐다. 서부도시들 또한 아시아 국가들이 부상하면서 이들과의 무역을 통해 번영을 누리고 있다. 아무리 미국이 초강국이라고 해도 이렇듯 외국과의 교역 거래 없이 자국의 힘만으로 융성을 구가할 수 없음을 잘 보여주는 대목이다.

장강 유역의 도시들은 송, 원, 명, 청나라로 이어져 내려오는 천 년에 가까운 상업과 제조업의 역사를 자랑한다. 이들이 만든 자기(瓷器), 실크 등 수공업 제품들은 전 세계적으로 각광을 받은 글로벌 제품이었고, 당시 한국의 고려와 조선도 기술을 전수받아서 독창적인 기술을 개발하였다. 중동과 유럽의 상인들이 닝보 같은 항구도시로 몰려와 고가의 금액을 치르고 자기와 실크를 구입해갔다. 물론 이 과정에서 고려도 많은 이득을 챙겼다. 명나라와 청나라 때는 대외 거래의 창구가 남쪽으로 이동하여 광저우에서 이뤄졌다. 제한적인 교역이었지만 이 시기에도 중국이 누린 독점적 수입은 상당하였다. 남부와 중부 지역의 중국 상인들이 갖고 있는 이러한 경제적 경험이 1980년대 들어 빛을 발하는 것은 당연했고 이는 지금까지의 성장을 이끈 기반이었다.

중국이 1980년대 이후로만 국한하면 신흥 제조업 발전 국가다. 그러나 시야를 천 년 넘게 늘리면 다른 시각이 나타난다. 앞서 언급한 주요 도시들 중은 상당수가 천 년 넘는 역사를 지니고 있다. 이들의 역사는 유럽의 주요 공업도시들의 역사를 월등히 능가한다. 영국의 공업도시인 맨체스터, 요크셔 등은 19세기 산업혁명 때부터 공업도시로 성장했다. 역사가 한 2백 년 정도 된다. 독일의 함부르크, 뒤셀도르프, 프랑크푸르트 등 주력도시들 또한 수백 년 수준에 머문다. 반면 중국의 장강 유역도시들은 송나라 때부터 도약했지만 그전 시기인 당나라와 한나라 시절에도 제조업의 전통이 발달했다. 하나의 도시가 이렇듯 역사적 뿌리가 깊으면 지역사회에 많은 전통과 관습, 그리고 선대의 기억과 노하우가 남아있게 된다. 천 년에 달하는 지역사회의 역사 속에서 수많은 선조들의 전승되어 내려오는 이야기와 구술, 번영과 멸망, 전설과 야사 등이 남아 계승된다. 무형의 경제적 저력이다. 외부인에게는 노출되지 않는 지역사회인들만 갖는 경제 분야의 저력이 각 지역마다 주어진 여건에 맞게 성장을 추구하는 것이고 그 방식은 애덤 스미스가 주장하는 자유방임과 전혀 다를 바가 없다.

미국의 주요도시들은 비록 역사가 2백여 년 남짓 되지만 이 기간 동안 다져 놓은 지역경제와 역사는 현대 미국 경제를 이끄는 힘이다. 1900년대 미국 경제를 주름잡았던 록펠러, 카네기, 벤더빌트 등 기업인들은 아직까지도 미국인들의 입에 회자될 정도로 막강한 영향력을 지닌다. 이러한 전국적인 명사 외에도 미국의 중소도시들에 가도 그 지역에서 성공을 거둔 지역 명사들의 역사가 그 지역의 힘을 발휘한다. 그것은 전화, 전신, 항공기, 자동차 같은 대표적인 제품뿐 아니라 코카콜라, 케첩, 시리얼 같은 일용품까지 총망라한다. 미국이 21세기를 구가하는 것은 이렇듯 2백여 년 가까이 쌓아온 혁신의 문화가 있고 그리고 이를 품어낸 지역사회의 독특한 혁신문화와 노하우가 녹여져 성장의 동력으로 작용하기 때문이다.

2백 년 정도의 역사를 가진 미국이 이 정도이면 중국은 더 말할 나위가 없다. 외부에는 잘 드러나지 않지만 천 년도 넘은 역사를 보유하는 이러한 중국 도시들은 자기만 누리는 자신만의 자신감과 노하우가 있는 것은 당연하다. 카네기와 록펠러 같은 인물들이 모든 중국의 주요 경제도시는 물론, 그 보다 작은 중소도시에도 수십 명씩 있다. 이들이 어떤 방면에서 어떻게 부를 축적했고 어떤 장사 수완을 발휘했으며 어떤 흥망을 거쳤는지는 각각의 지역사회에 자연스럽게 녹아 있는 무형문화재다. 그리고 그것은 미국처럼 수십만 명의 도시 수준이 아니라 수백만 명이 넘는 대형 도시와 함께 천만 명이 가뿐하게 넘는 지역사회를 총망라하는 것이다.

　결국 중국이 거둔 고속성장은 한국과 비교하면 매우 유사하지만 그 뿌리는 다르다. 한국은 5백 년에 가까운 조선의 유교 원리주의 통치하에서 상업과 공업이 억압받았다. 한국인이 지닌 상업과 공업 유전자는 다행히 존속하여서 20세기 들어서 다시 만개했지만 1960년대 경제성장을 구가할 당시만 해도 한국인이 뒤돌아서 참고할 선례는 없었다. 미국이 만들어 놓은 세계경제의 틀을 준수하면서 한국은 가난을 극복하기 위한 일념으로 경제성장을 구가하였다. 중국은 다르다. 1980년대부터 개혁 개방을 추구했지만 중국인 입장에서는 늘 해 왔던 경제활동을 리부팅 한다는 의미 그 이상도 그 이하도 아니었다. 수천 년간 이어지는 왕국의 흥망 속에서 중국 경제는 부침을 거듭했다. 수백 년 넘게 도탄에 빠진 중원에서 가난에 허덕이다가 새로운 왕조가 옹립되면 다시금 융성을 되찾는 역사를 반복했다. 각 지역사회는 정치가 불안한 시대에는 조용히 살다가 다시금 평온을 되찾으면 활기를 되찾고 경제활동을 하는 것이다. 각 지역사회는 천 년 넘게 축적된 상업과 경제활동의 노하우가 있으며, 이는 언제 어디에서건 중국 상인들과 기업인의 활동을 좌우하고 중국의 경제성장을 이끄는 것이다.

중국의
상업과 상인

중국이 거대경제를 이룬 배경에는 수천만 명에 달하는 상인들의 활동이 있다. 중국 각지에서 장사에 종사하면서 거대 소비시장에서 물건을 팔고 수익을 거둔다. 거대한 국토를 배경으로 전국 각지로 연결되어 있는 유통 경로를 통해 물건을 실어 나르면서 수수료를 챙기고 차익을 거둔다. 전국적인 규모의 금융권이 만들어지면서 상거래를 통해 교환되는 금전을 융통하고 신용을 거래한다. 주식이나 채권을 발행해서 자금을 조달하고 이를 갖고 새로운 투자를 하여 장사의 규모를 늘린다. 그 과정에서 해외로도 눈길을 돌려 새로운 국제 영업망을 만들고 바이어를 모색한다. 거대 시장에서 쌓은 노하우는 글로벌 시장에서도 충분히 경쟁할 수준이기 때문에 중국의 상인들은 세계 무대에서도 그 능력을 인정받는다. 동남아에 진출한 화교들은 물론, 미국과 유럽에 뻗어 있는 차이나 타운들은 중국 상인들의 거점지이며 이를 통해 중국 경제의 세계화가 추구되고 있다.

거대인구와 거대영토를 보유하고 있다는 뜻은 그만큼 경제활동의 영역이 큼을 의미한다. 중국 동서남북이 갖춘 산맥, 하천, 평원 같은 지형과 아열대, 열대, 온대, 냉대 같은 기후대는 각각 다양한 토산품을 생산한다. 어떤 생산품은 공급이 많은 대신 어떤 필수품은 공급이 부족하다. 이를 메우는 작업이 상업이며 상인들이 매개체다. 스스로 보따리를 메고 이 고을 저 고을 걸어 다니면서 물건을 파는 보따리 장수가 나중에는 마차나 선박 같은 교통수단으로 옮긴 다음, 현대로 넘어오면 철도, 항공, 자동차 등으로 발전하지만 한 곳에서 필요한 물품을 다른 한 곳으로부터 조달하여 공급한 다음 그 대가로 차익을 거두는 원리는 동일하다. 중국은 그 규모가 대륙의 차원이며 대상 인구는 14억 명이라는 규모의 경제가 있다는 점에서 양적인 차이점이 있다.

상인의 한자인 "商"은 중국 상나라에서 기원했다. 은나라라고도 불리는 중국의 시조 격인 상나라 사람으로부터 상업이 유래했다는 것은 그만큼 상업이 국부를 증진시키고 나라를 일으키는 힘을 갖췄음을 의미한다. 5천 년 역사를 가지는 중국에게 거대한 영토와 거대한 인구는 상수였다. 그리고 상업은 선택이 아닌 필수였다. 모든 왕조는 얼마큼 전국 방방곡곡에 퍼져 있는 물자를 신속하게 조달하는지 여부에 따라 흥망이 갈렸다. 그것은 유통망과 상업제도의 정비에 달려 있었다. 그리고 그 과정에서 상인이 얼마큼 자유롭게 활동하는지 여부가 관건이었다. 정부로서는 상인들과의 관계는 긴장을 유지하면서도 상호 이익을 위해 공생하는 형태였다. 전 중국을 대상으로 장사하는 거부들은 언제든 자신의 재력을 써서 권력을 추구할 수 있었다. 권력을 추구하는 야심가들은 이러한 재력을 활용하려는 욕심이 언제나 있어 왔다.

중국 왕조의 이면에는 정부와 상인의 관계를 어떻게 정립할지에 대한 고민이 언제나 서려 있었다. 이것은 얼마큼 상인을 자유롭게 할지 여부에 대한 고민이었고, 반대로 상인은 얼마큼 정치로부터 거리를 둘지 여부의 긴장 관계였다. 중국 왕조들이 대부분 유교를 국정원리로 채택한 이상 상인은 중국의 거버넌스에서 중심부에서는 벗어나 있었다. 유교를 추종하는 사대부들이 정권을 독점적으로 운영하는 대신 상인들은 경제 영역에서 최대한의 자유를 누리면서 상업에 종사하는 이원적인 체제였다. 유교는 상업에 대해 거의 언급을 하지 않는다. 유교의 정점인 성리학에 이르면 아예 사농공상 같은 위계질서하에서 상업은 가장 천대받는 영역으로 전락하였다. 그러나 중국 같은 거대 경제권에서 상업이 가장 밑으로 내려갔다는 점은 역설적으로는 중국의 통치 영역 관여 없이 자율적으로 작동했음을 의미하기도 하다. 즉 애덤 스미스의 자유방임주의가 자연스럽게 중국에는 자리 잡았다는 점이다.

중국의 상업 역사는 언제나 거부들이 등장한다. 춘추전국시대의 여불위 같이 잘 알려진 명사들도 있지만 모든 왕조에는 다들 한가락 하는 억만장자급의 상인들이 왕조의 상업을 좌지우지했다. 이들이 존립하는 방식은 정치와는 일정한 거리를 두는 방식이었다. 주류 세력 및 실세들과의 관계를 튼실하게 하면서 자유방임 체제하에서 자신의 상업 노하우를 실천하였다. 거대 영토는 이들 상인들에게는 무한한 기회를 제공하였다. 바다를 접한 연안 지역에서는 해상을 토대로 장사를 하였으며, 장강 유역의 상인들은 내륙 운송을, 북쪽 내륙은 실크로드 같은 육송 경로를 통해 상업을 영위하였다. 자체적으로 어음을 발행하고, 신용을 만들었으며, 각 지역마다 연결되는 지사를 설립한 것은 현대 기업들과 동일했다. 각 지역의 공권력과는 긴밀한 유대 관계를 맺었으며 유교가 요구하는 정치 불참 거리 두기를 준수하였다. 공권력이 필요로 하는 물자는 언제나 제공하였고 그 대가는 애덤 스미스가 주창하는 자유방임이었다.

예를 들어, 중국의 유명한 상인 중에서 청나라의 강춘(江春)은 중국 동남부 내륙인 안휘성의 소금 상인이었다. 당시 청나라를 다스린 건륭제는 60여 년 간 즉위하면서 청나라의 번영을 이끌었는데, 그는 종종 장강 유역으로 순시를 내려와서 남방의 경제 상황을 직접 점검했다. 총 7차례에 걸쳐 남방순시를 했는데 강춘은 그때마다 건륭제의 방문을 반기기 위해 자신의 재력을 아끼지 않았다. 건륭제가 순시하는 운하와 도시 정경을 정비하는 미화활동을 대대적으로 꾸몄으며 아예 건륭제가 묵을 수 있는 황제용 별도 숙소 자체를 만들기도 하였다. 건륭제가 좋아하는 정원을 만들어 황제를 즐겁게 했으며 황제의 덕을 기리는 탑을 올리기도 하였다. 강춘이 얻은 대가는 황제의 비호였으며 자신의 경영 영역을 계속 넓혔다. 다만 상도를 지켜 과도한 독점력 행사를 자제하였으며, 그 외에도 수해, 국방, 운하 등 인프라 정비에도 자발적으로 기부금을 내어 국정에 기여하였다.

중국은 거대영토와 거대인구를 갖고 있기 때문에 정치체제가 어떤 이념을 채택하는지 여부와 무관하게 상업은 존재했다. 그럼에도 불구하고 중국이 상업을 최우선시하지 않은 것은 유럽의 계몽주의와 구별된다. 유럽 또한 중세시기에는 상업이 천대받았다. 가톨릭교가 모든 것을 지배하는 시대에 상업은 설 자리가 없었다. 그러나 가톨릭교의 부패가 오히려 상업의 발달을 촉발했다. 교황청에서 발급하는 면죄부를 구매하면 천당으로 갈 수 있다는 상업적 교리의 거래는 가톨릭교 부패의 가장 정점이었고 이에 대한 반발로 마틴 루터의 청교도 혁명을 불러일으켰다. 그러나 청교도 교리는 상업을 배척하지 않고 오히려 캘빈주의 등을 통해 상업을 정당화시켰다. 그 후부터는 상업의 전면적인 부상이었고, 이는 왕정 정치, 시민혁명, 그리고 신흥 자본주의의 대두 등으로 이어졌다. 즉 비즈니스가 정치권력과 대등하거나 또는 이를 능가하는 중요성을 지니게 된 흐름이었다. 중국이 유교와 성리학 등으로 상업을 계속 천대했던 것과는 달랐다.

중국이 1980년대 개혁개방을 통해 다시금 강국으로 부상한 것은 자유로운 상업활동의 허용과 무관하지 않다. 중국이 1980년 전까지만 해도 개발도상국 중에서도 낮은 수준의 경제력을 지녔던 것 또한 상업의 억압에 따른 결과로 볼 수 있다. 그러나 중국의 5천 년 역사에서 상업의 억압과 이를 해제하는 과정은 반복되어 왔다. 정부가 가지는 정치 이념을 어떻게 상업과 조화시키는지 여부에 달렸다. 현대 중국은 사회주의를 근간으로 하기 때문에 상업과는 이질적이다. 하지만 사회주의를 그대로 중국 같은 거대 영토와 거대 인구에 기계적으로 적용하는 것은 사실상 불가능하다는 점은 수 차례 증명되었다. 1980년대 들어서 중국 정부가 실용주의를 채택한 것은 중국인의 상업 본능에 회귀하는 자연스러운 귀결이었다. 이전 중국을 다스렸던 통일 왕조도 동일한 실험을 했고 모두가 내린 결론은 상업은 필수불가결하다는 점이었다. 이 점을 간과한 왕조는 망했고 이를 어떻게든 반영한 왕조는 흥했다.

중국의 국력이 이들 상인의 힘에 나온다는 것은 자명하다. 중국 서점에서 애덤 스미스의 "국부론"이 마르크스의 "자본론"과 함께 팔리는 것은 중국인의 실용주의적 세계관을 잘 반영한다. 그리고 중국은 40여 년간 수행한 자유방임이 1980년 이전 40년과 비교했을 때 얼마큼 큰 차이를 가지는지를 현재 진행형으로 경험하고 있다. 중국판 스티브 잡스와 제프 베조스 격인 리옌훙(바이두), 레이쥔(샤오미), 마화텅(텐센트), 마윈(알리바바) 등이 대표적인 상인들이다. 모든 실용주의가 마찬가지지만 이는 끊임없는 시행착오를 필요로 한다. 중국이 개혁개방과 고속성장을 통해 일궈낸 번영과 융성의 부작용은 부정부패와 정경유착 등이 있다. 이 과정 또한 이전 중국의 역사에 잘 나타나는 현상이다. 이러한 부작용을 어떻게 없애고 어떻게 조화로운 공존 관계를 만들어가는지 여부는 현대 중국 앞에 놓인 과제다. 그러나 이 과제는 중국에만 국한되지 않는다. 유럽과 미국이 만들어 놓은 시장중심 자본주의도 피할 수 없는 과제이기도 하기 때문이다.

중국 경제의
컨넥티비티(connectivity)

중국의 거대 영토와 거대 인구를 관리하기 위해서는 신속하고 효율적인 교통과 통신시설을 갖추는 것이 필수적이다. 중국이 자랑스럽게 내세우는 고속철도와 5G 같은 교통과 통신수단은 중국을 1일 생활권을 구축하였고 즉각적인 통신이 가능하도록 만들었기 때문에 그 의미가 크다. 중국 당국은 북경에서 중국 어디든 연락을 취할 수 있고 필요시 사람과 물자를 당일 급파하게 되었다. 14억 명을 통솔할 수 있는 강력한 수단을 갖췄음을 뜻한다. 하지만 더 나아가 중국의 14억 인구 또한 중국 전국 어디든 손쉽게 이동할 수 있고 연락을 취할 수 있게 되었기 때문에 경제활동의 효율성은 물론 무궁무진한 경제적 기회 창출이 가능해졌다.

중국의 통일왕조들도 거대영토와 거대인구가 가지는 잠재력을 정확하게 인식했고 이를 극대화하기 위해 노력했다. 그것은 도로, 운하, 항만 등의 건설로 이어졌다. 이미 고대 상나라 때부터 도로는 중원을 연결하는 중요한 기능을 했고 진시황이 중국을 통일한 직후 대대적인 도로 개편이 뒤따른 것은 제국을 효과적으로 다스리기 위한 당연한 조치였다. 그 후 왕조들도 비슷했다. 중국 전역에 통치권을 확충하고 그 밖에 효과적인 식량과 물자의 운송과 유통 체제를 구축했다. 운하가 대표적인 운송 수단이었는데 이는 수나라가 통일한 직후 남쪽의 물자를 북쪽으로 실어 나르기 위해 만들었다. 이후 원, 명, 청나라로 이어지면서 보수와 확장이 이뤄진 것은 운하가 가진 중요성을 잘 대변한다.

중국의 통일왕조들이 거대한 영토의 연계성인 컨넥티비티(connectivity)를 강화하는 것은 중앙정부의 통솔력이 얼마큼 지방에까지 미치는지 여부를 결정지었다. 교통과 통신이 느리던 근대까지 중앙의 지침이 지방까지 하달되는 데 아무리 빨라도 1주일 넘게 소요되었다. 지방에서 다시 중앙으로 회답을 하는 경우도 동일한 시간이 걸렸다. 이렇듯 느리게 이뤄지는 교통과 통신 체제하에서 지방은 많은 자율권을 쥐었고 중앙정부도 지방정부의 재량을 인정할 수밖에 없었다. 중앙으로부터 멀리 떨어진 지방 행정부일수록 그만큼 재량권이 컸다. 광동성처럼 중국 최남부에 위치한 지역은 거의 모든 분야에서 자체 재량을 가졌던 것은 그만큼 중앙으로부터 거리가 멀었기 때문이었다. 중앙정부가 취하는 각종 정책이 실제상황과 괴리되었을 경우 지방 행정청은 중앙의 방침과 다르게 활동하기에도 쉬운 구조였다. 중앙정부로서는 끊임없이 교통과 통신수단을 개선하는 데 많은 관심을 기울이는 것은 당연했다.

반면 중국의 민간 섹터는 정부 차원에서 정비되는 교통과 통신수단을 수익 창출에 활용했다. 전국 각지의 상인들은 각 지역별 토산품을 거래하면서 이익을 챙겼다. 중국 인구가 늘고 경제가 발달하면서 각 지역별 주요 경제중심지를 근거로 전국을 대상으로 장사하는 대상인들이 나타났다. 이들은 각 지역마다 회관(會館)이라는 지사를 만들어서 지역별 토산품을 거래했다. 광동, 복건, 강서, 안휘, 산서, 절강 등 각 지역을 대표하는 지역 상업공동체인 회관들은 전국 각지에서 활동을 하면서 동향 상인들의 외지에서의 거래를 지원하였다. 대상인들이 발행하는 어음은 전국적으로 통용되었고 조운과 역참을 활용한 신속한 정보의 유통도 중국 상업의 발달에 기여하였다. 거대인구와 거대영토에서 어떻게 거대이윤을 창출하는지에 대한 고민은 5천 년 넘게 중국에서 이어 내려온 과제다.

정부가 통치를 강화하기 위해 교통과 통신을 정비하는 접근은 미국과는 구별된다. 미국은 민간 섹터가 수익을 창출하기 위해 교통과 통신발달에 나섰다. 거대한 영토를 대상으로 자유로운 기업활동이 가능하였던 미국 기업인들은 자신들이 자본을 조달하고 기술을 축적하여 교통과 통신 체제를 구축하였다. 19세기 철로건설이 대표적이었고 20세기 통신체제 구축도 마찬가지였다. 정부보다는 민간 섹터가 주도했고 이러한 자유방임적인 교통과 통신의 정비 가운데 미국은 전국적인 규모의 경제활동이 가능해졌다. 미국은 지방자치를 중시하기 때문에 중앙정부의 전국적인 통제에 대한 유인이 약했던 점도 중국과 차별되는 이유 중 하나다.

중국이 1980년대 들어 개혁개방을 추진하면서 역점을 둔 분야가 교통과 통신 분야였던 것은 중국 왕조들이 추구했던 컨넥티비티 강화와 동일한 맥락이다. 최신 도로, 철도, 운하, 항만, 공항 등을 구축하여 북경의 지방에 대한 통제를 공고하게 하였다. 그 과정에서 중국의 민간 섹터는 교통과 통신의 발달을 따라 거대 영토와 거대 인구를 대상으로 경제활동을 구가했고 규모의 경제를 달성함으로써 경쟁력을 배양했다.

디지털 분야는 연계성을 증진하는 새로운 방식으로 각광받는다. 중국 정부는 디지털 기술을 극대화함으로써 지방에 대한 통제를 가일층 확대시켰다. 북경의 중앙정부는 디지털 기술을 통해 실시간으로 지방에서 벌어지는 상황을 파악하고 이에 대한 관여와 통제를 대폭 강화하였다. 역대 왕조들이 꿈으로만 상상했을 실시간 지방통제가 가능해진 것이다. 민간 섹터의 경우 대기업들은 예전 수준의 교통과 통신망이 아닌, 인터넷을 통한 실시간 상업 활동이 가능해지면서 규모의 경제에서 나오는 수익은 천문학적으로 커졌다. 전국적인 규모의 장사가 더 이상 대기업에게만 국한되지 않고 일반 중소기업들도 인터넷 환경을 통해 가능해졌다.

컨넥티비티로 극대화한 디지털 경제는 앞으로 중국의 경제성장을 가늠할 핵심 분야다. 다만 어떤 방향으로 갈지에 따라 그 성공의 행방이 달리 나타날 것이다. 디지털 양식은 정부의 공공행정의 강화도 이뤘지만 더 큰 성과를 거둔 분야는 민간 섹터였다. 텐센트나 알리바바 같은 기업들은 인터넷을 활용하여 막대한 수익을 창출한 것은 물론 14억 명에 대한 데이터를 확보하는 것은 새로운 변화다. 사실상 정부와 맞먹는 정보를 이들 기업들이 보유하게 된 것이다. 이전에는 아무리 민간 기업이 몸집이 크더라도 정부의 정보력을 능가할 수 없었다. 하지만 이제는 다르다. 민간 영역이 공공 영역까지 관리할 수 있는 역량을 가지게 되었다. 디지털 환경에서 공공 섹터와 민간 섹터는 불편한 동거를 지속하게 된다. 중국 정부가 직면한 새로운 도전이다.

거대 인프라 강국

중국은 거대한 영토와 인구에 걸맞은 인프라를 갖췄다. 중국의 도로망, 철도망, 항공망, 통신망 등은 모두 전 세계 1위를 다툰다. 공항, 항만, 육로 터미널, 운하 등 기간 시설들은 중국 전역을 촘촘하게 연결한다. 이를 통해 14억 인구가 중국 전역을 이동하고, 경제활동을 영위하며, 서로 교류한다. 규모의 경제가 가능하기 때문에 비용을 절감하고 효율성을 높이면서 규격화를 달성한다. 중국 내 어디를 가더라도 모두 비슷한 시설과 건물들인 이유는 빠른 경제성장 과정에서 모든 지역들이 동시다발적으로 인프라를 구축하는 과정에서 가장 효과적인 방식을 공통적으로 채택했기 때문이다.

인프라를 건설하여 거대 영토와 인구를 다스리는 과업은 기원전 2세기 중국 진나라로 거슬러 올라간다. 드넓은 중원과 수천만 명의 인구를 관리하기 위해 도로와 운하 등 기간시설 건설에 집중했다. 이후 통일왕조들도 마찬가지였다. 기원후 7세기 당나라, 13세기 원나라, 15세기 명나라, 18세기 청나라 같은 왕조들은 모두 당대 최대 규모의 인구와 영토를 다스려야 했고 이에 대한 해결책으로 인프라 구축에 힘썼다. 그 방식은 동일하게 교통을 촉진하고 빠른 의사전달의 추구였다. 도로를 깔았고, 역참을 정비했으며, 내륙 운하를 뚫었다. 이러한 교통과 통신망을 활용하여 중국의 통일왕조는 경제발전을 이룩했고 번영을 누렸다.

철도가 등장하기 전까지 중국에서 가장 중요한 교통의 맥은 운하였다. 장강에서 북쪽을 향해 천km 넘게 올라가는 운하는 중원과 장강을 연결했다. 장강은 중국의 깊숙한 내륙에 위치한 사천성까지 이어지기 때문에 중국을 관통하는 대동맥이다. 장강 유역 전체가 비옥하기 때문에 모든 식량 생산이 장강을 통해 이동하고 중국 인구가 수억 명으로 증가하도록 만든 지역이기도 하다. 장강 지역의 식량과 물자는 상해 인근으로부터 북쪽으로 연결되는 운하를 통해 중원으로 이동했다. 물론 중원의 황하 유역도 비옥하지만 장강유역만큼은 아니다. 중원은 장강의 물자 덕택에 마찬가지로 경제성장과 인구성장을 이뤘다. 특히 운하의 최종점이 중국 북단에 위치한 북경으로 이어지고 있어 중국은 명나라 때부터 다소 척박한 북경에 수도를 둬도 운하를 통해 충분히 식량과 물자를 조달하게 되었다.

운하의 중요성은 전 세계 어디에나 비슷하다. 철도의 발명 전에 유일한 육로 교통수단은 말이나 낙타 같은 사족(四足) 동물인 반면 운하는 비교적 안정적이고 대량의 물자 이동이 가능하게 했기 때문에 어디든 경제성장과 상업의 발전을 견인했다. 미국의 경우 이리(Erie) 운하는 19세기 미국 동부의 뉴욕과 내륙의 5대호 지역을 연결함으로써 뉴욕의 번영을 가져왔다. 북경이 대운하를 통해 물자를 조달했듯이, 뉴욕도 이리 운하를 활용하여 5대호 인근의 비옥한 프레리의 생산물자를 신속하게 받게 되었다. 뉴욕은 시민들의 식량의 해결은 물론 이리 운하로 운송해 오는 물자를 처리하는 종착점으로서 금융업을 발달시켰다. 이는 미국을 중앙에서 종단하는 미시시피강 종착점에 있는 뉴올리언스도 마찬가지였다. 유럽의 경우 유럽 대륙의 정중앙을 남북으로 관통하는 라인강을 유럽 내륙 경제의 대동맥으로 활용하였다.

중국은 거대영토와 거대인구가 있기 때문에 대형 인프라를 구축했지만 반대로 거대영토와 거대인구를 통해 무한한 물자와 노동력 조달이 가능하기 때문에 대형 인프라를 구축한 측면도 있다. 중국 역사에서 토목공사를 위해 수십만 명 또는 수백만 명 이상의 노동력이 동원되는 경우는 늘 있어 왔고 이는 중국이 자랑하는 대운하와 만리장성 같은 인프라를 건설하는 원동력이었다. 중국이 가지는 통일 왕조로서 전 인구를 통제하는 힘을 지녔기에 가능했다. 이러한 수준의 노동력 동원 능력은 고대의 이집트 정도뿐이 없었다. 그러나 이집트가 피라미드 건설에 집중한 반면 중국은 경제생활에 도움이 되는 인프라를 중시한 것이 다른 측면이었다. 미국의 이리 운하조차도 6백km 수준에 불과하고 토목과 기술력 등이 많이 발달한 19세기에 만들어졌다는 측면에서 이미 한나라 시절로 거슬러 올라가는 중국의 대운하와는 차이가 있다.

대운하와 중국 전역을 연결하는 도로망이 얼마큼 잘 정비되어 있는지 여부에 따라 그 왕조는 더욱 번영하고 융성했다. 그리고 연결망이 와해되면 그 왕조는 멸망의 길을 걸었다. 현대 중국도 이러한 논리를 잘 알고 있다. 그리고 1980년대부터 시작한 개혁개방은 경제성장의 기초인 인프라에 집중한 것은 당연했다. 전국적으로 철로를 재정비하고 그다음 작업으로는 고속철도를 부설했다. 모든 도시에 공항을 짓고 국내 항공망을 구축했다. 중국 전역을 수 시간 이내에 도달하는 1일 경제권으로 만들었다. 철로가 갖춰질

때마다 성장률은 올랐다. 고속철도를 통해 이동 시간이 일반 철도보다 몇 배 빨라지면서 경제성장도 그만큼 급증했다. 거대 영토가 가지는 비교우위의 자원이 얼마큼 신속하게 이동하는지 여부에 따라 그만큼 상업활동이 빨라졌다. 내륙에 위치한 사천성의 자원이 신속하게 상해와 북경으로 운송되었다. 남쪽의 광저우와 선전의 제품들이 저 멀리 북쪽의 시안이나 선양으로 유통되었다.

거대 인프라의 혜택으로 규모의 경제가 가져오는 수많은 부대적 효과들이 있다. 현대 중국에서 도로, 철도, 통신 등 기간산업을 건설하기 위해서는 거대한 규모의 자금을 필요로 한다. 이는 금융의 발달과 함께 수년간 이어지는 공사기간 동안 자금을 어떻게 융통해야 하며 나중에 수익의 환수는 어떤 방식으로 해야 하는지에 대한 복잡한 자금운용을 필요로 한다. 금융 문제가 해결되면 실제 산업을 이행하는 사업자가 어떻게 필요한 물자를 공급받고 정해진 시간 계획 내에 공사를 단계별로 마치는지에 대한 기획과 시공 능력을 필요로 한다. 거대 인프라가 요구하는 수많은 건축 기자재들을 국내외에서 언제 어디서 어떻게 조달할지 여부에 대해 기획하고 이를 실제로 이행해야 한다. 수천 명에 달하는 노동력을 동원해야 하고 이들이 차질 없이 공사장에서 기획된 작업을 완료해야 한다. 이러한 중국의 모든 사업들은 규모의 경제를 갖췄기 때문에 모든 분야에서 원가 절감이 가능했다.

또 하나의 혜택은 거시경제 차원의 경기부양 능력이다. 거대 인프라의 건설은 그 자체만으로도 수많은 일자리를 창출시키기 때문에 저명한 경제학자인 존 메이나드 케인스가 주장하는 수요견인 경제성장 정책으로 이어진다. 마치 미국의 루스벨트 대통령이 1929년 대공황 이후 뉴딜 정책을 통해 각종 토목사업을 거쳐 경기전환을 달성했듯이 중국은 1980년대부터 대규모 인프라를 단행함으로써 개방정책과 함께 거시경제 차원에서 또 하나의 경제성장 동력을 갖춘 셈이었다. 중국은 이렇듯 인프라 투자를 통해 30여 년간 경제성장을 추구하였다.

중국의 인프라 노하우는 이제 중국을 벗어나 세계로 향하기 시작했다. 한국이 1970년대부터 중동 붐을 통해 건설의 세계화에 성공한 만큼 중국도 2010년대 이후부터는 본격적으로 세계의 인프라 시장의 문을 두드리기 시작했다. 중국이 자랑하는 고속철도의 경우 이미 몇몇 국가에서 건설이 시작했을 정도로 반응이 좋다. 그 밖에 항만, 공항, 도로, 전력발전 등 분야에서 중국이 제시하는 건설 분야의 노하우는 기존의 인프라 강국들과는 다른 새로운 경쟁력으로 부상하고 있다. 그것은 중국이 자국의 거대시장에서 쌓아온 노하우를 바탕으로 삼기 때문에 미국이나 유럽은 물론 한국과도 차별된다. 더욱이 중국의 경쟁력은 2000년대 이후 축적할 정도로 최신식이다. 미국이 전 국토를 대상으로 도로와 철도를 건설한 것은 1960년대가 마지막이다. 비록 건설 분야에서의 기술 노하우는 발전했지만 이를 전 국토 차원에서 시행한 지 벌써 50년이 넘게 흘렀다. 하지만 중국은 여전히 현재 진행형이다.

중국의 산업화를 견인한
해외직접투자

1980년대부터 중국은 개혁개방 정책을 추구하기 시작하였다. 그동안 중국의 뒤처진 경제를 반등시키겠다는 의지가 서린 정책의 전환이었다. 그리고 그 방식은 외국기업들로 하여금 자유롭게 중국에 진출하도록 함으로써 선진적인 제품 생산방식과 기업운영 노하우를 터득하겠다는 접근이었다. 선진화와 산업화 학습을 위해 중국이 치르는 비용은 자신의 거대 소비시장을 외국기업에게 내주는 방식이었다.

개혁개방 정책을 배경으로 하는 투자진출은 중국으로 하여금 경제적 도약을 성공하게 만든 1등 공신이었다. 외국의 다국적 기업이 중국에 공장을 짓기 위해서는 많은 과정을 거쳐야 한다. 공장 부지를 확보한 다음 공장을 짓는 데 필요한 기자재가 공급되도록 물류가 갖춰져야 한다. 정부의 각종 인허가를 받은 다음 공장을 실제 건설하는 데 필요한 현장 근로 인력의 수급이 원활해야 한다. 기자재와 인력수급이 가능하기 위해서는 자금이 융통되어야 하는데 이를 위해서는 은행이 중개 역할을 해야 한다. 실제 공장 건설이 시작되면 공기(工期) 내 완성이 될 수 있도록 현장감독을 철저히 하면서 공장 설계대로 건설되는지 여부를 잘 확인해야 한다. 공장이 완공되면 가동을 위한 각종 물자 및 인력 수급이 가능해야 하고 생산된 물자가 제대로 공급될 수 있는 물류와 판로를 확보해야 한다. 1980년대 중국은 이러한 모든 과정이 일천했다. 중국의 현대화 과정은 외자기업들이 모든 생산과정을 관리와 감독하는 가운데 이뤄진 것이다.

중국에 대한 투자진출은 외국인 인력의 현지 거주를 필요로 했다. 공장을 세우고 관리하는 모든 과정에는 외국인이 관여했다. 1980년대 개혁개방 시점에 일련의 과정을 아는 중국인은 전무했다. 외국 투자자는 중국에서 수년간 생활하면서 투자진출을 수행했다. 외국인이 거주하기 위한 생활공간을 마련해야 했다. 열악한 중국인 일반 투숙환경에 묵을 수는 없었다. 외국인 전용 아파트 같은 거주공간이 건축되었다. 외국인을 위한 각종 편의시설이 입주한 외국인 거주 구역도 마련되었다. 외국인 입맛에 맞는 식당, 생활용품을 파는 편의점, 위락시설이 갖춰진 유흥공간 등이 들어섰다. 수년 이상 거주해야 하는 외국인 자녀들을 위한 국제학교도 만들어졌다. 외국인들은 월등한 소득차이를 누렸다. 외국인이 주재하는 공동체 구역은 인근 중국인 거주 구역과는 확실하게 차별화되었다. 중국인들은 이 과정에서 외국인이 누리는 선진 문물을 눈여겨봤다. 아파트, 식당, 편의점, 위락시설, 생활방식 등은 뒤처져 있던 중국인에게는 신세계나 다름없었다. 하지만 이를 벤치마크 삼아 중국도 발전했다.

현지 투자를 통해 만들어지는 각종 제품들은 중국 시장을 석권했다. 유통채널도 외국인 물류기업들이 장악했다. 이 과정은 미국과 유럽 기업도 있었지만 일본과 한국기업도 예외는 아니었다. 한국의 모든 경공업 및 소비재

기업들은 중국에 생산기지를 만들고 중국 시장에서 팔았다. 14억 명의 중국 시장은 5천만 명의 한국 시장의 28배에 달하는 규모였다. 한국 유통기업이 중국 곳곳에 투자진출을 통해 대규모 백화점과 대형판매 매장을 만들었고 이러한 유통 채널에 한국 기업이 만든 제품을 팔았다. 미국의 월마트와 프랑스의 까르푸 같은 매장들이 전면에 나서 중국 시장을 공략했다. 하지만 중국인들은 이를 유심히 관찰했다. 그 과정에서 중국 자체 유통매장을 세우고 짝퉁 제품을 만들었다. 14억 명에 달하는 거대 시장이었기 때문에 짝퉁 매장과 짝퉁 제품도 일정 수준의 매출을 올리는 것이 가능했다. 짝퉁끼리도 경쟁을 했다. 그리고 점차 경쟁력을 갖춘 짝퉁 제품과 매장들은 다른 경쟁자들을 제치면서 외자기업과도 경쟁을 하는 수준으로 성장했다.

외자투자기업들은 중국에 공장을 세운 다음 제3국으로도 수출했다. 중국 수출의 절반 정도가 외자기업에 의한 수출일 정도로 외자기업의 비중은 높다. 중국에서 만든 제품을 중국 항만을 통해 해운선박에 선적시킨 다음 수입목적지로 운반하는 것이 주된 진행이다. 이 과정에서 제3국과의 물건 주문과 구입대금 결재, 수출 신용장 개설, 물류 운송 등이 가능하도록 각종 정보통신체계가 갖춰져야 한다. 대금결제 같은 자금 융통이 원만하게 되기 위한 외환 거래도 즉각 이뤄질 수 있어야 한다. 물류비용을 줄이기 위한 운송, 교통, 선적, 하역 같은 부분에서도 정부당국의 긴밀한 협조를 필요로 한다. 외자기업들은 중국의 저임금 노동력을 십분 활용함으로써 경쟁력을 제고하였다. "메이드 인 차이나" 제품은 미국과 유럽시장을 석권하였는데 그 제품들은 모두 미국과 유럽의 제조업자들이 중국에 공장을 세워 만든 제품들이었다. 미국과 유럽 소비자 입장에서는 자신들의 눈에 익은 제품들의 가격이

30퍼센트 이상 떨어진 점에 대해 반색하지 않을 수 없었다. 그리고 미국과 유럽 소비자에 팔리는 제품들이 다른 지역에서도 팔리는 것은 당연했다. 외자기업으로서는 자국 시장에서는 최소한의 가격절감만 해서 이윤을 챙기고 나머지는 다른 개발도상국 시장에서는 보다 많은 가격 할인을 통해 시장점유율을 올렸다. 그럼에도 이윤이 보장될 정도로 중국 사업장의 경쟁력은 강했다.

중국 기업들도 외자기업을 따라 했다. 짝퉁 제품들을 만들어 세계에 수출하였다. 품질은 낮았지만 워낙 저가였기 때문에 잘 팔렸다. 외자기업들이 구축한 각종 물류 유통 채널과 마케팅 방식을 중국 기업들도 그대로 답습하였다. 그리고 중국 실정에 맞게 개선해 나갔다. 미국, 독일, 영국, 프랑스, 한국, 일본 등의 최고 기업들이 만든 시스템이었다. 중국은 가장 좋은 것들만 선별하면서 경쟁력을 제고하였다. 그 과정에서 생산 작업장에서 사용되는 제조 기술, 기계, 원자재, 관리 노하우 등을 모두 어깨너머로 습득하였다. 공장에서 몇 년 근무한 근로자들은 공장을 관두고 비슷한 생산시설을 갖춰 놓고 짝퉁 제품을 수출하였다. 대부분 실패하였지만 그중 일부는 경쟁력을 제고하여 살아남았다. 스타트업과 비슷했다. 20개의 짝퉁 기업 중 19개가 망했지만 1개는 살아남았다. 14억 명에 달하는 거대 시장에서 5퍼센트의 생존 확률은 중국으로 하여금 전 업종에 걸쳐 경쟁력을 갖도록 하는 데 충분했다. 소위 "대륙의 실수"라고 불리는 기업들이 속속 등장했다.

중국은 1980년대 개혁개방을 한 이래 40년 정도의 시간을 거쳐 G2로 부상하는 데 성공했다. 외자기업의 투자진출 허용은 절대적인 역할을 했다. 하지만 중국인은 1910년대로 거슬러 올라가는 초창기 외자기업들의 중국 시장 진출 흑역사를 잊지 않았다. 일정 기간 동안은 자신들의 시장을 내주겠지만 어디까지나 학습비용에 불과한 것이라는 점이다. 중국 기업인들은 절치부심하면서 경쟁력을 키웠고 중국 정부는 이를 뒷받침하는 가운데 중국 소비자들도 양질의 자국 기업들이 제품을 제대로 생산하기를 기다렸다. 경공업, 중공업, 정보통신 공업 분야에서 성과가 나왔고 중국 소비자들은 이에 부응했다. 중국 소비자들은 가게 매대에 올라온 중국산 제품을 구입했고 중국 공장장들은 자국 메이커가 만든 기계를 구입했다. 짝퉁 차량, 짝퉁 가전제품, 짝퉁 핸드폰을 구입했고 손해를 보는 과정을 되풀이하였다. 하지만 그 과정에서 강자들이 나타났다. 비야디, 하이얼, 샤오미 등이 등장하면서 외국 제품들과 대등하게 경쟁하기 시작하였다.

중국은 외국에도 투자를 시작했다. 경공업, 중공업, 정보통신 산업 등을 총망라하면서 세계로 진출하고 있다. 공장을 짓고 인프라를 구축하면서 외자기업들이 중국에서 했던 방식을 이제는 중국이 수행하기 시작했다. 중동, 동남아, 아프리카, 중남미 등 지역에는 중국기업들이 다방면에 진출해서 존재감을 높이고 있다. 중국 인프라 관련 기업들이 철도와 도로를 부설하고 그 이후에 중국 제조업 기업들이 진출하는 수순이다. 광물과 각종 원자재 방면에도 진출하면서 업스트림 분야에서의 경쟁력을 제고한다. 중국 기업들의 해외 투자진출은 미국과 유럽 기업들과 유사한 측면도 있지만 구별되는 부분도 상당하다. 그것은 40여 년 동안 외자기업들을 유치하면서 중국이 터득한 노하우의 중국식 응용이다.

2010년대들어 중국은 G2로 부상했다. 중국에 진출했던 외자기업들 중 상당수는 중국 토종기업에 밀려 퇴출당했다. 이제는 경쟁력을 갖춘 기업들만 중국에 남아 중국 기업들과 치열하게 경쟁하고 있다. 제14차 5개년 계획은 여전히 중국에 대한 외자기업의 투자를 장려한다. 그러나 이러한 투자의 주문은 예전과는 다르다. 중국의 경제성장에 도움이 되는 기업들로 하여금 투자를 하도록 하는 선별형 투자진출을 희망한다. 중국은 여전히 14억 명의 거대시장을 갖췄다. 그리고 틈새시장의 규모도 여전히 천만 명 이상이다. 소득수준이 1인당 만 불 이하인 2선도시의 성장 잠재력도 상당하다. 웬만한 개발도상국이 중국 내에 여전히 수십 개 이상 존재하는 것이다. 중국은 이러한 도시와 지역들에 대해서 지금까지 연안 도시에서 거둔 성공 사례를 되풀이하고 싶어 한다. 그리고 이를 위해 외자기업의 투자를 다시금 유치하는 것은 자연스러운 정책적 흐름이다.

중국 경제성장의 엔진:
무역

무역 없이 강대국이 되기는 불가능하다. 대영제국은 해양무역을 장악함으로써 해가 지지 않는 대제국을 건설했다. 미국은 제2차 세계대전 이후 전세계 무역을 장악하고 경제 패권을 쥠으로써 초강대국의 지위를 유지하고 있다. 중국도 새롭게 떠오르는 강대국으로서 1980년대 이후 개혁개방을 통해 무역 증진을 통해 G2 지위에 올랐다. 중국은 명실공히 세계의 공장으로 탈바꿈함으로써 6조 달러에 달하는 무역고를 올리고 있으며 이는 전 세계 모든 물자가 중국을 통해 교류된다고 해도 과언이 아니다. 현대 중국과 마찬가지로 예전의 중국 역대 왕조들도 모두 무역을 통해 국력을 증진했다. 고대 한나라와 당나라는 물론, 중세의 송나라, 원나라, 명나라와 함께 근세로 들어와서 청나라도 모두 무역으로 흥하고 쇠했다. 현대 중국은 이렇듯 예전 중국 왕조들이 거뒀던 성공 사례를 다시금 답습하고 있는 것이다.

가장 유명한 무역루트는 실크로드였다. 중국이 글로벌 경쟁력을 갖췄던 실크가 주된 교역 품목이었고 이는 금괴를 갖고 거래될 만큼의 귀중품이었다. 무역의 비중에 있어 의식류는 언제나 그 비중이 높다. 그것은 고대 무역에서도 마찬가지였고 특히 그 어떤 재료보다도 품질이 좋은 실크는 전 세계 모든 고관대작과 부유층으로부터 필수 제품으로 각광받았다. 천 년이 넘는 시간이 경과되어도 낙타를 이끌고 중동으로부터 수천 킬로미터를 거슬러 오는 카라반의 광경은 소비자가 가지는 의류에 대한 열망을 상징했다. 중국은 천 년 넘는 기간 동안 글로벌 무역의 최고가 제품을 독점적으로 판매했던 것이었다. 이는 독점 이윤이었으며 전 세계의 금이 중국으로 모이는 역할을 했다. 실크로드를 운영했던 한나라와 당나라 같은 국가들이 융성을 구가했던 주된 동력이었다.

중국이 가진 또 하나의 독점 생산 품목은 자기(瓷器)였다. 유럽이나 중동 국가의 주된 식기는 토기 또는 목기였다. 중국이 생산하는 고급 자기와는 하늘과 땅 차이의 품질이었다. 실크가 의류의 최정점에 있었던 것처럼 자기는 식기의 최정점 아이템이었다. 실크로드를 통해 카라반이 비단을 구매해 가듯이 중국산 자기는 해운을 통해 외국 상인들에게 고가에 팔렸다. 송나라가 대표적인 사례인데 중동과 인도 등에서 오는 상인들은 금이나 은으로 자기를 샀고 송나라는 이렇게 축적된 무역자본을 갖고 초기 자본주의형 제조업을 육성시켰을 정도로 번영했다.

중국이 역사적으로 취한 대외 무역이 이렇듯 절대적 우위를 근간으로 한 것은 시사하는 부분이 많다. 2천 년 넘는 기간 동안 중국은 독보적인 실크와 자기(瓷器) 생산기술을 바탕으로 세계시장에 독점 공급하였다. 그 밖의 영역에서도 중국은 글로벌 수준의 산업 경쟁력과 풍부한 자원을 지녔기 때문에 외국에 어떤 필수 물자를 전적으로 의존하는 무역은 존재하지 않았다. 주변 왕국은 물론, 사막과 바다를 건너올 정도로 중국이 공급하는 최첨단 물자에 대한 수요는 컸고 중국의 왕조들은 선심 쓰듯이 대외무역에 임했다. 새로운 무역강국으로 등장한 대영제국이 19세기 들어 이러한 중국의 우월한 절대 우위 앞에서 궁여지책으로 아편을 무역물품으로 활용하는 전대미문의 편법을 쓴 것도 어떻게 하든 당시 중국이 누리던 압도적인 경쟁력을 극복하려는 노력의 일환이었던 것이다.

이러한 배경하에서 중국이 1980년대부터 추구한 개혁개방은 수천 년간 누려왔던 절대우위 무역의 포기였다는 역사적 의의를 지닌다. 1980년대에 중국이 세계무대에 절대우위를 지닌 물품은 하나도 없었다. 하루빨리 우수한 해외 제도를 도입하여 개혁을 추구하고 이를 통해 경쟁력을 제고하는 것이 급선무였다. 중국 경제는 경공업을 중심으로 하는 노동집약적 산업에서부터 시작하였다. 글로벌 가치 사슬 밑단에 해당하는 단계였다. 값싼 면직물, 의류, 장난감, 문구류 등 1달러 수준의 박리다매 제품을 수출하면서 무역을 시작했다. 한때 자기(瓷器)와 실크로 세계시장을 호령했던 시절과는 천양지차였다. 중국은 차츰차츰 계단을 밟고 올라갔다. 경공업을 졸업하면서 중공업으로 단계를 올렸다. 중공업에서 경쟁력을 확보한 다음 정보통신 분야와 서비스 분야로 계속 상승했다. 40여 년 동안 중국의 무역은 상대우위론에 기반한 자유무역에 충실했고 중국은 이에 걸맞은 가치사슬에서의 자리를 부여 받았다. 미국과 유럽의 선진국들이 부가가치를 가장 많이 올리는 상품 디자인과 서비스 분야를 차지하고 중국은 그 밑에서 하도급 받아 제조를 도맡는 역할분담이었다.

중국은 무역을 통해 고도의 경제성장을 이뤘다. 그것은 40여 년에 걸친 교역의 성장으로 이제는 연간 6조 달러에 달하는 무역고를 달성하는 수준으로 성장했다. 그동안 중국이 축적한 무역흑자는 45조 달러인데 원화로 따지면 5천조 원이라는 천문학적 규모다. 그러나 무역이 국력을 신장시키는 것은 중국 입장에서는 새로운 경험은 아니다. 예전의 왕조들이 그러했듯이 현대 중국 또한 매년 수천억 불 규모의 무역흑자를 자국 국력 신장에 활용함으로써 G2의 지위에 올랐다. 무역의 경로도 연안도시를 활용한 해운에 중점을 두면서 예전의 실크로드를 부활하는 취지에서 중앙아시아와의 교역도 함께 중시한다. 아시아 중심부에 위치하는 거대 영토를 활용하여 해양으로의 출구와 대륙으로의 경로를 모두 활용하면서 무역을 증진하겠다는 의도다.

중국은 천 년 넘게 실크와 자기(瓷器)의 독점력을 활용하여 국력을 신장했다. 21세기 중국은 40여 년의 무역과 경제개방을 통해 중국은 많은 분야에서 기술력을 따라잡았고 이제는 비교우위를 넘어 절대적 우위를 누리기 시작했다. 거의 모든 제품이 가격경쟁력에서 우위를 점하기 시작한 것이다. 이는 중국으로 하여금 예전 왕조가 그랬듯이 독점 이윤을 챙길 수 있는 여건을 갖췄음을 뜻하기도 하다. 중국은 글로벌 무역망에 있어 중요한 비중을 차지하고 있다. 제조업의 중심이며 거대 시장을 기본으로 하는 규모의 경제를 우위로 삼아 여타 국가들과는 비교하기 어려운 이점을 누린다. 코로나 팬데믹 시기에 전 세계 공장들이 생산에 차질을 빚고 있음에도 유일하게 공장을 계속 가동하여 "세계의 공장"으로서의 위상을 보여줬다. 그리고 경제성장에 따라 향상하는 소득수준과 이에 버금가는 수억 명에 달하는 중산층이 대두하였다. 중국으로서는 다시금 예전 왕조의 전철을 따라 자국 시장에 안주하면서 대외적으로 폐쇄적 입장을 취한 여건이 마련된 것이다.

중국은 다시금 과거와 마주한다. 한편으로는 비교 우위에 기초한 개방경제와 자유무역이다. 또 한편으로는 역사적 관성에 못 이겨 예전의 명나라나 청나라처럼 쇄국을 하는 길이다. 후자의 길은 안정적이기는 하지만 혁신에 뒤처지는 문제가 발생한다. 아무리 거대 경제권이라도 혼자만의 역량으로는 혁신에 한계가 있다. 명나라와 청나라가 실크와 자기(瓷器)라는 독점기술을 갖췄지만 이 또한 시간이 흐르면서 유럽에 따라잡혔고 더 이상 중국산 실크와 자기에 대한 수요는 소멸했기 때문이었다. 그 이후에 중국이 내세운 주력수출제품이 고작 토산품인 차(茶)로 전락했다는 점은 시사하는 바가 크다.

화폐정책 운영의
노하우

통화는 현대 중국에게 중요하게 다뤄진다. 사회주의를 근간으로 삼는 중국이기 때문에 자본주의의 근간인 돈은 요주의 대상이다. 여느 국가에서는 독립적으로 운영되는 중앙은행이 유독 중국에서만큼은 행정부의 일부분으로 취급되는 이유 또한 통화 같은 중요한 개체를 독립된 기관이 운영하는 것을 허용하지 않겠다는 정책적 의지다. 무분별한 통화의 팽창을 방지함으로써 인플레이션을 막고자 한다. 금융부분에 대한 정부의 통제를 확고하게 함으로써 금융상품이 가져오는 통화량의 확대를 방지한다. 이자율과 대출에 대한 규제는 정부가 국내 통화량을 제어하는 확실한 정책 장치들이다. 국제적 자본거래를 제한함으로써 외국으로부터의 외화 유입을 통제한다. 중국 통화당국은 2중, 3중에 걸친 통제체제를 갖춤으로써 중국 통화가 자국 경제에 미치는 영향을 방지한다.

중국인인 쑹훙빙의 저서인 "화폐전쟁"은 중국 당국이 가지는 통화에 대한 특유한 시각을 잘 설명해 준다. 기축통화를 지배하는 국가가 글로벌 패권을 쥔다는 사실은 자명하다. 로마제국이 그랬고, 몽고제국이 그랬다. 더 근대로 오면 대영제국과 현재의 미국 달러화가 또한 당대의 패권국가로서 통화가 가지는 전 세계적인 위력을 보여줬다. 그리고 그 배후에 있는 금융 업자가 어떻게 거대한 자본을 활용하여 전 세계 중요한 전쟁의 향방을 좌우 했는지를 서술한다. 전쟁에 필요한 막대한 군비조달은 정부 예산과 함께 거 대 자본이 배후에서 자금을 융통함으로써 가능했다는 접근은 통화가 가지 는 위력과 이에 대한 통제권의 중요성을 보여준다. 통화의 지배가 경제에 대한 지배는 물론 국가에 대한 지배까지도 좌우한다는 시각은 현대 중국이 준수하는 중요한 경제관이다.

현대 중국이 거시경제의 원만한 운영을 위해 통화를 통제하듯이 중국을 통일한 역대 왕조들 또한 비슷한 시각에서 통화를 운영했다. 다만 그 시각 은 통화를 일종의 인프라 체계로 취급함으로써 거대한 영토와 인구가 물자 를 원만하게 융통하는 데 통화를 유용한 수단으로 다룬다는 점에서 차이가 있다. 본격적인 통화의 사용은 한나라로 거슬러 올라가지만 이미 그전에도 원시적인 형태의 통화가 존재할 만큼 중국에서 통화의 사용은 보편적이었 다. 이는 전국적인 규모의 유통과 상업이 진행되면서 자연스럽게 진화되어 온 발전이었고 왕조가 바뀌면서 계속 개선되었다. 당나라의 건원중보는 대 표적인 통화였고 송나라로 올라오면 지폐가 선보일 정도로 중국에서의 통 화와 금융의 발전은 신속하게 이뤄졌다. 명나라와 청나라로 이어지면서도 통화와 금융은 4억 명에 달하는 인구와 거대영토를 아우르는 상업권의 운 영과 맞물려 계속 진화했다.

인플레이션은 모든 왕조들이 겪었다. 국력이 쇠퇴하면 경제 당국은 통화 를 남발하고 인플레이션이 발생했다. 정부가 통화를 남발하기 때문에 통화의 가치가 떨어지는 것을 의미한다. 이는 저명한 헤지펀드 투자자인 레이 달리오가 저서 "변화하는 국제 질서"에서 쇠락하는 국가의 가장 큰 특징으로 부채의 증가를 지적한 데서 잘 알 수 있다. 근세로 넘어오면서 인플레이션 문제는 더욱 심각해졌다. 청나라는 원래 국내경제를 안정적으로 운영하는 가운데 서양 열강에 대해 차, 자기, 실크 등을 수출하면서 막대한 무역흑자를 누린 왕조였다. 그러나 무분별한 군비조달로 외화를 탕진했고 대외 무역기조 마저 영국이 아편을 수출하면서 무역수지가 적자로 돌아섰다. 청나라 통화는 이후 서양 열강과의 전쟁 속에서 그 가치를 잃었고 왕조는 멸망의 길을 걸었다. 인플레이션 문제는 이후 중원에서 패권을 쥔 국민당 정부도 마찬가지였다. 중일전쟁으로 인해 막대한 통화를 발생했고 그마저 국민당의 부정부패가 만연하면서 인플레이션을 넘어 초인플레이션을 겪을 정도로 통화정책은 그 신뢰를 잃었다. 국민당이 국공내전에서 패배한 가장 큰 이유로 인플레이션이 거론되는 것은 그만큼 폐해가 컸음을 보여준다.

현대 중국이 비록 사회주의를 근간으로 하지만 통화 운영에 대한 이해도가 상당한 수준인 것은 이러한 역사적 경험에 근거한다. 그리고 본격적인 경제를 운영하기 시작한 1980년대가 가지는 함의도 있다. 바로 직전인 1970년대는 전 세계가 인플레이션으로 인해 많은 문제를 겪던 시대였다. 제1차 오일쇼크와 제2차 오일쇼크가 가져온 파장은 상당했다. 원유가격이 급상승하면서 에너지 공급이 초래한 인플레이션이 전 세계 경기를 급강하시켰다. 더 나아가 1940년대부터 30년 넘는 기간 동안 무분별한 정부의 재정적자는 수요 측면에서도 인플레이션 압력을 가져왔기 때문에 1980년대 들어선 세계경제는 인플레가 공공의 적이었다. 본격적인 개혁개방에 나선 중국으로서는 이러한 글로벌 경제상황에 예민하게 반응했고 각국이 취한 보수적인 통화정책과 반(反)인플레 기조에 영향을 받지 않을 수 없었다.

현대 중국이 G2의 반열에 올랐음에도 불구하고 통화 부분에서의 위상이 높지 않은 이유는 통화정책을 보수적으로 운영하기 때문이다. 역사적으로 당대의 거대제국들이 통화와 금융을 적극적으로 발달시킨 것을 보면 중국과 차이가 크다. 현대로 들어서도 미국, 유럽, 일본 등 경제강국들은 모두 자국 통화권을 중심으로 수준 높은 화폐금융 체제를 갖춘 것과 확연하게 대비된다. 그럼에도 이들 경제권이 모두 금융위기를 겪은 것은 중국으로 하여금 보수적인 통화정책을 더욱 정당화시켰다. 1997년 아시아가 겪은 금융위기와 2008년 미국이 겪은 금융위기는 모두 중국으로 하여금 자본시장의 대외 노출을 최소화하면서 위안화의 팽창에 대해서도 재고하도록 만든 중요한 사태들이었다.

현대 중국이 가지는 무역대국으로서의 위상은 당연히 위안화의 부상과 이에 따른 금융의 발전을 수반했어야 했다. 만일 통화와 금융의 국제화를 추구했을 경우 중국은 현재보다 더욱 큰 경제권으로 성장하는 것은 가능했다. 그러나 중국은 안전지향적인 경제운영을 추구한다. 급격한 경기변동을 최대한 방지하고자 노력하고 이를 위한 강력한 수단으로써 소극적인 통화량 운영은 당연하다. 중국이 40여 년 넘게 인플레이션을 방지하고 있으며 잘못된 통화운영으로 촉발되는 금융위기를 피하고 있는 점은 중국이 가지는 경제에 대한 보수성을 잘 보여준다.

통화의 미래는 디지털 화폐와 암호 화폐 같은 유형이다. 통화당국과 민간 경제가 팽팽하게 맞서는 새로운 영역이다. 각국 중앙은행들이 재빨리 새로운 통화의 발전에 관여하는 이유 또한 자칫 민간 영역이 무분별하게 신형 화폐를 만들고 이를 융통시킬 가능성을 차단해야 되기 때문이다. 중국 통화 당국도 마찬가지로 디지털 위안화 발행을 선도하고 있다. 중국으로서는 역대 왕조들이 각 시대별로 선진적인 통화를 관리한 경험이 있다. 현대 중국 또한 21세기 디지털 경제, 디지털 무역을 뒷받침할 디지털 통화를 확보한다는 의미에서 그 중요성이 매우 크다.

기술 진보와
혁신의 과제

현대 중국은 대부분의 기술 영역에서 개발도상국 이상의 지위를 갖고 있고, 일부는 이미 선진국을 따라잡은 수준이다. 중국 전역에 깔려 있는 고속철도는 중국이 내세우는 대표적인 성과다. 그 밖에 정보통신 분야에서의 5G 네트워크, 우주 발사체, 슈퍼 컴퓨터 등 중국은 이미 미국이나 유럽에 버금가는 수준의 기술력을 전방위에 걸쳐 확보했다.

중국 경제의 개혁개방은 1980년대에 시작되었지만 중국의 선진국 기술 따라잡기를 위한 시도는 훨씬 이전으로 거슬러 올라간다. 1839년 아편전쟁에서 대패한 청나라가 시도한 양무 운동이 그 시발점이다. 당시 실권자였던 이홍장은 청나라의 정치, 사회제도 등은 그대로 존속한 상태에서 유럽 열강의 우수한 제도만 도입하려고 시도했다. 그 기간은 40여 년 정도 걸렸고 그 사이에 청나라는 주로 철도, 선박, 전신, 화포 등 교통과 통신 인프라 및 군사 중심의 기술을 도입하였다. 청나라가 가진 중화주의 세계관이 반영되었던 것으로 기술은 어디까지나 기술일 뿐 정치사회까지 바꿔가면서 기술을 배울 필요는 없다는 판단이었다. 그러나 이렇듯 정치사회와 유리된 기술 도입은 청나라의 기술 진보에 큰 도움을 주지 못했으며 결국 1894년 청일전쟁에서 메이지 유신을 단행한 일본에 대패하면서 막을 내렸다.

정부가 주도하는 기술 진보는 여전히 중국의 기술 세계관에 깊게 뿌리내려 있다. 양무 운동의 방식은 이후 많은 수정을 거쳤지만 기술 진보는 정부가 주도한다는 핵심 사고방식은 그대로 존속한다. 1949년 중국인민공화국이 건국된 이후에도 중국의 서양기술 따라잡기는 계속되었으며 특히 군사기술 측면에서는 소정의 성과를 거두었다. 경제가 어려운 상황하에서도 원자폭탄과 우주 발사체 기술을 구비하는 데 성공하였다. 하지만 군사기술 이외의 영역에서는 이전의 양무 운동이 겪었던 것과 동일한 제약에 직면했다. 경제 사회 발전의 병행 없이는 실질적인 기술혁신이 어렵다는 측면이었다.

1980년대 들어 덩샤오핑의 개혁개방은 이러한 기술관에 대한 반성으로부터 시작했다. 민간으로 하여금 자유로운 경제활동을 허용함으로써 마음껏 경쟁력을 올리도록 하는 접근이었다. 경쟁력을 제고하기 위해 기술을 발전시키는 것은 자연스러운 진행이었다. 민간 분야의 경제성장과 함께 기술 인력과 기술 인프라가 보다 풍족해지면서 주요 기술 분야에서 중국은 서양을 따라잡기 시작했다. 철도, 선박 등 교통 인프라 분야에서 성공을 거뒀으며, 통신인프라 분야에도 3G, 4G까지는 뒤처졌지만 5G에 들어서는 전 세계에서 손꼽히는 통신강국의 반열에 들어섰다. 각 분야에서 나오는 공통분모는 자명하다. 교통, 통신, 군사 분야는 중국이 19세기에 들어선 이래 매번 열강들로부터 판판이 패배를 겪은 주된 요인이었으며, 중국 정부로서는 이 분야에서 선진 기술력을 확보하는 것은 그만큼 급선무였다.

현대중국에 들어서서 중국의 기술혁신은 거대시장을 활용한 수많은 시행착오를 거쳤다. 모든 산업 분야들이 14억 명에 달하는 중국 시장을 대상으로 생산을 하고 제품과 서비스를 제공하는 과정에서 많은 시행착오 사례가 축적된다. 이것은 규모의 경제를 통한 원가절감의 측면도 있지만 가장 효율적인 생산방식과 중국 소비자들에게 판매하는 데 필요한 노하우를 파악하는 데 매우 효과적이다. 미국이 3억 명의 소비자를 대상으로 무한경쟁을 통해 업계의 경쟁력을 확보했다면 중국 기업들은 미국보다 4배나 큰 시장을 대상으로 경쟁력과 기술력을 축적하는 것이다.

민간 섹터가 중국 시장에서 치열한 경쟁을 통해 축적한 기술은 정부 주도 기술과는 성격이 다르다. 오히려 민간주도 기술혁신은 서양의 사례와 유사하고 그 효과는 정부주도 기술혁신보다 범용성이 훨씬 크다. 중국으로서는 선진국으로부터 선진기술을 도입한 다음 이를 중국 시장에 적용하고 개선하는 방향에서 많은 성과를 거뒀으며, 이에 따른 결과는 대부분 경공업과 중공업에 걸쳐 중국으로 하여금 세계적인 경쟁력을 갖도록 하였다. 미국이나 유럽 등의 다국적기업들도 중국의 거대한 소비시장이 제공하는 생태계와 테스트베드로서의 의미를 잘 알기 때문에 중국 시장의 추이에 대해 예의 주시하고 새로운 기술 혁신을 벤치마킹하려고 한다.

2020년대 들어 중국 경제는 현대 경제로 탈바꿈하였고 이제는 혁신역량이 앞으로의 기술력을 좌우하는 수준에 도달했다. 중국 경제가 추구하는 기술 진보는 중국 정부 차원의 연구개발과 민간업계가 치열한 경쟁을 터득하는 노하우 등 두 유형으로 나눠질 것이다. 정부 당국으로서는 여전히 통신, 교통, 방위산업 영역에서의 기술에 관심과 역량을 집중하면서 앞으로도 상당한 성과를 거둘 것으로 전망된다. 정부 당국의 연구개발의 역량이 반세기가 넘는 기간 동안 경험을 쌓았다. 기술 진보를 달성할 수 있다는 자신감도 상당하기 때문이다. 민간 분야의 기술 진보는 중국의 시장경제가 어떻게 진화하는지 여부에 달려있다. 중국 경제가 민간 업체로 하여금 마음껏 경쟁을 하도록 허용하면 그만큼 기술 진보는 만개할 것이다. 그러나 정부규제가 심화되고 민간 영역의 활동이 제약되면 비록 사회적으로는 안정은 확보하겠지만 기술 진보의 동력은 약해질 것이다. 결국 기술 진보와 사회안정이라는 두 패러다임을 어떻게 균형 맞추는지 여부에 따라 민간 분야의 기술혁신 양상이 변할 것이다.

식량의 문제

중국의 거대인구는 그만큼 식량 생산이 잘 이뤄졌음을 뜻한다. 중국이 1940년대 3억 정도의 인구에서 60여 년이 경과된 현대에 들어 14억 명으로 증가한 것은 중국의 경제성장을 수반한 식량 증산 덕분이다. 비옥한 황하와 장강을 중심으로 중국은 현대에 들어와서도 그린혁명을 통해 곡물의 생산량을 늘렸고 이는 인구 성장으로 이어졌다. 중국 정부에 있어서도 식량의 안정화는 에너지의 안정화와 버금가는 중요성을 지닌다. 14억 명의 먹거리를 책임져야 하기 때문에 이를 외국에 의존하는 것은 정치적으로 부담이 크다. 세계 무역이 자유롭고 돈만 있으면 해외로부터 값싼 식량을 수입할 수 있지만 중국은 최대한 자급자족을 목표로 식량 증산을 추구한다. 그것은 식량을 안보의 시각으로 보기 때문이다.

중국의 역사는 식량의 증산과 그 괘를 같이한다. 중국 인구는 고대 상나라 이전부터 꾸준하게 성장했다. 그리고 인구의 성장은 영토를 확장하고, 비옥한 토지에서 농사를 지으면서, 새로운 토지를 개간하는 작업이 꾸준하게 이어지면서 가능해졌다. 황하에서 4대 문명 중 하나를 이룩한 중국은 이어 장강으로 그 영역을 넓힘으로써 활용하는 농지가 배가하였다. 이러한 영토의 확장으로 인구가 증가하는 가운데 새로운 곡물의 도입과 개량, 그리고 농법의 발전은 또 한번의 식량 증산을 가능하게 했다. 논농사의 도입과 이모작 같은 농법은 중국으로 하여금 인구가 수천만 명에서 수억 명으로 증가하는 데 결정적으로 기여했다. 그리고 이렇듯 증식된 식량을 국내 곳곳으로 손쉽게 이동이 가능하게 만드는 물류 유통채널이 구비되어 있었던 점도 중요하다.

왕조의 흥망도 식량과 직결되었다. 중국이 거친 각각의 왕조들은 초기에는 새로운 농업제도, 토지제도, 증산 기술의 도입 등을 통해 식량의 생산량을 증대시켰고 이는 왕조의 번영을 가져왔다. 농업 생산의 증대는 납세의 증가를 통해 국고를 채웠고 모든 구성원들이 풍족한 먹거리를 누리게 하였다. 전쟁을 치를 경우 풍부한 농산물은 넉넉한 군량을 의미했다. 원거리 전쟁에 나서는 군대는 보급 병참선을 걱정해야 하는데 중국의 이러한 잉여 농산물은 군인들이 충분히 군량을 확보하는 가운데 전쟁에 임하도록 하였다. 반면 왕조가 쇠락의 길을 걸을 때면 식량의 조달이 어려워졌다. 이는 여러 요인으로 인해 식량 생산과 유통 과정에 어려움을 겪기 때문이기도 하지만 보다 중요한 것은 "인구론"의 저자인 맬서스가 주창한 "맬서스의 함정" 때문이다. 처음에 식량이 풍부하면 인구가 늘지만 식량 증산이 계속 늘지 않으면 어느 시점까지 인구가 성장한 다음부터는 식량이 부족해지고 결국 인구가 감소의 길을 걷는다는 주장이다. 각각의 왕조들이 초기에 대비해서 몇 배의 인구 증가를 달성했지만 결국 내부 분란을 일으키고 상호 대립하는 이유는 이렇듯 맬서스의 함정으로 인해 식량의 증산이 멈추는 반면 인구는 계속 늘어나면서 식량이 부족해지고 사회는 계속 혼란에 빠지는 사이클 때문이었다.

청나라가 대표적인 예다. 청나라 초기에 인구가 대략 1억 명 정도였지만 말미에 가서는 3억 명이 넘었다. 이는 청나라 또한 이전의 왕조들과 유사하게 초기에는 농업제도를 정비하고 새로운 기술을 도입함으로써 식량 증산을 이뤘기 때문이다. 장강 유역의 쌀 생산량이 비약적으로 늘었고 새롭게 정비한 대운하와 내륙 운송 체계를 통해 공급도 원활하게 했다. 더 나아가 유럽의 신대륙 발견을 통해 유입된 감자 같은 구황작물도 중국의 식량 공급을 더욱 풍성하게 했다. 이러한 원동력은 청나라로 하여금 강희제, 옹정제, 건륭제 같은 황제의 통치하에 130년이 넘는 황금시대를 구가하도록 하였다. 식량의 안정적인 공급은 정복활동도 활발하게 함으로써 저 멀리 신장 위구르 지역까지 청나라의 판도를 넓히는 원정을 가능하게 하였다. 그러나 청나라도 후기에 가면 맬서스의 함정에 빠졌다. 3억 명에 가깝게 인구가 늘어서 외양으로는 초강대국의 면모를 갖췄지만 더 이상 청나라인들에게 먹거리를 풍족하게 제공하기에는 어려웠다. 식량 증산이 멈춘 반면 늘어난 인구에게 분배될 토지는 더욱 줄었다. 청나라 말에 서양 열강의 침략과 태평천국의 난과 같이 대내외 혼란이 가중되었지만 더 근원적인 이유는 식량의 원활한 공급이 어려워지면서 불거진 국력의 약화였다.

중국이 식량의 증산에 관심이 있고 안정적으로 유지하는 것은 예전 왕조들이 숙명적으로 직면했던 맬서스의 함정을 피하려는 노력이다. 특히 청나라의 예는 현대 중국 정부에게 직접적인 귀감을 준다. 공산당이 국민당에 승리한 이유도 농민들에게 밥 걱정을 덜도록 하겠다는 약속 때문이었다. 정부 당국은 매년 주요 곡물의 생산량을 확인하고 이것이 중국인들에게 풍족한 식량 제공에 충분한지 여부를 부단하게 확인한다. 매년 발표되는 중국 정부의 1호 공문이 식량에 관한 문서라는 점은 식량에 대한 중국 당국의 관심을 상징한다. 중국 정부의 연례 성과로 언제나 손꼽히는 치적이 풍작이라는 점은 고대 한나라 왕조와 매한가지다. 중국인이 존경하는 위대한 인물 중 한 명이 우생공학을 통해 쌀 품종을 개량한 위안롱핑 박사라는 점은 밥 한 그릇에 부여하는 중국인들의 고마움이 얼마큼 큰지를 잘 보여준다. 여전히 전 인구의 50퍼센트가 농민이기 때문에 농민들의 풍요와 경제적 안정은 중국 정치 안정에 필수적이기도 하지만 더 나아가 이들이 얼마큼 안정적으로 식량을 생산하는지 여부가 국가 전체의 흥망에 직접적인 영향을 미치기 때문이다.

중국이 직면한 식량 안보에 대한 고민은 적지 않다. 식량의 증산 또한 매년 진보를 계속하지만 1960년대 전후의 녹색혁명에 버금가는 성과는 더 이상 등장하지 못하고 있다. 중국 정부가 이에 보조를 맞춰 인구의 증가를 조절하는 것은 당연한 반응이고 1979년에 시작한 "한 아이 정책"은 바로 맬서스의 함정을 비켜가려는 직접적인 국가 개입 정책이었다. 인구 증가를 가만히 놔두면 실제 출산과 양육을 거치는 시간차로 인해 본격적으로 식량 부족의 현실화는 10년 후에야 나타남을 감안한 선제적 조치였다.

현대 중국에게 있어 식량 증산은 토지개혁의 승리이기도 하다. 이전 중국의 통일 왕조들도 처음 출범할 때는 다양한 방식으로 농촌과 토지 질서를 개편했다. 그러나 그 근간에 있는 지주와 소농 간의 관계는 변하지 않았다. 수천 년 동안 유지되어 온 지주제가 철폐된 것은 1949년부터다. 새로 건국한 중국은 지주 제도를 뒤엎는 토지혁명을 단행했다. 지주들은 자신들이 수백 년간 대를 이어 누리던 터전을 한순간에 상실했고 모든 농토는 농작자들에게 분배되었다. 1980년대 들어 덩샤오핑의 개혁개방에는 농민의 자율적인 농업활동이 포함되어 있다. 대도시에서 상업활동이 자유화되는 것과 동시에 농촌에서는 기존 집체화를 포기하고 자신의 이익을 추구하는 농업이 허용되었다. 개인의 사익이 허용되는 농업제도하에서 중국 농민들의 생산량은 증대하였고 이는 30여 년이 경과되면서 확고하게 뿌리를 내렸다.

모든 강국들은 자국의 농업 경쟁력이 강하고 이를 위해 정부의 보조금이나 지원정책도 매우 잘 정비되어 있다. 미국이 농민들을 우대하면서 자급자족을 유지하고 있으며, 이는 유럽도 마찬가지다. 신흥 강국인 인도, 브라질, 러시아 등도 농민들에 대한 대우가 좋으며 이들은 각국별로 자급자족은 물론, 초과생산을 통한 수출까지 할 만큼 경쟁력을 확고하게 다진다. 중국이 이렇듯 자국의 식량생산에 많은 관심을 기울이고 있으며 이를 바탕으로 다양한 경제정책을 추구하는 것은 14억 명의 인구를 지닌 대국으로서는 당연하다.

각 지역별 특성

거대한 영토는 그만큼 다양한 지형과 기후를 가진다. 그리고 각각의 지형과 기후에 걸맞은 경제활동이 뒤따른다. 그것은 각 지역별로 독립적인 경제활동도 있고 개별 지역들이 상호 교류를 통해 함께 순환하는 경제활동도 있다. 주어진 지형과 기후에 맞춘 토착 농산품이 가장 우선적으로 생산되고 거래된다. 그리고 그 지역에서 생산되는 농산품과 자연자원을 바탕으로 제조업이 발달한다. 토산품이 다른 지역과 거래되면서 지역경제를 이끈다. 이러한 일련의 경제활동의 수순은 영토가 크면 클수록, 그리고 인구가 많으면 많을수록 그 규모는 더욱 커진다. 중국의 경제활동은 이러한 지역적 특색을 바탕으로 5천 년 넘게 지속하였고 지금도 현재 진행형이다.

보통 하천이나 해양을 끼고 있는 지역이 경제중심지가 된다. 산업화를 통해 철도 같은 육로교통이 발전되기 전까지는 수로 운송이 가장 효과적이었기 때문이었다. 중국의 장강 삼각지 지역이 대표적이다. 유럽의 열강이 청나라를 개방하기 전까지는 장강의 하류에 위치하여 6천 킬로미터에 달하는 장강 유역의 모든 자원이 총집결하는 위치로서의 위상을 누렸다. 더 나아가 장강 삼각지는 북쪽 중원으로 올라가는 대운하가 시작하는 지점이다. 북경이나 장안 같은 수도들이 요구하는 모든 물자는 결국 장강 삼각지로부터 운송한다. 장강 삼각지는 이러한 구도를 당나라 시절 때부터 누렸고 이는 그다음 왕조로도 계속 이어지는 1500여 년에 달하는 역사를 갖고 있다. 중국 왕조의 모든 물자, 정보, 기술, 문화 등이 이곳에서 모인 다음 다시 중국 전역으로 배분되었다.

1839년 아편 전쟁을 통해 많은 항구들이 개항되었으나 상해가 가장 두드러졌다. 장강 하류에 위치하여 중국 내륙의 운송의 요지라는 지위에 추가하여 정보, 금융, 물자, 기술 등을 처리하는 데 유리한 입지를 지닌 상해는 황해로 나아가는 국제교류 중심지였다. 결국 앞선 중국의 국제교류의 중심지로 떠오르는 역할이었다. 전 세계적으로 이러한 예는 많지 않다. 미국 동부에 있는 이리 운하의 종착점인 뉴욕은 미국의 국제항만으로서도 최고의 입지였기 때문에 결국 내륙 운송과 국제운송을 도맡았다. 뉴욕을 중심으로 북쪽으로는 보스턴, 남쪽으로는 필라델피아와 볼티모어 등이 미국 북동부 제조업을 견인하는 것도 이러한 입지 조건을 반영한 것이다. 유럽에는 로테르담이 있는데 유럽의 대표적인 국제항만인 동시에 라인강을 통한 내륙 운송의 종착점으로서의 위상을 누린다. 독일의 루르와 슈투트가르트 산업지대로 이어지는 대동맥의 최종 종점 역할을 한다.

광저우를 중심으로 하는 중국 남쪽의 주강 삼각지는 전통적으로 무역을 통해 발달한 지역이다. 동남아는 물론 원거리 교역을 중재하던 아랍권 교역상과 나중에는 유럽 열강까지 아우르는 전 세계와의 무역을 도맡으면서 형성된 무역중심지다. 주강 삼각지 북쪽으로는 산맥으로 막혀 있어 장강 유역과의 대규모 물자 유통이 어렵다. 지리적 여건상 운하를 건설하기도 어려운 지형이기 때문에 주강 삼각지는 장강 유역이나 중원과는 독립적으로 경제권을 구축했다. 이러한 특성은 수백 년에 걸쳐 외국과의 교역에 개방적인 경제문화를 건설했고 상거래와 제조업의 경쟁력을 갖추도록 하는 요건이 되었다. 대외적으로 폐쇄경제를 주도한 명나라와 청나라 시기에도 개방이 유지된 지역이기 때문에 그러한 개방적 기질은 중국을 선도한다.

주강 삼각지를 대표하는 광저우, 선전, 동관, 주하이 등이 중국의 개혁개방을 대표하는 지역임은 이러한 역사적 전통과 무관하지 않다. 전 세계 모든 기업들이 주강 삼각지에 진출하여 공장을 짓고 물건을 생산한다. 중국 기업들도 OEM 방식을 채택하여 저렴한 노동력을 기초로 전 세계에 "메이드 인 차이나" 물건을 공급한다. 자체적으로 민간이 주도하는 자율경쟁이 글로벌 수준의 제조업 클러스터를 조성한다. 인근의 홍콩과 대만 같은 중화 경제권과 함께 기술과 자본 교류를 통하여 그 경쟁력은 배가되었다. 이 지역은 미국 동부지역의 성장과도 연관된다. 샌프란시스코, 로스앤젤레스, 샌디에이고, 시애틀 같은 미국의 주요 도시들은 중국의 주강 삼각지에서 공급하는 물자를 태평양 건너 수입하고 이를 미국의 거대 수요 시장에 배분하는 유통경로다.

중원은 황하강이 관통하는 평원지대다. 역사적으로 수많은 왕조들이 자웅을 겨룬 지역으로 특히 삼국지에서 조조가 차지한 근거지로 유명하다. 이곳은 농업지대이며 장강 유역과 함께 중국인을 먹여 살리는 양대 곡창지대다. 황하강의 남쪽을 의미하는 하남성이 1억 명의 인구를 보유하고 황하의 북쪽을 의미하는 하북성에 7천만 인구가 산다. 바로 옆에 위치한 산동성도 인구가 1억 명일 정도로 이 지역은 거대 인구 밀집지역이다. 전통적으로 인구 이동이 크지 않고 수천 년간 정착하면서 살아온 지역이다. 이러한 특성은 공자의 본산인 곡부가 산동성에 위치하는 데서 알 수 있듯 중국 문화의 총본산 역할을 하고 중국인 특유의 보수적인 기질이 가장 잘 드러나는 지역이기도 하다.

중원의 중심 성인 하남성, 하북성, 산동성만 합해도 4억 명의 인구가 있기 때문에 이 지역은 그 자체로 거대경제권을 이룬다. 곡창지대를 배경으로 모든 산업 분야에 걸친 제조업이 발달해 있다. 이 지역의 제조업은 4억 명의 인구를 대상으로 하면서 자체적으로 경쟁력을 배양했다. 지리적 특성상 중원은 중국의 정중앙에 위치하기 때문에 국유기업을 중심으로 하는 각종 중화학 단지들도 많이 배치되어 있다. 연안의 주요 도시들이 외국과의 경쟁 속에서 첨단 제조업과 서비스업을 발전시키는 것과 달리 중원의 지역은 정부가 주도하는 각종 산업들이 발달해 있는데 이는 중원이 가진 내륙 지역으로서의 특성과 무관하지 않다.

장강 중상류 지역에는 또 다른 경제중심지들이 발달했다. 장강 중류에 위치한 우한은 중국의 정중앙에 위치해 있어 동서남북의 모든 물자 이동을 관장한다. 수천 킬로미터에 달하는 장강의 물류 이동에 있어 우한은 중간에 선박들의 정박 구간이었고 자연스럽게 지역 경제가 활성화되었다. 미국의 예로는 미시시피강 중류에 위치한 세인트루이스 같은 역할을 맡는다. 그러나 이 지역은 정치적 차원에서는 북경에서 직접 다스리기 어려운 남쪽의 주강 삼각지와 서쪽으로 사천성을 통제하는 기능도 한다. 중국 내에서 지정학적으로 중요한 요충지로서 물자, 정보, 기술이 유통되고 있어 보수적인 중원과 개방적인 연안 지역과는 또 다른 경제적 역동성을 보이는 지역이다. 우한과 함께 장강 상류로 올라가면 중국 내륙의 중심지인 충칭과 인근에 위치한 사천성의 수도인 청두가 지역경제를 견인한다.

중국의 접경지역들은 국경을 마주하는 지역의 경제성장 여부에 따라 그 성과가 달리 나타난다. 서남쪽의 광시성 같은 지역은 동남아시아 경제가 성장하면서 새로운 무역 클러스터를 형성한다. 육로로 연결된 미얀마, 베트남, 라오스 등과의 교역교류는 중국의 기술과 이들 지역의 저렴한 노동력이 결합하여 새로운 시너지를 만들고 있다. 서북 지역의 경우 카자흐스탄이나 우즈베키스탄 같은 중앙아시아 국가들과의 교역교류와 함께 신에너지 경제가 어우러지면서 새로운 경제권을 형성한다. 이러한 배경에는 중국이 추진하는 일대일로 구상이 정책적인 지원을 뒷받침한다. 이와 반면 동북3성은 북쪽으로는 러시아, 서쪽으로는 몽고, 남쪽으로는 북한을 접하고 있어 지정학적 중요성이 높은 지역이다. 내륙지역이기 때문에 주변지역과의 교역교류가 중요한 역할을 해야 하지만 이들 러시아나 북한의 경제적 위상이 높지 않아 본연의 개발 잠재력이 발휘되지 못하고 있다.

중국의 각 지역들은 각각의 특색에 맞춰 경제활동을 하고 이것이 모여 중국이라는 거대 경제성장을 견인한다. 그 배경에는 역사와 전통이 자리 잡고 있고 그 지역인들이 갖춘 지역문화적 역량과 지역사회의 상거래 관습과 상도(商道) 등이 각각 다른 유형의 경제권을 형성한다. 미국의 동부, 중부, 남부, 서부 경제권이 모두 다른 특성을 지니듯, 중국 또한 주어진 지형적, 역사적 여건에 맞춰 경제를 일군다. 연안과 내륙이 지니는 상이한 지형적, 기후적 여건하에서 상호보완적인 경제 관계를 맞추는 것이 경제성장의 중요한 요인이다. 역사적으로 이러한 조율과 조정을 해본 풍부한 경험이 현대 중국의 경제성장의 근간이기도 한 것이다.

각 지역별 중국인의 특색

14억 명에 달하는 거대 인구를 지닌 중국은 각 지역별 특색을 반영하는 다양한 지역 출신 인사들이 저마다 중국을 대변한다. 5천 년 역사를 통해 진화를 거쳐 현대 중국까지 이어져 내려온 중국인이 갖춘 지역 특성들은 다양한 중국인의 면모를 대표한다. 현대 중국은 교통과 통신의 발달로 인해 점차 융합하는 것은 사실이지만 여전히 거대한 영토에서 수천 년간 발현되어 온 지역적 특성들은 그때그때마다 중국을 통치하고 경영하는 가운데 필요할 때면 부각되면서 그 고유한 특질을 유지한다.

상해처럼 연안에 위치해 있고 전통적으로 내륙운송과 대외무역까지 아우르는 천 년이 넘는 상업의 역사는 상해인을 포함한 장강 삼각주에 거주하는 사람들의 성격과 세계관에 그대로 반영된다. 명나라와 청나라는 물론 훨씬 이전의 고대 왕국 때부터 물자와 정보의 이동에 민감했고 현대에 들어서는 전 세계의 문물이 들어오는 대표적인 창구로서 이 지역인들은 그만큼 기민하면서도 치밀하고, 계산에 능한 모습을 선보인다. 금융과 물자가 집중하는 지역답게 고급문화가 발달하고 이를 뒷받침하는 다양한 하층문화도 함께 발전한다. 다양한 문화를 소비하는 소비자가 성장하고 자연스럽게 문화를 즐기는 성품과 능력이 계발된다. 그 가운데서도 치열하게 경쟁하고 그러한 경쟁을 통해 자기 계발과 남보다 앞서야 한다는 승부욕이 서로 상승작용을 한다. 경쟁에 기반한 상업적 분위기하에서 중국의 유교문화 같은 보수적인 가치관은 힘을 발휘하지 못한다. 장강 삼각지의 세계관에서 정치는 어디까지나 상업과 비즈니스를 성공적으로 추구하는 데 있어 관리의 대상일 뿐 정치 세계에 나서는 것을 선호하지 않는다. 비즈니스의 성장과 자기 계발이 정치에 우선하는 것이다.

이와 정반대되는 경향은 북경에서 보인다. 원나라 때부터 천 년 가까이 전 중국을 통치한 수도로서 북경인의 기질은 정치성이 다분하다. 천하와 세계를 논하고 수많은 분야에 대한 관심이 높다. 상해와 달리 경제는 정치를 위한 하부구조로 여긴다. 상해가 상업적 차원에서 자원과 물자, 그리고 정보가 모인다면 북경에 모이는 모든 것들은 정치적인 요소가 크다. 상업도 지역경제보다는 거대 영토와 거대 인구를 통치하는 데 필요한 통치기구의 원만한 운영을 위해 가동된다. 이 모든 것에 정치적 요소가 내재되어 있는 것은 당연하고 북경인에게 정치적 감각은 자연스럽게 스며든다. 상해와 마찬가지로 북경인도 문화를 만끽하지만 이는 상업적 요구와 재력에서 나오는 문화적 탐미가 아닌 권력과 정치를 하는 데 수반되는 보조적인 특성에 방점이 있다. 그럼에도 북경에 집결되는 물자, 정보, 그리고 문화적 자원이 상당하다 보니 자연스럽게 북경인들의 기질에도 문화에 대한 식견이 자리잡는다. 다만, 북경의 문화관은 어용적이고 정치적 목적 달성을 위한 매개체로서의 기능이 더 강한 것이 특징이다.

광동성 같은 남방인은 현대 중국의 개혁개방을 선도한 것에서 볼 수 있듯 가장 외세에 열린 마음을 지닌다. 송나라 시절 때부터 외국과의 교역을 했으며 폐쇄경제를 지향했던 명나라와 청나라 때도 유일한 개방 항구로서 서양 열강을 접했던 지역이다. 외국을 어떻게 대할지 잘 알고 그 가운데 실리와 이득을 챙기는 기술을 가장 잘 터득한 지역이기도 하다. 역사적으로 보면 언제나 무역흑자를 누렸던 지역이다. 중국이 글로벌 경쟁력을 지녔던 차, 실크, 자기 등을 수출하면서 중국 왕조의 금과 은의 수입을 책임졌고 이러한 기질은 현대로도 이어져 대규모 공단을 구축하여 현대 중국이 전 세계의 공장으로 거듭나게 만든 1등 공신이다. 자신의 이익을 최대한 챙기는 이기주의와 함께 상대방의 이익도 함께 고려하는 윈-윈(win-win) 정신이 이들 광동인의 정서에 깊게 내재되어 있다.

얼핏 상해와 유사해 보이지만 경제와 정치의 관계에서 양자는 엄연히 구별된다. 상해는 북쪽의 중원과 붙어있기 때문에 끊임없이 정치에 대한 관심을 내려놓지 않았다. 보통 중원의 세력에 의해 침공을 당하고 정복도 많이 당했지만 장강을 버팀목으로 북쪽 공세를 버티고 경우에 따라서는 북벌을 단행하는 기개를 보이기도 했다. 명나라와 청나라부터는 장강 삼각지가 북쪽에 자원을 보내는 중심기지 같은 역할도 함께 했고 상해의 경제적 번영이 북쪽과의 원만한 관계에 놓여 있는 것도 당연했다. 이러한 기질은 상해인이 비즈니스를 하는 가운데도 정치에 대한 감각도 함께 유지하는 점에서 잘 보인다. 하지만 광동성은 정치와 무관했다. 역사적으로 한 번도 북벌을 단행한 적이 없다. 북쪽의 강력한 왕조가 들어서면 손쉽게 정복당했고 새로운 질서에 편입했다. 정치적으로 온순했고 외세와 결탁하는 정치적 술수를 취하지 않기 때문에 명나라나 청나라가 이 지역으로 하여금 개방을 하도록 하는 측면도 있었을 정도다. 이렇듯 비즈니스만 챙기는 가치관은 광동인의 중요한 특성이다. 자신의 경제적 이익에 충실하고, 개인의 영리를 최고로 여기는 세계관이 지배적인 지역이고, 그 이외에 충(忠), 정의, 패권, 야심 같은 정치세계의 내러티브는 별로 호응을 얻지 않는 지역인 것이다.

산서인은 "북방의 유태인"이라고 불린다. 산서성은 고대 중국의 발원지인 상(商)나라가 출범한 지역인데 상인의 어원이 나온 데서 알 수 있듯 상업이 그 근간에 있기 때문이다. 상해나 광동성과는 비교가 불가능한 상업의 역사를 지녔고 중국 전역이 그들의 상업 대상이었다. 이 지역은 북방교역의 근원지이기도 하다. 해양교역이 발달하기 전에 대부분의 대외교역은 실크로드를 통해 오는 카라반이 그 중심에 있었다. 실크의 수출은 중국에 엄청난 부를 가져왔고 그 중심에는 산서성 상인들이 있었다. 광동인과는 달리 국내외 상업을 모두 다루는 거대한 상권을 운영해야 했기 때문에 그 근간에는 상황 변화에 유연하게 대응하는 실용주의보다는 지속가능성이 담보되는 신뢰성과 치밀함이 함께하는 것이다.

실크로드가 단절된 이후부터 산서성 상인들은 중국 국내 무역에 치중했다. 북쪽에 위치했음에도 이들이 전 중국을 대상으로 상업에 종사했던 이유는 중앙정부가 위치한 북경이 남방을 아우르는 상업 노하우를 필요로 했기 때문이었다. 통일왕조의 근거지가 북쪽에 치우친 북경으로 자리 잡으면서 광활한 장강과 광동성 지역까지 아우르는 것은 군사력 이상의 고도의 통치술을 요구했다. 다스려야 했던 대상이 비즈니스 셈법에 밝은 상해인과 광동인이었기 때문에 더욱 만만치 않은 과제였다. 산서인은 이러한 역할을 충실하게 이행했다. 모든 중국인들이 산서인에 대해서는 기본적으로 갖는 신뢰가 밑바탕이었다. 이들은 전 중국을 포괄하는 금융 지점을 가졌고 그러한 신뢰를 바탕으로 어음을 발급할 정도로 금융 기반이 탄탄했다. 꼼꼼함과 치밀함은 북경인들이 갖지 못한 자질이었고, 이러한 자질은 북경이 전 중국을 원만하게 통치하는 데 큰 도움을 받았다. 현대 중국도 여전히 북경에 자리를 잡고 중국을 경영하지만 그 근간에는 산서인이 크게 활약하고 있는 것은 비슷한 원리다. 공산당이 국민당의 공세를 피해 장정을 마치고 안착한 곳이 산서성 연안이라는 점도 현대 중국에서 산서성이 지니는 정치적 중요성을 무시 못한다.

산동성은 유교의 본산지라고 할 만큼 중국인의 대표적인 정서를 대변한다. 중원의 중심부에 있으면서 전통적으로 농업이 발달된 중국의 요지다. 부유함과 윤택함이 서려있는 지역이면서도 황하강을 중심으로 하는 평원이 대부분이라서 정치적으로도 언제나 중국의 패권을 다투는 중원 세력의 격전지였고 이러한 측면은 소설 "삼국지"에 잘 드러나 있다. 그럼에도 황해로 툭 튀어나와 있는 산동반도를 끼고 있기 때문에 외부와의 교역에도 밝다. 산동반도의 웨이하이나 청다오 같은 도시들은 역사적으로 한반도와 가까운 관계를 가졌었고 환황해 무역권을 구축하였다. 산동성이 가지는 지역적 특성은 산동인에게도 그대로 반영되어 있다. 유교의 가치인 중용(中庸)을 중심으로 하기 때문에 보수적이면서 상대방과의 예의를 갖추는 공존의 정신이 그 근간에 있다. 정치에 대한 식견은 물론 경제에 대한 이해도도 상당히 높다. 산동인은 정치세계에 진출도 하지만 경제계에도 많은 영향력을 행사하는 이유다. 기질상으로는 외향적이고 다른 이들과의 호방적인 교류를 즐긴다. 전형적인 북방인의 성격과 상대방을 편안하게 대하는 태도는 다른 지역인들이 갖지 못하는 가장 큰 장점이다. 108명의 전국 호걸들을 한데 모은 소설 "수호지"의 근거지가 산동성의 양산인 것은 산동인이 중국의 중심이라는 상징성을 단적으로 보여준다.

호남성은 현대 중국을 만든 마오쩌둥과 함께 수많은 리더들을 배출한 지역이다. 지역적으로는 장강과 광동성 중간지대에 위치하고 있어 산악이 많고 교통이 불편하다. 광동성처럼 외부에 개방되어 있지 않고 장강 유역처럼 전 중국과 연결되기에도 어려운 중간지대에 속해 있다. 이러한 지역적 특성이 호남인에게도 그대로 반영된다. 호남인끼리는 결속이 강하고 강인한 성격을 지닌다. 어려운 역경을 극복하는 기질은 호남인이 최고라고 칭한다. 남방인은 물론 북방인조차도 호남인이 가지는 근성을 이기지 못한다. 북방인이 주로 남방을 침공하지만 간간이 남방이 북벌을 단행하기도 하는데 그때는 언제나 호남인이 중심에 있다. 상군(湘軍)이라는 이름으로 태평천국의 난을 진압한 역사는 유명하다. 현대 중국을 만든 마오쩌둥이 장제스의 국민당으로부터 20년간 공세에 시달렸음에도 결국은 국공내전을 승리로 이끈 것은 호남인이 가진 근성을 그대로 보여준다. 산동인이 전통적인 중국인의 정서를 대변한다면 호남인은 현대 중국의 이데올로기의 본류를 자처한다. 현대 중국에 대해 호남인이 가지는 자신감과 기개는 현재 진행형이다.

거대한 분지에 5천만 명 정도가 살고 있는 사천성은 그 자체로 하나의 나라가 성립될 정도로 지역적 특성이 강하다. 아열대성 기후와 비옥한 토지를 갖추고 있어 사천성은 외부와의 교류가 없이도 자급자족이 가능한 지역이다. 사천인은 수천 년 넘게 자기만의 문화와 지역 방언을 사용했고 오순도순 더불어 살아가는 지혜를 터득했다. 중국의 통일왕조가 사천성을 언제나 공략했지만 이 지역이 가지는 독특한 풍습과 관습에 대해서는 크게 관여하지는 않을 정도로 사천성은 독자성을 인정받았다. 물론 사천성도 중국 통일왕조가 가져오는 앞선 문물에 대해서는 충분히 수용할 정도의 융통성과 개방성을 유지했다. 소설 "삼국지"의 유비가 공략한 촉나라가 바로 이 지역인데 처음에는 유비에게 항거했지만 복속한 다음에는 통치를 온순하게 받아들인 것도 사천성이 가지는 유연함을 잘 보여주는 대목이다.

사리분별이 냉정하면서도 너무 한편으로 치우치지 않은 실용주의적 식견을 갖춤과 동시에 자기 자신의 고향에 대한 애향심 같은 정서는 다른 중국인에게는 보기 어려운 특성이다. 그것은 사천성이 몇천만 명에 달하는 인구를 키우고 식량과 재력이 풍부했음에도 불구하고 중원으로 나아가려는 정치적 야심을 보이지 않은 점에도 잘 드러난다. 이것은 철저한 실리주의 정신에 기반한 것이며 자신들에 대한 자율만 보장된다면 그 어떤 중국의 통일왕조에도 협력하겠다는 정서가 뒷받침하는 것이다. 그렇다고 사천인이 무력에 약한 것도 아니었다. 서쪽에는 티베트의 세력이 호시탐탐 정복을 노렸으며, 북쪽으로는 몽고 같은 북방세력의 위협을 감내해야 하는 강인함도 서려있기 때문이다. 이러한 기질이 가장 잘 드러나는 사천성 출신 인물은 중국의 개혁개방을 이끈 덩샤오핑이라는 점은 사천성의 특징을 잘 보여준다.

제2장

포스트-코로나 중국 경제의
핵심 정책 개념

중국 경제의 마스터플랜:
5개년 계획의 의의

5개년 계획의 공식명칭인 "국민경제와 사회발전 5개년 계획"은 중국이 1949년 건국한 이래 지속적으로 추구해 온 산업정책이다. 소련이 1920년 대부터 계획경제를 운영해 온 데에서 유래한다. 계획경제는 국가가 경제 전 분야를 진두지휘하는 방식이다. 국가가 경제 성장률을 인위적으로 설정하고 이를 달성하기 위해 어떤 산업에 얼마큼 자원을 투입할지를 결정한 다음, 이를 통해 생산된 자원도 인위적으로 국민에게 나눔으로써 생산, 배분, 분배를 모두 도맡는다. 민간의 이익은 존재하지 않고 국가가 고민하는 국익과 전략에 따라 경제가 운영된다. 5년 동안 계획을 이행하고 마지막 해에 그 간의 성과를 결산하고 다음 5년 계획을 짠다.

중국은 1980년대 들어 본격적인 개혁개방을 추진한 이래 40여 년간 괄목할 만한 경제발전을 이룩했다. 1980년대 수립된 제6차 5개년 계획은 이전의 계획경제를 포기하고 민간 경제를 전폭적으로 수용하였다. 그 결과는 대성공이었다. 중국 정부가 받은 5개년 계획의 성적표는 GDP가 매번 50퍼센트 성장한 수준이었다. 이러한 성과를 바탕으로 중국 경제는 5년마다 업그레이드를 단행했다. 경공업에서 중공업으로, 중공업에서 정보통신 공업으로, 2010년대부터는 정보통신 공업에서 제4차 산업혁명 단계로 부단한 경제성장의 계단을 밟고 있다.

5개년 계획들이 거둔 성공은 결코 쉬운 과제들은 아니었다. 뒤돌아보면 당연하게 여기는 성과들이 당시에는 불확실했다. 1980년대 개혁개방은 중국이 건국 이래 처음 추구하는 개방이었고 시행착오가 만연했다. 그동안 쌓아 왔던 사회주의에 기반한 경제사회 제도를 자본주의, 사유재산주의, 자유시장주의, 자유무역주의로 전환하는 것은 그 어떤 5개년 계획보다도 어려운 과제였다. 1990년대의 제8차 5개년 계획은 경공업이 정착한 중국이 다시금 도약해야 하는 과제를 안고 있는 시기였다. 중공업과 정보통신 공업을 육성하는 가운데 중국의 급성장이 가져온 많은 경제사회의 문제점을 해결하는 시기이기도 하였다. 2000년대부터는 중국이 세계무역기구(WTO)에 가입함으로써 겪게 되는 또 한 번의 개혁개방 시기를 거치면서 글로벌 무대에 본격적으로 뛰어드는 시기였다. 글로벌 경제와 연계되면서 중국 경제사회는 또 한 번의 적응기를 거쳤다. 제6차부터 제13차 5개년 계획들도 이러한 도전 속에서 수립되고, 운영되고, 성과를 거뒀다.

2021년부터 시작한 제14차 5개년 계획은 제13차 5개년 계획의 성공을 토대로 삼는다. 제13차 계획은 5년 동안 중국이 전면적 소강 사회를 잘 이룩했으며 그 가운데 6천만 명에 달하는 중국 빈곤층이 탈빈곤에 성공했음을 역설한다. 14억 명의 중국인의 실질적인 경제환경이 개선되었다는 의미에서의 전면적 소강사회는 중국 정부가 내세우는 대표적인 성과다. 선진국 수준에는 못 미치더라도 예전의 어려웠던 사회와는 질적으로 달라진 경제

환경을 의미한다. 편안한 주택, 넉넉한 먹거리, 자아실현이 가능한 직업, 정부 차원에서 제공하는 치안, 의료, 교통 같은 공공서비스 등이 제13차 계획에서 내세우는 성과들이다.

그러나 제13차 5개년 계획이 해결하지 못했던 과제에 대해서도 열거한다. 혁신능력이 떨어지고, 도시와 농촌 간의 불균형 발전, 환경보호의 취약성, 그리고 전반적인 사회보장능력의 미흡 등이 대표적이다. 중국이 처해 있는 1인당 GDP 만 불 수준의 경제가 직면하는 전형적인 문제들이다. 그전 5개년 계획들은 중국이 개발도상국 입장에서 따라잡는 것이 급선무인 시기를 배경으로 했다. 혁신보다는 모방이 더 만연했고 규모의 경제를 빨리 달성해서 이득을 취하는 접근이 우대받았다. 연안에 위치한 상해, 광저우 같은 도시들이 해외와의 연계를 통해 가장 빨리 성장을 하고 그 성장의 과실을 내륙의 후진지역으로 분배하는 것이 성장 전략의 근간이었다. 일단 성장을 하고 본다는 압박 속에서 환경은 무분별하게 파괴되었고 사회보장을 통한 소득 재분배는 순위가 뒤처졌다.

제13차 5개년 계획이 직면한 국내외 경제 상황이 제14차 5개년 계획과는 전혀 다르다는 점도 중시된다. 2010년대 중반은 코로나19 팬데믹이 발생하기 직전의 시기다. 세계경제가 안정되어 있었고 중국은 여전히 고속 성장을 지속하던 중이었다. 글로벌 무역의 성장과 이를 수반한 세계화 전략은 검증받은 성장의 지름길이었고 모든 국가들이 추구했다. 그러나 2020년대 들어서 세계경제는 새로운 전환기에 접어들었다. 코로나19 팬데믹은 그동안 당연시되던 세계화 추세에 큰 물음표를 던졌다. 미국은 중국을 본격적으로 견제하기 시작했다. 우크라이나 사태는 전쟁의 가능성에 대한 우려를 높였다. 글로벌 공급망이 불안해지면서 더 이상 효율성과 가격경쟁력만 추구하던 시대가 변하기 시작했다. 국가안보에 필수적인 물자는 스스로 충당해야 한다는 안보지상주의가 대두하였다. 중국 정부는 이러한 추세를 "미증유의 대변화"라고 칭하면서 제14차 5개년 계획이 처한 전반적인 상황과 이에 따른 5년 동안의 처방을 기술한다.

이러한 특징으로 인해 제14차 5개년 계획은 제13차 5개년 계획보다 전략적이다. 단순히 경제를 잘 운영하고 관리하면서 성장을 해야 한다는 선형적인 계획이 아니다. 경제성장이 가지는 전략적 의미와 중국이 처한 안보 현실을 함께 고려한다. 물론 제13차 5개년 계획과 이전 5개년 계획들도 그 내면에는 중국이 생각하는 국제전략이 서려 있었다. 경제성장이 국력증진에 필수적이며 이를 통해 국방력을 키움으로써 국가안보를 다진다는 접근은 언제나 있어 왔다. 제14차 5개년 계획은 지금까지 암묵적이었던 중국의 세계관을 보다 선명하게 보여준다. 그리고 제14차 5개년 계획과 함께 중국 지도부가 주창하는 중국식 현대화, 쌍순환, 공동부유 등 새로운 개념들은 중국 경제 성장이 지향하는 방향이 중국의 정치, 안보, 사회 등 영역과 어떤 관계인지를 보다 확연하게 보여준다.

신(新)발전:
새로운 경제성장 모델

1980년대 덩샤오핑이 추진한 개혁개방 정책은 정교한 이론적 기반에 기초하지 않았다. 검은색 고양이건 흰색 고양이건 쥐만 잡으면 된다는 "흑묘백묘론(黑猫白描論)"에서 볼 수 있듯 중국의 경제성장을 가져오는 정책이라면 그것이 자본주의건 사회주의건 무관하다는 실용주의가 전부였다. 현대 중국이 1949년 건국된 지 30여 년이 경과한 이래 실용주의 노선이 채택된 것은 1980년대가 처음이었다. 사회주의 이념을 기반으로 했기 때문에 중국 경제는 5개년 계획에 따른 계획경제하에서 운영되었고 경제사회 곳곳이 통제대상이었다. 그렇듯 계획지향적이었던 중국이 급진적인 정책 전환을 감행한 것은 획기적이었다. 하루빨리 경제성장을 일궈야 하는 시급성으로 인해 개혁개방은 한국이나 싱가포르 같은 국가들을 벤치마킹하는 실용주의 노선이 우대받았다. 한국과 싱가포르 등이 검증한 정책을 수용하였을 뿐 이에 대한 이론적 접근은 불필요하였다. 굳이 이론적 설명을 덧붙이자면 애덤 스미스의 시장주의, 자유무역주의, 자본주의 등으로 충분했다.

중국이 개혁개방을 토대로 40여 년간의 경제성장을 구가한 것은 큰 성과였고 중국 정부가 자랑스럽게 내세우는 치적이다. 세계경제를 둘러봐도 중국 수준의 성장을 달성한 사례는 극히 드물다. 14억 명이라는 거대인구를 가진 국가이기 때문에 그 성과가 가지는 의미는 더욱 크다. 그러나 중국 정부가 지향하는 사회주의 노선과 개혁개방은 다소 불편한 관계. 사회주의가 가지는 이데올로기의 지향점이 개혁개방 정책의 근간인 실용주의와 자본주의 이념과는 상호 모순적이기 때문이다. 국력을 신장시키고 경제 성장이 급선무인 시기에는 이념에 대해 고민할 여유가 없었다. 제품을 빨리 만들고 이를 글로벌 시장에 가져다 판 다음, 외화를 벌어 먹고사는 문제를 해결하는 것이 급선무이기 때문이다. 그러나 경제사회가 안정되고 여유를 가진 다음에는 다시 한번 정치적 이념에 대한 문제가 불거진다.

신(新)발전은 이러한 이념적 고민 가운데 나온 개념이다. 실용주의를 통한 경제성장이 성과를 거둔 것을 인정하고 다음 단계로 중국이 어떻게 발전을 해야 하는지에 대한 새로운 방향설정이다. 이러한 접근은 미국처럼 시장을 존중하는 자유민주주의 국가와는 다르다. 자유민주주의하에서는 국민들이 원하는 것이 무엇인지를 가장 잘 파악하는 정당이 정강을 통해 정권을 잡으면 이에 따라 정책을 펼친다. 국민이 성장을 원하는지, 또는 분배를 원하는지 여부에 따라 전반적인 정책의 틀을 짠다. 그러나 중국은 공산당이 방향을 정하고 중국을 이끈다. 30여 년간 덩샤오핑이 방향을 잡은 개혁개방 노선도 공산당이 정했다. 2013년 시진핑 주석이 집권한 이후 제시된 신발전 또한 새로운 노선 설정이다.

신발전이 제시하는 이념은 혁신, 균형, 녹색, 개방, 공유 등 5개로 이뤄졌다. 가장 큰 특징은 예전 개혁개방에 해당하는 "개방"의 개념이 네 번째로 제시되어 있다는 점이다. 즉 개혁개방이 가지는 유용성과 중국 경제 성장에 기여하는 것은 인정받지만 네 번째로 하향 조정되었다. 고도 성장을 구가하면서 선진국에 진입해야 하는 중국으로서는 보다 중요한 요소들이 있음을 인정하는 대목이다. 그리고 그것들은 혁신, 균형, 녹색으로 대변된다.

"혁신"은 모든 국가들이 성장의 가장 큰 요소로 주목하고 있고 중국도 예외가 아니다. 중국은 무려 5백 년에 걸쳐 명나라와 청나라를 거치면서 극심한 혁신 정체의 문제에 직면하였고 결국 국력이 유럽에 뒤처진 점을 잘 알고 있다. 1980년대 들어 개혁개방 시기에 거둔 중국 경제 성장도 혁신보다는 선진경제와 기술의 모방을 통해 이뤄낸 성과라는 문제의식도 크게 작용한다. 그 배경에는 급속도로 발전하는 과학기술이 있다. 미국 같은 선진국들의 괄목할 만한 과학 분야의 혁신을 보면서 중국은 과학 중흥의 필요성에 각성했다. 더욱이 G2를 지향하는 중국이기에 미국처럼 첨단과학을 장악하지 않고서는 미래가 없다는 점을 절실하게 느꼈다. 신발전이 제1 요소로 열거하는 혁신은 이러한 문제의식을 배경으로 한다.

신발전의 두 번째 요소인 "균형"은 그동안 고속 경제성장이 가져온 불균형을 시정해야 한다는 점을 중시한다. 가장 두드러진 불균형으로는 도시와 농촌의 불균형이다. 특히 연안의 상해와 광저우 같은 대도시들은 선진국에 근접할 만큼 빠른 성장을 했음에도 불구하고 내륙의 농촌 지역은 여전히 개발도상국의 수준을 벗어나지 못하고 있다. 또 하나의 불균형은 지역 간 불균형이다. 중국 전체적으로 봤을 때 장강을 중심으로 남쪽이 북쪽보다 더 윤택하다는 점이 문제시되고 있다. 보다 구체적으로는 예를 들어 동북3성의 성장과 발전이 눈에 띄게 느려지고 있는 것도 관건이다. 마지막 불균형은 물질과 정신의 불균형이다. 다소 추상적인 개념인데 소득성장이 가져온 물질적인 윤택함에 비해 문화, 질서, 시민의식 같은 정신적 영역은 성장이 여전히 더디다는 점이다. 새로운 성장이 지속되기 위해서는 이러한 불균형이 시정되어야 함을 강조한다

"녹색"이 세 번째 요소로 부상한 것도 신발전이 가지는 중요한 대목이다. 중국이 지속 가능한 발전을 하기 위해서는 환경을 보존해야 한다는 문제의식이 서려 있다. 중국의 수도인 북경뿐 아니라 전 중원을 뒤덮는 공기오염의 문제는 중국이 개혁개방 시기의 경제성장을 계속 추구할 경우 삶의 터전이 위협받는다는 우려를 자아냈다. 하천의 오염, 삼림의 파괴, 사막화, 도시화에 따른 토지의 고갈 등은 중국인으로 하여금 경제성장에 따른 삶의 질을 고민하게 했다. 선진국들이 구가하는 친환경 정책과 이것이 가져오는 혜택도 중요한 역할을 했다. 개혁개방이 추구한 성장지상주의에 대한 재평가의 일환으로 신발전이 환경 분야를 챙기기 시작한 것은 자연스러운 노선 전환이다. 더 나아가 기후변화가 새로운 시대적 화두로 제기되면서 저탄소 정책과 신재생 에너지가 부상한 것도 당연하다.

네 번째 요소인 "개방"은 중국이 대외적으로 개방을 계속하겠다는 정책 지향점이다. 1980년대 개혁개방 정책이 가져온 성과를 인정하는 것이고 폐쇄 경제가 가지는 문제점에 대한 정확한 인식을 그 배경으로 한다. 폐쇄 경제가 혁신을 정체시키며 글로벌 트렌드로부터 멀어진다는 약점을 인정하는 것이다. 아무리 중국 경제가 G2로 부상해도 글로벌 경제에서 차지하는

비중이 15퍼센트 수준이라는 객관적 수치 앞에 나머지 85퍼센트와의 교류는 여전히 긴요하기 때문이다. 이전의 "개혁개방"에서 "개혁"이 빠진 것도 의미가 크다. 외국의 선진문물에 개방함으로써 중국을 개혁하겠다는 접근 방법은 더 이상 통용되지 않는다. 개혁은 개방과 무관하게 중국 자체적으로 추구하겠다는 의지를 묵시적으로 천명한 것이다.

다섯 번째 요소인 "공유"는 분배적 요소를 뜻한다. 1980년대 개혁개방 정책은 전형적인 성장지상주의형 경제정책이었기 때문에 분배를 고민하지 않았다. 파이가 커지면서 자연스럽게 분배 문제는 해결된다는 접근이었다. 실제 중국은 수억 명에 달하는 빈곤층을 가난으로부터 탈피시켰고 4억 명에 달하는 중산층을 탄생시키는 저력을 발휘했다. 하지만 사회보장 측면에서는 여전히 취약했고 소득의 양극화를 초래한 것도 사실이었다. 30여 년이 경과된 시점이 되면 더 이상 분배의 문제를 묵과하기 어려웠고 경제사회에 있어 새로운 갈등을 초래하였다. 신발전은 고도 경제성장의 과실을 어떻게 나눠야 할지에 대한 고민을 중시하면서 다섯 번째 요소로 "분배"를 내세운 것이다.

신발전의 다섯 가지 요소들은 새삼스럽지 않다. 30여 년간의 고도경제성장을 이룬 국가라면 당연히 직면하는 문제들과 새로운 도전에 대한 전형적인 정책 대안들이다. 과학기술의 혁신, 친환경 정책의 지향, 개방적인 경제 추구, 소득분배의 중시 등은 자유민주주의 국가의 정책에서 흔히 보는 대표적인 테마들이다. 공공 섹터와 민간 섹터 간의 협력도 21세기와 같이 신자유주의 질서가 저물고 새로운 국제질서 패러다임이 대두하는 상황하에서는 당연한 문제의식을 담고 있다. 다만 중국은 사회주의를 근간으로 삼기 때문에 실제 다섯 가지 요소를 이행할 때 여느 자유민주주의 국가들과는 다른 세계관과 가치관하에서 접근한다.

　제14차 5개년 계획에 들어 신발전은 좀더 목적 지향성을 지닌다. 중국식 현대화가 보다 강조되면서 신발전의 다섯 요소는 중국이 걸어야 하는 새로운 지향점으로 변환하였다. "혁신"은 중국이 처한 대외적인 경제안보 상황하에서 여타 국가의 도움 없이 스스로 돌파해야 하는 최고의 과제로 등극하였다. "균형"은 경제적 측면에서의 불균형 해소도 있지만 자칫 정치사회적 불안정으로 이어질 수 있다는 측면을 최대한 억지해야 한다는 점이 강조된다. 전 세계적으로 양극화가 초래하는 정치사회의 불안정성을 중국 당국은 잘 이해하기 때문이다. 이러한 측면은 다섯 번째 요소인 "공유"와도 일맥상통한다. 마찬가지 논리로 세 번째 요소인 "녹색" 발전은 중국이 직면하는 기후변화와 환경오염 문제를 중국식으로 타개한다는 점이 강조되며 네 번째 요소인 "개방"은 예전과는 차별되는 선별적인 개방을 통해 중국의 경제성장에 전략적으로 기여하겠다는 접근이다. "중국식 현대화"라고 불리는 중국 중심의 발전관에 따라 모두 구체화된다.

중국식 현대화:
서양 중심의 발전 패러다임 재고

21세기 현대 문명은 서양 문화에 근간을 둔다. 19세기 과학혁명과 산업혁명을 통해 국력의 급속한 신장을 거둔 유럽 국가들의 세력 팽창은 전 세계를 아우르는 수준이었다. 전 세계를 지배하는 이데올로기도 유럽에서 배양되었다. 민주주의는 프랑스 혁명을 통해 자리 잡았고 사회주의는 마르크스에 의해 집대성되었다. 그 근저에 있는 기독교도 글로벌 종교로 뻗어 나가면서 서양의 지배적 패러다임을 공고히 했다. 2백여 년이 흐른 현시점에는 미국이 글로벌 패권국가로서 자유민주주의, 시장주의, 자유무역주의, 인권주의 등을 보편적 가치로 내세우면서 전 세계를 아우르는 규범 기반 질서를 유지하고 있다. 21세기 현대 문명을 이끄는 주체가 미국이다. 정치, 경제, 사회, 문화 등 모든 분야에 걸쳐 미국이 선도하고 세계가 따른다. 수많은 국가가 미국이 주도하는 규범 기반 질서하에서 경제성장을 구가하였고 번영을 이루고 있다. 2010년대까지 고속성장을 거둔 중국도 예외 없이 미국이 만든 틀 내에서 경제성장의 혜택을 누렸다.

미국이 1945년에 승전국의 자격으로 설계한 자유주의에 기반한 규범 기반 질서는 70여 년간 많은 도전을 받았지만 이제는 검증된 성공모델로 자리잡았다. 한국은 1960년대 최빈국에서 2010년대 들어 G20으로 성장할 만큼 미국이 주도한 규범 기반 질서의 최대 수혜국이었다. 아시아의 싱가포르, 홍콩 등도 또 다른 수혜자였고 이제는 동남아시아와 중유럽 등 국가에서도 규범 기반 질서를 포용하면서 재빠른 성장을 구가하고 있다. 반면 다른 모델을 추구했던 국가들은 모두 경제성장에 실패했다. 중남미의 많은 국가들은 미국이 지향했던 자유무역 대신 폐쇄무역과 자급자족에 주안점을 두는 수입 대체형 경제모델을 지향하면서 쇠락했다. 예를 들어 20세기 초만 해도 글로벌 경제강국으로 부상했던 아르헨티나는 상습적으로 IMF의 구제를 받는 국가로 전락하였다. 아프리카나 중동 등도 마찬가지였다. 자원은 많았으나 지속가능성이 없는 경제로서는 꾸준한 성장은 요원했다. 소련이 추구했던 사회주의는 1980년대 들어 파산 선고와 함께 망했다.

중국이 지향하는 신발전 이념은 혁신, 균형, 녹색, 개방, 분배를 강조한다. 이것은 중국의 경제성장이 중시하는 분야들을 명시하는 것들이며 여느 국가들이 가지는 전형적인 문제의식을 반영한다. 그러나 이들 다섯 요소가 실제 어떻게 이행될지에 대해 중국이 직면하는 문제는 다소 다르다. 왜냐하면 중국처럼 사회주의를 전면에 내세우면서 경제성장을 구가하는 국가가 없기 때문이다. 1980년대처럼 중국의 경제수준이 낮았을 때는 실용주의 노선이 크게 문제시되지 않는다. 먹고사는 문제의 해결을 우선시하기 때문이다. 그러나 2020년대 들어 중국이 G2로 부상한 다음부터는 문제가 복잡해진다. 미국이 선도하는 자유주의 기반의 규범 기반 질서에 편입할 경우 정치, 경제, 사회, 문화 등 모든 분야에 걸쳐 미국의 제도와 규범이 중국 내로 파급되기 때문이다. 예를 들어 한국이 1990년대 시장을 전면 개방하고 IMF 위기를 겪으면서 글로벌 규범 기반 질서에 편입된 다음부터 겪은 변화는 한국 사회에 전반적인 변혁을 가져왔다. 경제 분야에 국한되지 않는 모든 분야를 아우르는 총체적 변화였다. 이러한 대대적인 변화가 없이는 보다 고도화된 경제성장과 선진화는 불가능했기 때문이었다.

중국이 추구하는 현대화는 이러한 고민이 내재되어 있다. 중국은 중국의 실정에 맞춘 현대화를 추구하고 있으며 이는 미국이 만들어 놓은 민주주의, 개인주의, 자유시장주의 같은 규범 기반 질서와는 다른 유형을 모색한다. 지금까지 중국이 거둔 경제성장과 국력의 고속 신장은 더 이상 중국처럼 거대해진 경제권으로서는 지속 가능하지 않다는 문제의식이 있다. 여러 이유가 있지만 14억 명이라는 거대인구와 거대영토를 운영해야 하는 중국으로서는 자칫 미국이 제시하는 규범 기반 질서를 수용했을 경우 이것이 초래하는 사회적 불안정과 양극화 같은 문제를 감당하기 어렵다는 인식이 강하다. 그리고 계속되는 경제성장 속에서 사회주의 이데올로기와 자본주의 이데올로기가 정면으로 충돌하는 가능성에 대해서도 미리 손을 써야 한다는 측면도 있다. 미국의 규범 기반 질서가 가지는 장점은 수용하지만 여기에 중국이 가지는 정치적, 사회적, 경제적, 문화적 특성을 가미하는 중국식 현대화 모델의 추구다.

중국은 이미 현대화가 가지는 외양적 성과는 모두 달성했다. 천만 명이 넘게 거주하는 현대식 도시가 중국 곳곳에 자리 잡고 중국 도시인들은 현대적 생활을 영위한다. 고층 아파트에 거주하면서 주중에는 현대적 공공교통 수단으로 출퇴근하면서 직장 생활을 한다. 주말에는 인근 교외에 가족과 함께 자가용을 타고 여가를 즐긴다. 전기, 난방, 수도 등 기본적인 공공서비스가 갖춰져 있으며 경찰 치안도 잘 확보되어 있어 안정적인 도시생활이 가능하다. 농촌의 현대화도 진행되어 수억 명의 농촌 인구가 탈빈곤에 성공했다. 전 중국을 아우르는 항공, 철도, 도로, 항만, 하천, 운수 등은 14억 명의 인구가 중국 어디로든 갈 수 있는 1일 생활권을 조성하였다. 중국 정부는 이렇듯 현대적 시설과 체계를 구축하고 운영하는 노하우를 습득한 지 30여 년이 경과하였다. 그것은 공공 섹터와 민간 섹터가 함께 협력하면서 만든 성과물이었다. 중국 정부는 고도 경제성장을 이끈 성과와 동시에 현대화를 거둔 실적에 대해 자신감을 갖는 것은 자연스럽고 이후 중국의 현대화를 어떻게 이끌지에 대한 지향점을 공공 섹터에 두는 것 또한 자연스럽다.

외양적인 현대화와 함께 상당한 수준의 내면적 현대화도 달성하였다. 현대적 문물을 누리는 데 필요한 기본 소양을 갖추는 데 성공하였다. 어느덧 법을 지키고, 공공질서를 준수하고, 상대방의 입장을 배려하는 자세를 14억 명의 중국인들이 준수하기 시작했다. 상법을 준수하고 상도(商道)를 지키는 가운데 기업활동을 영위하는 내적인 원숙함도 자리 잡았다. 자본을 조달하여 주식회사를 만들면서 대기업으로 육성하는 발전방향도 상업제도가 뒷받침 되어야 하면서 현대적 자본, 금융, 시장구조, 정부 규제 등을 총망라하는 이해가 뒤따라야 한다. 교육수준이 상향 조정되면서 세상에 대한 이해도가 높아지고 보다 고차원적인 지식을 숙지하는 가운데 중국인의 전반적인 지적 수준도 향상하였다. 세계와의 개방적인 교류 속에서 외국의 문물에 대해서도 눈을 뜨고 그것을 중국에 도입하고 적용시키는 현대적인 노하우도 터득했다. 다각적인 문화 분야에서 수준을 높이면서 점차 고차원적인 문화적 역량을 키우는 것도 당연하다.

중국이 추구하는 현대화의 지향점은 여타 국가들과 다르지 않다. 더욱더 효율적인 사회기간시설과 인프라가 중국 전역에 걸친 경제활동을 뒷받침할 것이다. 중국인 세계관의 현대화는 이러한 현대적 기간시설을 영위하고 개개인의 성장과 자아실현을 현실화할 것이다. 중국을 방문하는 외국인의 시각에 비친 중국의 현대적 도시와 거버넌스, 그리고 생활풍경은 미국이나 유럽 같은 선진국을 방문하는 경험과 큰 차이를 느끼지 않을 것이다. 오히려 보다 신식이고 최신 과학기술을 접목한 기기와 교통수단 등은 중국을 더욱 돋보이게 만들 것이다. 그러나 그 원리는 다르다. 중국이 지향하는 현대화는 공공 섹터가 주도하는 가운데 민간이 보조적 역할을 하는 체계다. 공공 섹터가 현대화의 방향을 설정하고 여기에 자원과 물자를 동원한다. 민간이 자율성을 누리지만 자유민주주의 국가와는 달리 제한적이다. 자율의 수위를 국가가 정하기 때문이다.

중국식 현대화는 현재진행형이다. 자유주의에 기반을 둔 규범 기반 질서와 다르다. 미국식 자유주의가 아닌 다른 경제모델을 통해 지속 가능한 경제성장은 아직까지 그 선례가 없다. 공공 섹터와 민간 섹터 간의 관계 정립이 급선무이면서 어떻게 해야 혁신의 역량을 선진국만큼 유지할지 여부가 가장 큰 관건이다. 공공 섹터가 주도하지만 민간 섹터가 도외시되지 않는 이유는 혁신 역량에서만큼은 민간 섹터가 우월함을 잘 알기 때문이다. 민간 섹터로 하여금 제한된 범위에서 자율성을 허용하고 혁신이 생성되도록 하는 하이브리드 접근 방법을 채택할 것이다. 그 과정에서 공공 섹터는 공공

교육의 확충, 거대 과학프로젝트들의 활성화, 정부 차원에서의 대규모 연구센터 운용, 방산 분야에서의 기술혁신 도모 등을 통해 부족한 혁신 드라이브를 채우려고 할 것이다. 결국 혁신의 성공 여부는 얼마큼 공공 섹터와 민간 섹터 간의 수위 조절을 할지 여부에 달려있다. 중국식 혁신이 성공을 거둘 경우 국제무대에 미칠 파장은 상당할 것이다.

쌍순환: 국내경제와
국제경제의 새로운 관계 정립

경제는 수요와 공급에 의해 운영된다. 물건을 수요로 하는 소비자가 시장에서 물건 구매를 희망하면 공급자가 물건을 만들어 시장에 공급한다. 시장은 적당한 가격을 맞춰서 거래를 성사시킨다. 소비자의 소득 수준에 맞춰 물건을 구입한다. 공급자는 최대한 비용을 낮춰 생산을 하면서 최대한 높은 가격으로 흥정해서 이윤을 챙긴다. 소비자와 공급자는 경제를 함께 돌린다. 소비자의 소득 수준이 올라가면서 보다 다양한 물자 구매를 희망하고 공급자는 높아지는 소비 수준에 맞춰 더욱 다양한 물건을 시장에 선보인다. 건강한 경제 생태계에는 돈과 물건이 서로 다른 방향으로 돌면서 성장을 구가한다.

건강한 경제 순환계는 국외 경제와도 연결된다. 국내에서 만들 수 없는 물건은 국외로부터 수입한다. 에너지와 식량이 대표적이다. 다양한 외국산 소비재들이 국내 소비자의 수요에 따라 수입된다. 그 밖에 자본재들도 있다. 국내에서 물건을 만드는 데 필요한 각종 기계, 원료, 기자재 등을 국내에서 제작하지 못할 경우 외국산에 의존한다. 이들 자본재를 국내 공장에 가져다 놓고 각종 제품을 만드는 데에 사용한다. 만일 우수한 제품을 만들 경우 이는 외국으로 수출한다. 이때는 국내화폐로 거래가 안 되고 달러와 같이 국제적으로 통용되는 외화에 의존해야 한다. 외국으로 물건을 수출해서 외화를 벌고 그 외화로 외국에서 필요한 물자를 구매한다. 국내외 경제순환계를 통해 소비재와 자본재가 이동을 하고 그 과정에서 외환이 국내외로 순환한다.

중국의 1980년대 개혁개방 정책은 전형적인 국내외 경제순환에 의존한 성장전략이었다. 경제성장의 방점은 국외 수요로부터 견인하는 공급역량 강화였다. 미국은 저렴한 소비재를 희망했다. 1960년대부터 1970년대까지는 일본과 한국 같은 국가들이 미국의 소비자들을 만족시켜 주었지만 점차 가격이 상승하면서 미국은 새로운 공급처를 물색했다. 그 대안은 중국이었다. 14억 명에 달하는 거대 인구는 무한한 근로자를 창출했다. 공장만 지으면 수많은 근로자들이 저렴한 임금을 받고 물건을 만들었다. 외국 기업들이 중국에 공장을 짓고 그 공장에서 생산한 물건을 미국에 수출했다. 중국 경제는 국제경제와의 연계 속에서 성장했다. 특히 공급이 주도하는 체제로 자리 잡았고 이는 30여 년간 중국 경제를 견인하는 1등 공신이었다. 14억 명이 주도하는 소비도 상당한 수준이었지만 미국과 여타 유럽의 선진국들이 주도하는 수준에는 못 미쳤다. 중국인이 주도하는 공급도 개혁개방 시기에는 계속 성장하면서 정착을 하는 시기였기 때문에 중심적인 역할에는 한계가 따랐다. 외부 수요와 외부 공급 역량이 중국 시장을 견인하는 구도였다.

제14차 5개년 계획이 근간으로 삼는 신(新)발전과 이에 따른 중국식 현대화의 추구는 실제 경제 운영에 있어 주안점을 국내 공급과 국내 수요에 둔다. 국내 대순환과 국제 대순환으로 구성되는 쌍순환 구도에서 국내 대순환이 주도적인 위치를 점한다. 그리고 국내 대순환을 운용하는 주체로 공급부문을 중시한다. 1980년대 이후 개혁개방을 추구해 온 중국은 월등한 공급 역량으로 성장했기 때문에 공급을 중시하는 것은 당연했다. 제14차 5개년 계획은 이러한 중국 경제의 공급지향적 특징을 유지하지만 공급의 주체를 외국기업이 아닌 중국으로 바꾼 것이 큰 차이다. 40여 년에 걸쳐 발전을 해 온 중국 기업들은 더 이상 외국에 의존할 필요 없이 자체적으로 공급 역량을 주도할 수 있다는 믿음이 뒷받침되어 있다. 그러한 정책적 의지는 "혁신 구동"과 "고품질 공급"이라는 표현에 압축되어 있다. 전자는 혁신 역량을 갖추면서 새로운 공급을 창출하는 것을 의미한다. 후자는 이전처럼 저가의 가성비 좋은 제품에 머물지 않고 현대 중국 경제에 걸맞은 높은 품질의 제품을 생산하는 역량을 갖추려는 목표다.

중국의 국내공급 역량의 강화는 국내수요 견인을 추구한다. 고품질 공급의 강화는 자연스럽게 새로운 수요를 창출한다. 이것은 고품질 공급을 장악한 외국 공급을 국내 공급으로 대체하는 효과를 가져오고 새로운 이윤 창출로 이어진다. 국내 공급자들이 성장을 하면 일자리가 자연스럽게 생기고 소득이 오르는 구도다. 중국 소비자들을 잘 이해하는 중국 기업가들은 외국기업들이 미처 생각하지 못하는 제품의 창출도 가능하다. 그 과정에서 중국 기업들은 경쟁력을 쌓고 거대 시장에서 규모의 경제를 달성한다. 보다 저렴한 제품을 소비자에게 공급하면서 소비자들은 이전에는 구매하지 못했던 고가의 제품을 값싼 가격에 구매하게 되는 순환계다. 외국 기업들 입장에서는 예전처럼 압도적인 경쟁력으로 중국기업들을 따돌리면서 매출을 올리지 못하는 시대가 된 것이다. 하지만 눈 높아진 중국의 소비자들은 고품질이면서 고가의 외국산 제품에 대해 새로운 판로 개척의 기회를 제시하는 것 또한 사실이다.

국제 대순환의 요체는 중국 국내 공급을 원활하게 하는 보조적 역할에 있다. 중국이 자체적으로 조달하지 못하는 에너지, 원자재, 기자재, 기술, 자본 등이 중국 기업에게 차질 없이 공급되도록 하는 것이 중시된다. 그 방점에는 유통구조의 개혁과 제도 구비가 있다. 중국 전역에 분포하는 수많은 공장들의 효율성을 극대화하도록 외국과 연결되는 도로와 철도 같은 인프라를 구축하고 각종 규제와 제도를 정비하는 것을 의미한다. 중국 기업들이 필요로 하는 자금을 손쉽게 융통할 수 있는 금융기관을 완비하고 인터넷 플랫폼을 구축함으로써 외국과 관련된 경제활동이 손쉽게 이뤄지도록 새로운 체제를 만드는 것도 포함된다.

제14차 5개년 계획상의 쌍순환은 거대경제권의 특징을 잘 보여준다. 한국과 같이 무역을 중시하는 국가들은 무역수지에 대한 관심이 많다. 기업들의 경쟁력 향상도 5천만 명에 머무는 국내시장이 아닌 전 세계 시장을 염두에 두면서 짜는 전략들이다. 외화를 벌어야 이를 갖고 각종 기자재와 원자재를 수입하여 우수한 제품을 만들 수 있기 때문이다. 그러나 중국처럼 전세계 공장으로 자리 잡았고 14억 명에 달하는 거대시장을 갖고 있는 국가에게 우선적인 관심대상은 국내시장이다. 중국은 오히려 30여 년에 걸쳐 중국 시장에 확고하게 자리 잡은 외국 기업들과의 관계를 어떻게 조정하면서 자국 기업을 육성할지 여부에 집중한다. 자국 시장은 자국기업들이 장악하는 것이 일반적이다. 한국 시장에서 거의 대부분 중화학 및 기간산업을 한국 기업들이 장악하고 있다. 이는 일본과 독일 같은 경제강국도 마찬가지다. 중국이 지향하는 방향도 유사하다. 다만 중국은 수출을 통해 경쟁력을 구축하는 것이 아닌 거대경제권인 중국 시장 안에서 치열한 경쟁을 통해 글로벌 경쟁력을 구축하겠다는 접근이 차이다. 수출시장보다 더 큰 시장이 중국 시장이기 때문이다.

제14차 5개년 계획이 추구하는 쌍순환은 여타 국가들이 추구하는 경제전략보다는 훨씬 자국 중심적이다. 그 이유는 우선 중국이 가지는 거대경제권으로서의 특성 때문이다. 더 나아가 그동안의 중국 경제성장을 견인한 개혁개방 노선의 주안점이 외국기업에 놓여 있었기 때문에 이제는 중국기업으로 하여금 도맡게 하려는 의지도 있다. 마지막 부분은 대외경제의 불안정성에 있다. 안보상황이 불안해지고 지정학적 리스크가 커지는 상황에서 쌍순환을 통해 중국의 경제안보를 확보한다는 관점이 내재한다. 미국의 중국에 대한 견제도 크게 작용한다. 국내적 차원에서 경제를 운영하고 필요한 부분에 대해서만 외국에 의존하겠다는 접근은 리스크를 최소화한다. 쌍순환이 가진 안보적 함의를 함께 봐야 중국 경제의 거시적 운영의 맥락이 읽히는 것은 그 때문이다.

사회주의
시장경제 체제

제14차 5개년 계획은 사회주의 시장경제를 국유기업과 민영기업 영역으로 대별하고 각 부문의 발전과 성장에 대한 계획을 열거한다. 특히 "자원배치에 대한 시장의 결정적 역할"을 중시한다. 애덤 스미스가 제시한 자유시장의 논리를 준수하는 것인데 노동, 자본과 같은 경제적 자원은 보이지 않는 손인 가격에 의해 결정되는 것이 가장 효율적이라는 원칙이다. 중국이 비록 사회주의를 준수하지만 시장의 힘만큼은 정부가 아무리 나서도 이길 수 없음을 시인하는 대목이다. 하지만 시장에 모든 힘을 부여하는 것은 아니고 어디까지나 시장이 결정적인 역할을 "발휘"할 수 있도록 한다고 제한을 한다. 마지막 문장에는 "효율적인 시장"과 "유능한 정부"가 "잘 결합되도록 추진한다"고 명기함으로써 사회주의 시장경제가 가지는 두 부문의 특징과 상호관계를 서술한다.

제14차 5개년 계획은 시장의 힘을 인정하면서도 국유기업이 중국 경제를 선도한다는 기본적인 접근방법은 견지한다. "해야 할 일은 하고 해야 하지 않아야 할 일은 하지 않는다"는 접근은 국유기업이 가지는 장점과 단점을 잘 서술한다. 국가가 주도하는 각종 인프라 사업, 공공서비스, 기타 국가

안보와 관련된 영역에서는 국유기업들이 확고하게 자신들의 역할을 다하는 것이고, 효율성, 경쟁력, 혁신성이 우선시되는 영역에서는 민영기업에게 시장을 양보하는 역할을 의미한다.

하지만 국유기업이 가지는 잠재력을 최대한 살리면서 민영기업 같은 장점을 갖추도록 하려는 의지도 서려 있다. "중국 특색 현대적 기업제도"는 국유기업이 가지는 전통적인 단점을 극복하려는 시도다. 국가가 지향하는 각종 정책을 준수하는 기업 거버넌스는 유지하면서도 효율성을 제고하려는 노력도 함께 한다. 이사회의 강화, 성과 우선주의, 경영진의 계약직화 등은 전형적인 민간기업의 실적 최대화 거버넌스다. 국유기업이 가지는 무사안일주의와 리스크 회피 같은 단점을 지양하면서 민영기업처럼 효율성을 극대화하고 혁신을 구가하는 기업으로 거듭나도록 하는 의도다. "중국 특색 현대적 기업"이 갖는 의미는 이렇듯 시장주의 경제에서는 민간기업들이 갖는 특유의 혁신성과는 거리가 먼 국유기업들을 민영기업에 준하는 역동적 기업으로 만들어 보겠다는 정책적 의지를 담고 있다. 여타 선진국들이 가지 않은 길을 가겠다는 의미의 "중국식 현대화"가 국유기업에 대해서도 마찬가지로 적용되는 것이다.

국유기업 다음으로 서술되는 민영기업에 대한 지원은 법치 환경을 개선하겠다는 방침으로 요약된다. 법치 제도의 완비는 1980년대 개혁개방 시기에 성장을 최우선시하면서 무분별한 성장을 계속한 데 대한 반성과 이에 대한 수정을 의미한다. 1980년대 개혁개방의 공과(功過)는 확실하다. 10퍼센트대에 달하는 고속성장을 달성한 반면 그 성장의 방식은 시장의 무분별한 확장이었다. 좋은 제품을 만드는 경쟁력이 최우선시되었지만 그 내면에는 불공정한 담합, 덤핑, 독점, 정부와의 결탁 등 혼탁한 경쟁이 서려 있었다. 민영기업을 위한 법치환경, 정책환경, 그리고 시장환경을 계속 개선하고 재산권 및 기업가의 권익을 법에 따라 평등하게 보호하겠다는 방침은 바로 민영기업들이 안정적이고 예측 가능한 환경 속에서 기업활동을 영위하도록 만들겠다는 방침이다.

제14차 5개년 계획은 사회주의와 관련하여 "높은 기준의 시장체계 건설"을 명시한다. 가장 중시되는 대목은 재산권의 전면적 완비인데 이는 재산권의 분명한 귀속, 명확한 권한과 책임 귀속 등을 의미한다. 중국이 지향하는 현대적 경제에 걸맞은 재산권이다. 중국은 사회주의 시장경제 체제이기 때문에 시장주의 경제의 근간인 사유재산제도를 명시하지는 못한다. 그럼에도 "국유, 민영 및 외자 등 각종 소유제의 기업재산권을 법에 따라 평등하게 보호한다"고 규정하고 있어 기능적인 측면에서 사적 재산권을 인정한다.

제14차 5개년 계획은 반독점을 중심으로 하는 경쟁 정책을 비중 있게 서술한다. 이는 중국 경제가 고도화되면서 겪게 되는 자본의 집중과 독점의 문제점을 극복하려는 방침이다. 반독점의 폐해는 국유기업과 민영기업을 동등하게 대우한다. 에너지, 철도, 전기통신, 공공사업 등에서 시장화 개혁을 추진하고 경쟁 메커니즘을 확대함으로써 자연 독점이 가져오는 부작용을 방지하겠다는 방침은 국유기업에 대해서도 반독점 규제를 적용하겠다는 뜻이다. 앞서 언급한 국유기업의 현대화를 반독점 규제를 통해서도 이끌어 보겠다는 함의다. 민영기업에 대한 반독점 규제는 일반 시장주의 국가들과 유사하다. 반독점법의 집행 강도를 강화함으로써 "자본의 무분별한 확장"을 방지하겠다는 방침은 민영기업들이 거대 자본을 이끌어서 자신들의 본래 사업과 무관한 영역으로 확장을 하거나 불공정한 방식으로 인수합병을 추진하는 것은 막겠다는 정책의지를 담고 있다.

금융은 민영기업이 아닌 국가 거버넌스의 일부분으로 취급한다. 여느 시장주의 경제에서처럼 금융 부문은 자유롭게 영업을 하고 정부 부문은 무분별한 금융활동이 가져오는 시장의 실패를 규제하는 역할 분담과는 차이가 크다. 제14차 5개년 계획은 금융 부문이 가지는 의무가 실물경제를 효과적으로 지원하는 것으로 규정한다. 금융이 가지는 정책수단으로서의 기능은 "정책이자율", "정책성 금융" 등과 같은 단어에서 보이듯 산업정책이 원만하게 추진되기 위한 자본조달 방식으로서 자리매김한다. 금융에 대한 보수적인 태도 또한 확고하다. 투자자 보호, 예금자 보험, 자기자본 조달 비중 상향 등은 금융기관의 확대보다는 소비자들을 보호하는 데 중점이 있다. 금융혁신에 대해서도 "신중한 감독", "위험평가에 대한 감독 강화", "오류 정정", "잠정 정지" 등을 열거함으로써 시장경제에서 종종 발생하는 금융위기를 초래하지 않겠다는 정책 의지가 반영되어 있다.

정부의 경제 거버넌스는 법에 의한 운영을 강조한다. 현대 중국이 가지는 복잡한 경제 환경을 정부가 제대로 관리하기 위해서는 자의적인 통치가 적합하지 않다는 점에 대한 시인이다. 정부 차원에서 추구하는 각종 정책과 규제 등이 법에 기반을 해야 하기 때문에 법제화에 대한 수요가 계속 증가한다. 5개년 계획 같은 중장기 계획을 치밀하게 입안하고 확고하게 집행함으로써 정부는 공공 섹터와 민간 섹터가 공고하게 발전할 수 있도록 지원한다. 정부가 가지는 가장 핵심적인 정책수단이 재정정책과 통화정책이라고 명시한 점은 정부 부문이 가지는 역할과 한계를 가장 명확하게 구분한 부분이다. 중국 정부가 공공 섹터를 운영함으로써 경제 운영에 많은 영향을 미칠 수 있는 것은 사실이지만 이마저 결국은 정부 재정이 뒷받침되어야 하기 때문이다.

공동 부유:
중국식 소득재분배 모델 모색

고속 경제성장이 가져오는 혜택과 부작용은 어느 국가든 비슷하다. 국가 전체를 보면 경제력이 강해진다. 국력이 향상하면서 국제사회에서의 위상이 올라간다. 하지만 경제성장이 가져오는 부(富)를 어떻게 나누는지 여부에 따라 개개인의 소득편차가 발생하고 경제적 혜택을 누리는 범주가 변한다. 만일 공평무사하게 분배되면 자신의 소득에 대한 불만이 적다. "번만큼 산다"는 경제적 정의가 안착한다. 만일 정치나 부정부패 등의 요인으로 불공평하게 소득이 분배되면 소득의 격차가 벌어지면서 양극화 문제에 직면한다. 경제사회에 대한 불평불만이 완연하고 경제의 효율성도 당연히 떨어진다.

중국이 1980년대 이후 개혁개방을 추구한 것은 실용주의적 견지에 의한 과감한 결단이었다. 사회주의 체계를 고수한 상태에서 자본주의 메커니즘을 전폭적으로 수용한 것이 주효했다. 그 결과는 30년이 넘는 고속성장이었다. 사회주의가 갖는 본연의 기능은 사회 전체가 자원을 공유하고 소득을 균등하게 하는 데에 있다. 그러나 그 부작용으로 혁신을 저해하고 성장을 정체시켰기 때문에 과감하게 선택한 자본주의식 배분은 일한 만큼 벌고, 잘 투자한 만큼 버는 원리다. 중국 경제는 1980년대 이후 이러한 자본주의적 배분 원리에 충실했다. 14억 인구가 모두 새롭게 제시된 배분 원리에 따라 일했다. 일한 만큼 거둔다는 원칙에 대해 중국 근로자들과 기업인들은 반색하지 않을 수 없었다.

2010년대 이후 중국 경제가 G2 경제의 반열에 올라선 시점이 되면서 자본주의적 실적주의 기반 배분은 중국사회의 심각한 양극화 문제를 초래했다. GDP 규모가 미국 다음 수준인 16조 달러가 되니 분배 문제가 심각해진 것은 당연했다. 부익부 빈익빈이 두드러지기 시작했다. 정보를 장악하는 대기업들은 중소기업보다 훨씬 유리한 위치에서 투자했다. 개인적 역량이 뛰어난 근로자는 시장에서 높은 임금으로 대우받았고 그렇지 못한 대부분의 근로자들은 저임금으로 연명했다. 시장주의를 원칙으로 삼는 국가는 시장에 따른 배분이라는 엄정한 잣대를 통해 정당화할 수 있다. 그리고 양극화 문제는 사회보장제도와 누진세 같은 재분배 정책을 통해 완화한다. 중국도 비록 사회주의를 근간으로 삼지만 시장주의 경제와 유사한 재분배 정책을 활용하는 것이 가능하다. 오히려 중국은 국유기업들이 차지하는 비중이 상당하기 때문에 시장주의경제보다도 재분배 영역에서만큼은 좀더 유리한 측면이 있기도 하다.

그러나 4차 산업혁명이 본격화되면서 양극화 문제는 보다 첨예해졌다. 중국이 디지털 경제, 온라인 플랫폼, SNS 등을 통한 경제성장을 선도하면서 단시간 내에 전체적인 경제에서 신흥 디지털 기업들이 차지하는 비중이 커졌다. 알리바바, 텐센트, 메이투안 같은 업체들은 역사가 10년 정도밖에 안 되지만 이미 미국의 아마존, 페이스북, 구글에 버금가는 기업규모를 자랑하고 이들이 중국 경제에 미치는 영향력은 절대적이다. 물론 이들 기업은 중국으로 하여금 미국에 버금가는 수준의 혁신을 가능하게 만든 1등 공신이지만 그 이면에는 엄청난 소득 양극화를 초래한 것도 사실이다. 이들 기업은 2차 산업처럼 대규모 일자리를 창출하지 못하고 데이터와 인터넷 같은 디지털 네트워크로 부(富)를 창출한다. 즉 정보를 빠르게 중개함으로써 물건과 서비스를 수요하는 사람과 공급하는 사람을 연결해 준다. 클릭 하나 만으로 거래가 성사되도록 하는 것이 주된 기능이다. 기존에 오프라인으로만 가능했던 각종 상거래를 보다 신속하게 함으로써 거래 회전을 빠르게 하는 것은 맞지만 새로운 제조업을 창출하지 못하는 한계는 명확하다.

4차 산업혁명이 전개되면서 이러한 양극화 구도는 더욱 심해질 것이 자명하다. 이미 선진국들도 어떻게 하면 4차 산업혁명이 초래하는 극단적인 양극화 문제를 해결할지에 대해 고민한다. 기존의 누진세 같은 소득재분배 방식은 자칫 혁신에 대한 동기부여를 약하게 할 수 있기 때문에 한계가 따른다. 그렇다고 반독점 규제를 가할 경우 4차 산업혁명 특유의 규모의 경제 달성을 어렵게 하고 저렴한 가격과 양질의 서비스 제공을 방해할 가능성이 크다. 기본소득처럼 전 국민을 대상으로 일률적인 소득을 지급하는 극단적인 재분배 정책이 거론되는 것도 그러한 이유를 배경으로 한다.

중국이 4차 산업혁명을 선도하는 국가인 만큼 본격적으로 첨단 기술들이 상업화되는 시점이 되면 양극화 문제는 보다 첨예화될 것이다. 인공지능이 점차 상용화되면 화이트 칼라 전문 인력의 수요가 급감할 것이다. 회계학이 인공 지능으로 대체되면 회계사에 대해, 의료진단 기술이 인공지능화 되면

의사에 대한 수요가, 디자인 분야가 인공지능화 되면 디자이너에 대한 수요가 급감할 것이다. 로봇, 자율주행, 빅데이터 등도 모두 마찬가지로 인력에 대한 수급의 큰 변화를 가져올 것이다. 그리고 가장 우수한 인공지능 기술을 갖춘 기업이 열등한 기업들을 몰아내는 극단적인 독점화가 추진될 것이다. 4차 산업혁명이 2차 산업 부문과 3차 산업 부문과 연결될 경우 가져오는 파장도 상당할 것이다. 이 모든 변화는 보다 심각한 양극화를 초래할 것으로 예상되고 있다.

공동부유는 계속 심화되는 양극화에 대한 중국식 처방이다. 돈을 많이 버는 기업이 자진해서 자신의 소득을 사회에 환원할 것을 주문한다. 일정 부분 미국의 기부 문화를 답습한다. 카네기나 록펠러 같은 독점기업들은 물론 마이크로소프트의 창업자인 빌 게이트 같은 거부들이 자진해서 자신의 재산을 자선활동이나 NGO 활동에 기여하는 것을 벤치마킹한다. 중국에는 아직까지 자선 문화가 제대로 정착되어 있지 않다. 1980년대 개혁개방 정책의 근간은 일한 만큼 번다는 점에 초점이 있었고 그 초점은 전 시기의 사회주의적 요소를 최대한 배제하겠다는 정책당국의 의지가 강하게 반영되어 있었기 때문이었다. 사회주의적 접근에 대한 반작용이 개혁개방에 내재되어 있었고 이러한 동력이 중국의 고소득 성장을 이끈 측면이 컸다. 양극화 문제가 계속 불거지겠지만 1970년대 이전의 모델로 회귀하는 것은 부담이 따른다. 결국 공동부유는 G2의 반열에 오른 부강한 중국이 민간 섹터와 타협을 한다는 차원에서 제안하는 권유형 소득재분배 정책이라고 볼 수 있다.

대단일 시장:
거대시장의 실질적 통합 도모

중국은 전통적으로 중앙정치와 지방정치가 분리되어 있었다. 영토가 넓고 다스리는 인구도 컸기 때문에 수도에서 모든 지역들을 일률적으로 통치하는 것이 불가능했기 때문이었다. 아무리 강력한 중앙집권적인 체제를 구축하고 지방통치를 위해 관료를 지방관으로 파견해도 지방에서 수백 년 이상 자리 잡은 토착 정치 네트워크를 바꿀 수는 없었다. 더욱이 정보통신과 교통이 어려웠던 시절에는 중앙정부에서 하달하는 지침이 지방에 도착하기까지는 짧게는 며칠에서 길게는 몇 주가 소요될 정도로 중국의 영토는 광활했다. 결국 전반적인 방향만 준수하고 나머지 세부 내용은 각 지역이 자체적으로 처리했다. 진시황이 중국을 통일한 이래 모든 왕조들이 중앙집권을 계속 강화했지만 지방의 재량권은 언제나 상당 부분 존속했다.

현대 중국도 이전의 중국 왕조들과 마찬가지의 문제에 직면한다. 북경을 수도로 삼은 중국은 지방자치제가 존재하지 않는다. 지방정부의 모든 직책은 중앙정부가 관할하며 중앙정부에서 수립한 각종 법령과 정책은 지방정부가 일률적으로 이행한다. 지방정부 차원에서 자체적으로 수립하는 법령과 정책은 어디까지나 중앙정부에서 허용한 범위 내에서만 가능하다. 그럼에도 불구하고 실제 이행 단계에서는 각 지역별로 상이하다. 14억 명이나 되는 인구에 대해 동일하게 법령과 정책을 적용하는 것은 불가능하다. 지역별 특색과 지역문화와 사회적 관습 등 다양한 요인을 고려하여 신축성 있게 운영된다. 아열대에 속하는 광동성과 냉대지역에 속하는 동북3성이 처한 여건은 전혀 다르다. 중앙정부의 정책과 지침이 지역적 상황에 맞춰 다르게 구현되는 것은 당연하다.

그러나 현대 중국은 예전 왕조들과는 차별되는 유리함을 누린다. 1980년 대 이후 급격한 경제성장은 교통통신 인프라의 정비를 가져왔다. 중국 전역을 연결하는 고속철도와 항공망은 전 대륙을 1일 생활권으로 만들었다. 정보통신망의 완비는 실시간으로 업무처리가 가능하도록 했다. 중앙정부의 법령과 지침은 즉각적으로 지방정부에 하달되고 실시 과정도 모니터링이 가능해졌다. 즉 예전처럼 지방정부가 중앙정부로부터 독립하여 많은 재량권을 갖고 일하는 영역이 작아졌다. 더 나아가 전국적인 정규교육과 언론매체의 발달은 지금까지 고수해 오던 고유의 지역 특색이 많이 퇴색하고 보다 균일화된 가치관 보급을 뜻한다. 예를 들어 예전 같으면 낯설어했을 산동성과 사천성 출신이 서로 교류를 해도 손쉽게 공감할 수 있는 부분이 그만큼 더 커진 것이었다.

대단일 시장은 중국 역사상 모든 왕조들이 끊임없이 추구해 왔던 중앙집권화와 전 영토에 균일하게 시행되는 경제체제를 구축하려는 노력의 연속선상에 있다. 2020년대 들어 정보통신 분야는 더욱더 급격한 기술적 진보를 달성했고 원격 관리의 역량이 더욱 커졌다. 특히 코로나19 상황을 거친 중국은 제로코로나와 도시 봉쇄 등의 조치를 취하는 과정에서 중앙정부의 통제력은 더욱 정교해졌다. 지방에서 재량권을 자랑하던 상해, 광저우 같은 경제 중심지조차 도시 봉쇄를 단행할 만큼 강력한 제로코로나 정책을 추진하는 가운데 지방정부의 재량권은 상당 부분 축소되었다. 이것은 단순히 코로나의 확진뿐 아니라 중앙정부가 통제하고 관리할 수 있는 역량이 그만큼 강화되었기 때문이기도 하다.

지방정부의 재량권이 높아지면 그만큼 현지 실정에 맞게 정책을 실행하기 때문에 효율성이 오른다. 그러나 지방정부가 지역 이권과 결탁할 경우 오히려 부정부패를 초래할 가능성이 크다. 스마트 생산, 신에너지, 기후변화 대응, 전기자동차 등 미래지향적 정책들은 예전처럼 단순하지 않다. 현장에 대한 이해는 물론 각 정책들이 수반하는 다양한 이해관계의 충돌과 새로운 리스크 등에 대해서도 정확한 파악을 요구한다. 그러나 지방정부들의 역량이 뒤처지는 경우도 많고 오히려 새로운 이권을 확보하려는 지역 기반 인적 네트워크들이 준동하는 경우 정책이 뜻대로 시행되지 못한다. 중앙정부가 아무리 심혈을 기울여서 정책을 만들고 이에 따른 예산을 확보해서 지방에 하달해도 뜻대로 이행되지 못하는 경우가 왕왕 발생하는 것이다.

2020년대 들어 강력하게 추진되는 대단일 시장 정책은 결국 중국이 30여 년간 급속한 경제성장을 하는 과정에서 자유재량권을 많이 확보한 지방정부들을 단속하려는 노력의 일환이기도 하다. 그렇게 함으로써 중국 내 활동을 하는 기업들이 중국 전역 어디에 가서든 동일한 법규와 정책의 적용을 받게 하려는 것이 주된 목표다. 동북3성 업체가 광저우에 출장사무소를 만들어 영업을 할 경우 광저우 당국으로부터 균일한 공공서비스를 받도록 하는 것이다.

아울러 대단일 시장 정책은 민간 기업들의 반독점 영역도 포함한다. 지방정부가 중앙정부로부터 재량권을 갖고 있듯이 지방에서 터전을 잡은 기업들도 로컬 업체로서 그 입지를 유지하려고 노력한다. 외지에서 좋은 제품과 서비스를 갖고 진출해 오는 기업들에 대해 지역 텃세를 부리는 것도 가능하다. 지방정부 당국과 결탁해서 각종 인허가 발급을 지연함으로써 외지 업체가 현지에 정착하는 시기를 최대한 늦출 수 있다. 자신들끼리 담합함으로써 가격 덤핑이나 물량공세 같은 불공정 경쟁을 통해 외지 업체의 진출을 사실상 무력화하는 것도 가능하다. 중앙정부 차원에서는 반독점 조사에 나설 수 있지만 현지 여건에 밝은 지방 정부 차원의 지원 없이는 제대로 된 조사가 불가능하다. 중앙정부 입장에서는 각 지역별로 다르게 나타나는 담합과 독점의 움직임을 동일한 원칙과 규율을 갖고 단속하는 것은 중국 업체들이 불공정 경쟁에 노출되지 않고 영업활동을 하도록 하는 중요한 부분이다.

대단일 시장 정책은 국유기업과 민영기업의 관계에 대해서도 적용이 가능하다. 국유기업은 정부 소유이기 때문에 많은 혜택을 누린다. 정부조달 참여, 각종 경제정책에 대한 사전 정보 및 결정과정에 관여, 정부 금융 및 보조금 등 다양하다. 그러나 국유기업도 최대한 기업으로서의 본분을 지키면서 민영기업과 시장에서 공정하게 경쟁하는 것이 바람직하다. 중국이 관할하는 국유기업은 중앙정부가 소유하는 국유기업도 있지만 지방정부가 소유하는 국유기업도 있다. 중앙정부의 국유기업은 전 중국을 포괄하고 해외로도 진출하기 때문에 민영기업 수준의 경쟁력을 갖췄지만 지방정부의 국유기업은 해당 지방에만 국한되기 때문에 경쟁력이 떨어진다. 이에 대해서도 시장단일화는 지방 국유기업의 개혁을 통해 국유기업과 민영기업의 시장단일화 추구를 포함한다.

높은 수준의
개방 추구

　제14차 5개년 계획하에서 중국 경제의 대외개방은 그 주안점이 제도화
에 있다. 1980년대 이후의 개혁개방은 실용주의에 근거하여 경제성장을 최
우선시하였다. 성장만 달성하면 뭐든지 가능할 정도로 외국의 문물에 대한
문호가 열려 있었다. 외국기업은 자본과 기술을 갖고 중국 시장에 진출하여
공장을 짓고 중국의 저임금 노동력을 활용하여 저렴한 제품을 대량 생산하
였다. 중국은 세계의 공장으로 거듭났고 고속 성장을 거두는 데 성공하였다.
재산권을 보장하고 시장에 수요와 공급을 맡긴다는 자유시장주의 원칙을
준수하는 가운데 정부의 시장에 대한 개입과 관여는 최소화하였다. 법보다
는 재량이, 규제보다는 자유방임이 우대를 받는 가운데 중국은 외국 기업과
자본들이 자유롭게 경제활동을 영위하였고 거대한 시장에서 급속한 성장을
구가하였다.

　2020년대를 맞이하는 중국으로서는 1980년대 유형의 개혁개방노선에
따른 외국 기업의 중국 시장 진출에 대해서는 보다 절제된 입장을 따른다.
여전히 외국자본과 기업의 중국 진출을 반기지만 그것은 현대 중국이 생각
하는 자신의 국익에 맞추는 가운데 보다 규범적이고 법적으로 주어진 틀을

준수하는 진출이어야 한다는 점이다. 중국은 더 이상 성장을 최우선시하는 후진국이 아니다. G2의 지위를 누리고 전 분야에 걸쳐 자체적인 산업체제를 구축하는 데 성공하였다. 중국 국내 산업 생태계가 조성되어 있고 중국 대기업들이 서로 치열하게 경쟁하도록 만드는 데 성공하였다. 민법, 상법, 회사법 등 기업활동을 규율하는 법 체제가 마련되었고 정부도 시장에 참여하는 공공 섹터로서 경제활동을 영위한다. 이러한 전반적인 틀은 외국투자 진출 기업들도 예외 없이 적용되어야 한다.

제14차 5개년 계획은 중국의 거대 시장이 외국기업에게 주는 투자 매력을 인정한다. 외국 기업들이 중국 진출에 대해 가지는 관심을 가지는 가장 큰 이유는 여전히 14억 명의 시장이 건재하기 때문이다. 중국의 높은 수준의 대외 개방은 이러한 국제적 관심에 선택적으로 대응하겠다는 점을 강조한다. 예전처럼 외국 기업을 유치해서 경제성장을 이룩하겠다는 실용주의적 노선이 아니다. 외국의 우수한 문물을 채택하여 개혁을 하겠다는 점은 더더욱 아니다. 오히려 책임감 있는 국제사회의 일원이면서 G2 경제권의 위상에 걸맞은 시장개방을 하겠다는 의지를 표현한 것이다. 명시된 분야 외 모든 분야에 대한 외국투자를 허용하겠다는 "네거티브 리스트"의 확대는 중국 정부가 가지는 개방에 대한 관점을 단적으로 보여준다.

예전의 자유방임 기조와는 구별되는 규범적 규제가 강조되는 것도 특징이다. 대외 개방을 추진하면서도 개방의 안전성 확보를 위한 책임, 규제, 관리, 기준 등을 내세운다. "적격" 외국인 투자제도 완비를 추구함으로써 중국 시장에 진출하는 기업들을 무분별하게 허용하지 않고 다양한 기준에 맞춰 선별하겠다는 방침을 마련했다. 이러한 기준들로는 국가안전심사, 반독점 심사, 국가기술안전목록 관리, 신뢰할 수 없는 실체 목록 등 다양하다. 금융 분야에서의 외환보유 안정성 확보, 대외자산부채 모니터링은 물론 산업 분야에서의 공급망 위험경보시스템에 이르기까지 이전에는 크게 관심을 갖지 않았던 안정성에 대해서 많은 관심을 기울인다.

이렇듯 중국이 안정성을 제고하는 배경에는 세계경제의 불안정성이 있다. 개방을 하면 할수록 외부경제 변동에 노출은 그만큼 심해진다. 중국으로서는 개방을 통해 취하는 경제성장의 과실은 계속 추구하면서도 외부로부터 유입되는 불안정성은 최소화하려는 노력이 수반되어 있다. 금융위기와 외환위기에 대한 대비는 전형적인 예다. 그 밖의 불안정성 요인은 지정학적 리스크다. 미국과의 대립 같은 지정학적 불안정성은 현재까지는 당연한 것으로 받아들여 왔던 글로벌 공급망에 대한 신뢰도를 급격하게 저하시켰다. 더 이상 시장의 원리에 의존하지 않고 경제안보 같은 혼합된 리스크의 중요성이 증가하면서 중국 정부도 다양한 안정화 조치를 취하게 된 것이다.

제14차 5개년 계획은 대외 개방을 단순히 자국 시장의 개방에 국한시키지 않고 중국의 대외시장 진출로 그 영역을 확대한다. 일대일로를 대외개방의 일부분으로 포함시킴으로써 보다 능동적인 자세를 취한다. 1980년대 개혁개방 시기에는 중국의 대외시장 진출은 수출을 증진함으로써 외화를 벌고 자국 기업의 경쟁력을 높이는 데 주안점이 있었다. 그러나 일대일로는 중국이 그동안 발전한 개발역량을 대외적으로 투사하는 데 그 목적이 있기 때문에 이전 중국의 노선과는 확연하게 차별된다.

높은 수준의 대외 개방은 결국 중국이 자국의 높아진 글로벌 경제적 위상에 맞는 수준으로 자국 경제를 개방하겠다는 의지를 담고 있다. 제14차 5개년 계획은 대외개방을 통해 얻는 이득에 대해서는 별다른 언급이 없다. 국제협력을 촉진하고 인류운명공동체 구축을 추진한다는 정도의 정책적 목표만을 내세울 뿐이다. 그렇기 때문에 국제적으로 공인된 각종 국제기구나 국제통상협정에 대한 중요성을 강조한다. 중국이 글로벌 거버넌스에 적극 참여하겠다는 방침이다. 세계무역기구(WTO), 자유무역협정(FTA) 같은 다자 무역체제를 명시적으로 거론하면서 중국이 국제무대에서의 존재감을 확실하게 드러내고자 한다. G20, 아시아태평양경제협력체(APEC), 브라질, 러시아, 인도, 중국, 남아공 협력체(BRICS) 같은 지역협의체에서의 위상을 중시하면서 국제금융기구로서 중국이 주도하는 아시아인프라투자은행(AIIB)과 신개발은행(NDB) 같은 다자은행들도 명시한다. 역내포괄적경제동반자협정(RCEP)과 한중일 자유무역협정(FTA), 포괄적이면서 점진적인 환태평양경제동반자협정(CPTPP) 등 아시아를 중심으로 하는 소다자 자유무역협정도 명시적으로 언급한다.

중국이 2001년에 WTO 가입을 성사했을 때만 해도 중국은 자국의 낙후된 경제 거버넌스를 현대화하겠다는 목적의식이 강했고 실제로 많은 분야에서 경제 업그레이드를 달성했다. 2000년대 이후 중국이 거둔 10퍼센트대의 고속성장은 WTO를 포함한 다양하게 체결된 양자 자유무역협정의 힘이 컸다. 그러나 제14차 5개년 계획에는 이러한 외부 동력을 활용한 개혁에 대한 명시적 언급은 거의 없다. WTO나 FTA에 대한 언급에 국한될 뿐이다. 그것은 중국이 거둔 경제성장에 대한 자신감의 반영이다. 이는 제14차 5개년 계획 말미에 언급되어 있는 신형 국제 관계에서 나오는 당연한 논리적 귀결이기도 하다. 국제외교 논리가 굳이 경제계획에 명시되어 있는 것은 대외 개방 논리가 정치 노선과 무관하지 않음을 단적으로 보여주는 대목이다. 그리고 신형 국제 관계가 그리는 국제 관계는 중국이 대국으로서 자국의 입장을 국제무대에서 당당하게 내세우는 것을 의미하기 때문이다.

경제와
안보의 융합

중국은 1980년대 개혁개방을 추진한 대표적인 이유로 자칫 경제와 혁신이 뒤떨어질 경우 서양 열강에 멸망한 청나라의 전철을 밟을 수 있다는 경계심이 크게 작용했다. 그렇기 때문에 여타 국가들처럼 단순히 국민소득을 올리기 위해 경제성장을 추구한 사례와는 차이가 있다. 그러나 외면적으로 드러나지 않던 경제안보에 대한 의의는 2020년대 들어 크게 부각되었다. 미국의 중국에 대한 견제가 본격화되면서 제14차 5개년 계획은 경제성장이 국가안보를 강화한다는 입장을 명시적으로 강조한다. 경제 분야의 안전이 국가, 과학기술, 문화, 사회 등 전 분야의 안전 보장에 기초를 제공한다는 것은 그만큼 경제가 가지는 안보에 대한 함의를 잘 드러낸다. 경제성장이 가져오는 부(富) 없이는 다른 분야의 성장이 불가능하다는 입장이다. 경제와 안보의 결합을 "총체적 국가안보관"이라고 표현하는 것도 이 둘이 가지는 불가분의 관계를 종합한 것이다.

중국이 거대 인구와 거대 영토를 가졌다는 것은 그만큼 경제적 안정성에 많은 노력을 필요로 함을 뜻한다. 수많은 경제 분야가 잘못 관리하면 불안정성을 촉발하기 때문이다. 제14차 5개년 계획은 가장 중요한 분야로 식량,

에너지, 그리고 금융 분야를 든다. 식량은 역사적으로 중국 왕조들의 가장 큰 과업이었다. 제대로 식량을 공급하는지 여부에 따라 왕조의 흥망이 갈렸다. 그것은 현대 중국에도 마찬가지다. 에너지는 현대 중국에 들어와서 절대적인 역할을 차지한다. G2 경제권을 형성한 중국에 에너지 공급이 원활하지 못하면 국가의 운영이 멈출 정도이기 때문이다. 금융 분야는 현대 경제가 겪은 수많은 금융위기에서 경각심을 갖게 된 분야다. 1997년의 아시아 IMF 금융 위기나 2008년 미국의 서브 프라임 부동산 금융위기 등은 중국 정부로 하여금 금융이 자칫 경제 위기를 초래하는 것을 방지하도록 경계심을 갖도록 하는 데 충분했다.

식량 안전은 중요 농산물을 자급자족하는 데 목적을 둔다. 외국에 대한 의존을 최소화하는 가운데 14억 명이 안전하게 먹는 문제를 해결하는 것이 가장 큰 관건이다. 가장 중시되는 것은 주요 곡물이다. 제14차 5개년 계획 이전의 계획에서 식량 증산의 과제는 상당 부분 해결되었다. 그렇기 때문에 제14차 5개년 계획은 식량의 관리에 보다 중점을 둔다. 첫 번째 분야는 저장과 비축이다. 저장과 비축의 관리를 발전시키는 한편 비단 정부만 저장과 비축하는 것이 아닌 다양한 주체들이 참여하도록 함으로써 식량 저장과 비축 분야의 다원성을 높이는 접근을 시도한다. 저장과 비축을 위한 물리적 대응도 중시한다. 식량 비축 시설을 대형화해서 비용절감과 효율성을 제고하고 전 중국에 걸쳐 비축창고를 표준화해서 규모의 경제 달성을 추구한다. 두 번째 분야는 종자(씨앗)에 대한 중국의 경쟁력 향상이다. 현재까지 주요 종자에 대한 소유권은 외국기업들이 대부분 소유하고 있다. 중국은 주요 곡물, 채소, 과일 등에 대한 종자를 외국 종자 기업으로부터 구입해야 하는데 제14차 5개년 계획은 이와 관련하여 중국이 종자 관련 기술적 난관을 돌파해야 한다고 명시하고 있다. 이를 통해 식량 종자에 대한 통제능력 제고를 목표로 한다.

식량안전과 연관된 분야는 식품 분야다. 중국의 거대인구로 인해 식품안전 분야가 가지는 중요성은 매우 크다. 그리고 중국의 소득수준이 올라가는 것에 비례하여 식품안전에 대한 관심도 커지고 있다. 식품안전에 대한 표준과 공급망에 대한 관리감독 강화와 함께 소비자들 권익을 보호하는 공익소송과 징벌적 배상제도 도입을 강구하는 등 수요와 공급을 모두 동원한 방안을 강조한다. 식품 안전과 유사한 생물 안전 분야에 대해서는 신속한 정보 제공과 동식물 전염병의 침입 통로의 차단 등 효과적인 대응과 통제를 중시한다.

에너지 분야의 경우 중국이 가지는 에너지 관련 외부에 대한 의존성을 시인하면서 최대한 안전성의 확보를 위한 방안을 제시한다. 에너지 자원 중 자급자족이 가능한 석탄에 대해서는 안정적인 공급을 가장 우선적으로 명시한다. 석유와 가스처럼 대부분 외부로부터 수입해야 하는 에너지 자원에 대해서는 "핵심 수요를 자체적으로 보장"한다고 강조한다. 중국 국내에서 생산되는 석유와 가스의 탐사를 지속하면서 생산량 확보를 도모한다. 중국 내륙의 사천성, 산서성, 내몽고 등 지역에서의 가스 탐사와 개발에 주안점을 둔다. 국외로는 가스와 석유가 수입되는 판로를 최대한 안정적으로 유지하고 관리하겠다는 의지를 보인다. 이는 수입원의 다원화, 주된 수입 대상 국가들인 중동이나 중남미 산유국들과의 전략적인 관계 유지, 그리고 석유와 가스가 중국으로 이동하는 물리적 해양 및 육로의 경로에 대한 안정성 확보 등 의미를 가진다. 석유와 가스의 국제거래가 수반하는 거대한 국제금융의 흐름에 대한 영향력 구사를 위해 기존의 큰손인 미국이나 유럽국가들이 아닌 중국을 중심으로 하는 교역센터 구축과 중국 위안화를 사용한 석유와 가스 구매 대금도 추구한다.

　금융 분야에 있어서는 기본적으로 보수적인 입장을 견지한다. 제14차 5개년 계획은 높은 수준의 대외 개방을 명시하지만 금융 분야에 대해서만큼은 대외개방과 혁신보다는 안정성을 중시하는데 경제안보 분야에서도 다시금 강조한다. 중국이 비록 G2의 위상을 갖췄지만 금융 분야에 대해서는 여전히 경쟁력이 높지 않고 자칫 미국과 유럽이 초래하는 금융 분야의 불안정성이 중국으로 파급되는 것을 우려하기 때문이다. 다른 분야의 안정성 확보와는 달리 제일 먼저 거론되는 것은 책임자들에 대한 고강도 문책의 강조다. 그 밖에 금융위험을 초래한 금융인에 대한 무관용 원칙을 천명하고 있고 금융기관에 대한 감독관리 강화와 불법 금융활동의 척결 등 금융 부문에 대한 통제가 금융 분야의 안전 확보의 근간을 이룬다. 금융제도 개편이나 주된 정책적 처방은 거시 레버리지 비율의 안정화 정도만 언급되어 있다.

　제14차 5개년 계획은 경제 영역에서의 안정성 확보로 식량, 에너지, 그리고 금융 분야를 거론한다. 국방 분야에 대해서는 간략하게 다루지만 전반적인 틀과 함께 경제와 국방이 가지는 연계성만 간략하게 기술한다. 이는 국방과 경제의 병행발전 촉진이라는 표현을 통해 잘 정리되는데 민간 섹터와 군이 서로 혁신을 심화함으로써 해양, 우주, 사이버공간, 생물, 신에너지, 인공지능, 양자과학 등 분야에서 군민통합발전을 강화할 것을 주문한다. 좀더 구체적으로는 군과 지역경제 간의 상호 협력을 중시하는데 이는 각 지역별로 주둔하는 군단과 지역경제사회 간 유기적인 관계를 유지하면서 상호 과학연구시설과 자원을 공유함으로써 시너지효과를 거둘 것을 목적으로 한다. 군과 지방 간 인재 공동육성과 인력 교류 활성화, 자격인증 제도도 민군 간 협력시도를 이행할 구체 인력들의 중요성을 강조한 대목이다. 이러한 상호관계는 민군 융합으로 일컬어지는데 제14차 5개년 계획은 민간 분야를 특히 지역경제로 보다 구체화된 것이 특징이다.

일대일로:
중국의 대외 경제협력 모델

일대일로는 제14차 5개년 계획에 앞선 2013년에 출범하였다. 중국의 자본과 인프라 분야의 노하우가 세계로 진출한다는 구상이다. 가장 핵심적인 개념은 고대 실크로드를 부활한다는 의미에서 유라시아를 관통하는 육로 운송로의 개척이다. 철도가 가장 중요하다. 중국의 서북부 지역에서 시작하여 주요 중앙아시아 국가를 거쳐 종국적으로 유럽까지 잇는 육송 통로가 중시된다. 이를 위해 중국은 인접한 카자흐스탄과 밀접한 협력 관계를 가지면서 기타 중앙아시아 국가에 대한 인프라에 적극 투자했다. 중국의 노력은 2020년대 들어서 효과를 거뒀고 이제는 해운 운송뿐만 아니라 육로를 통해서도 중국으로부터 유럽 시장에 화물 운송이 가능해졌다.

일대일로에 해운도 빠지지 않는다. 일대일로는 중국이 기존에 운용한 해운 운송로에 중국이 통제하는 항만을 배치시킨다는 데에 초점이 있다. 중국은 인도양을 특히 중시하는데 스리랑카에 함반토타 항만을, 파키스탄에는 과다르 항만을, 아프리카 서북부에 위치한 국가인 지부티에는 도랄레 항만을 건설함으로써 자국의 해운 물동량이 안전하게 중국까지 오도록 한다는 데 그 취지가 있다. 인도양은 인도가 절대적인 지배력을 투사하는데 중국은 이렇듯 우방국의 항만을 확보함으로써 보다 안전하게 자국의 무역 해운 운송로를 관리할 수 있게 된 것이다.

일대일로는 해운과 육로 운송을 결합하는 접근도 취한다. 파키스탄에 건설한 과다르 항만으로부터 북단으로 파키스탄을 관통하는 도로와 철로를 건설함으로써 유라시아 횡단 철로에 연결시킬 경우 중국으로서는 말라카 해협과 남중국해를 거칠 필요 없이 파키스탄에서 직접 물류 운송이 가능해졌다. 물론 비용상으로는 과다르 항만에 물건을 하역한 다음 유라시아 철로까지 이송해야 하는 불리함은 있지만 말라카 해협이나 남중국해에서 중대한 안보상 위협에 직면했을 경우 이를 우회하는 길을 갖게 된다.

제14차 5개년 계획은 2013년 이래 8년여 기간 동안 이어진 일대일로를 중간점검하고 새로운 방향을 모색한다. 일대일로가 지향하는 공동 거래, 공동 건설, 그리고 공동 향유라는 원칙을 유지하는 가운데 지금까지 거둔 일대일로상의 성과를 기반으로 최대한 수익을 창출하기 위한 방안을 제시한다. 공급망 협력 체계 구축 및 제3국 공동진출 등은 일대일로 인프라 활용이 가능하다. 아울러 쌍방향 무역투자 진흥도 그동안의 일대일로 협력으로 다진 우호적인 관계를 서로 윈-윈(win-win) 하는 경제성장으로 이어지도록 하는 접근이다.

2020년대 들어 새롭게 친환경 및 디지털 개념을 중심으로 하는 일대일로 계획을 추진한다. 이는 지금까지 일대일로 사업들이 대부분 물리적인 인프라 건설을 중심으로 한 데 반해 새로운 일대일로의 방향은 보다 개념적이고 온라인 영역으로 옮김을 의미한다. 인프라 건설에 있어 기후변화와 환경에 대한 영향을 함께 고려하는 것과 동시에 일대일로의 정신을 이어받아 기후 변화와 환경협력에 있어서도 긴밀한 협력을 하겠다는 정책적 공조의 접근도 함께 한다. 디지털 분야의 경우도 마찬가지로 온라인으로 연결된 디지털 플랫폼과 디지털 상거래 등을 의미한다. 일대일로 협력을 통해 거둔 물리적 성과를 디지털 영역에도 적용하겠다는 접근 방법이다.

제14차 5개년 계획상의 일대일로 구상은 파이낸싱을 중시하는 것이 특징이다. 일대일로에 사용되는 다양한 자금들을 융통하는 데에 있어 일대일로 전용 차관 및 실크로드 기금 등을 적극 활용함으로써 재원이 효율적으로 사용되도록 규정하고 있다. 파이낸싱 관련 경제성 평가와 위험도 측정 등이 제고될 수 있도록 각종 금융 정보 및 신용 네트워크와의 상호연계와 인프라 투자에 노하우가 있는 세계은행(WB)이나 국제통화기금(IMF) 같은 국제 금융기구와의 공동 투자 등도 제시한다. 일대일로 인프라 사업들이 직면하는 각종 자연재해를 최대한 회피하기 위한 보험이나 법률서비스 보장 등도 명시함으로써 경제성을 확보한 일대일로 사업을 추구한다.

그동안의 일대일로 사업들은 상당 부분 중국 국유기업들이 도맡아 했다. 그러나 제14차 5개년 계획은 국유기업보다는 민영기업이 주도적으로 일대일로 사업을 추진하는 방향을 제시한다. 시장 지향적이고 국제 관례 및 지속 가능한 채무 원칙 준수 등은 일대일로 사업을 추진하는 데 있어 시장성에 대한 평가와 리스크 분석을 보다 엄중히 함으로써 실질적인 이익을 창출한다는 데에 방점을 둔다. 2020년대 이전의 일대일로 사업들이 좀더 거시적인 차원에서의 중국의 국익을 우선적으로 고려했다면, 이제는 고품질 일대일로 사업을 추구함으로써 실질적 수익성도 함께 확보하겠다는 접근이다.

제14차 5개년 계획에서 일대일로 구상은 여전히 국제 협력 분야에서 큰 비중을 차지한다. 그러나 2020년대 들어선 일대일로는 기존의 인프라 건설에 국한되기보다는 중국이 추구하는 다양한 분야의 협력 사업을 아우르는 종합적 개념으로서의 위상이 더 커졌다. 디지털, 친환경, 문화, 보건, 기후변화 등 주요 협력 사업에 일대일로가 연관되고 중남미와 아프리카 등 지역적으로도 사실상 전 세계를 아우르는 규모로 확장되고 있다. 일대일로가 좀 더 질적으로 확대 지향적으로 변신한 면모를 보여준다고 하겠다.

제3장

제14차 5개년 계획의
분야별 주요 내용

중장기와
단기 목표

제14차 5개년 계획은 2개의 시간 계획을 갖고 있다. 하나는 장기적 차원에서 2035년을 목표로 한다. 2035년은 제16차 5개년 계획이 끝마치는 시점으로 중국이 현대화 달성을 지향한다. 경제력, 기술력 등 모든 분야에서 중국의 전반적인 국력이 크게 신장하는 것을 기획한다. 공업화, 정보화, 도시화 등이 선진국 수준에 오르는 것을 목표로 삼는데 1인당 GDP가 중등 선진국 수준에 도달하는 것을 목표치로 산정한다. 이는 서유럽 국가 수준에 오르겠다는 야심 찬 목표다. 발전 구도는 신(新)발전 구도가 제시하는 다섯 가지 요소를 그대로 반영한다. 첫째, 핵심기술에서 중대한 진전을 이룩함으로써 혁신기조 확보를 주문한다. 둘째, 사회주의 현대화를 천명함으로써 정부의 선도를 실시한다. 셋째, 공동부유를 통해 새로운 소득분배의 형식을 수립한다. 넷째, 저탄소 기조 확립을 통한 생태환경의 개선과 다섯째, 국제협력 및 경쟁에 참여하는 대외개방을 강조한다. 모두 신발전의 기조와 일치한다.

단기적으로는 2025년까지의 목표를 제시함으로써 제14차 5개년 계획은 2035년까지 이어지는 장기 계획의 첫 번째 부분을 맡는다는 의미를 아울러 지닌다. 2035년까지 중등 선진국 수준에 도달하기 위해서 어떻게 초석을 다질 것인지 여부가 문제의식이다. 제14차 5개년 계획이 완료되는 2025년에 장기 목표 달성에 필요한 제반 준비를 마무리 짓고 2026년에 시작하는 제15차 계획으로 이어지는 연속성을 도모한다.

제14차 5개년 계획은 2025년까지 달성해야 하는 여섯 개 단기 목표를 제시한다. 첫 번째는 경제발전의 새로운 성과의 확보다. 거시경제 차원에서의 목표를 제시한다. 경제성장의 기조는 잠재 성장률을 발현하는 가운데 실제 연평균 성장률은 어느 특정 수치를 목표로 하기보다는 합리적인 구간에서 성장기조를 유지해야 한다고 명시한다. 이는 매년 발생하는 다양한 돌발 변수를 감안하겠다는 취지다. 총 노동생산성이 GDP 성장률을 상회하는 것을 중시한다. 왜냐하면 경제성장의 실질적 과실이 근로자에게 머물도록 하고 금융 부문으로 돌아가지 않도록 하겠다는 의지다. 구체적 수치도 중시되는데 연구개발비가 매년 7퍼센트 이상 증가하도록 유지함으로써 혁신기조를 계속 향상하려고 도모한다. 또 하나의 수치로 도시화율 65퍼센트의 달성을 강조하는데 이는 중국 인구 14억 명 중 8억 명 넘는 인구를 도시로 모이도록 함으로써 도시화의 장점을 극대화시키면서 중국의 현대화를 더욱 촉진시키려는 접근이다.

두 번째 목표는 개혁개방의 새로운 도약이다. 높은 수준의 시장체계 건설을 통해 시장주체의 활력을 강화할 것을 주문한다. 중국 경제 전반에 걸친 효율성을 제고하는 것을 목표로 하며 이를 위해 노동력과 자본 같은 생산요소의 시장화 개혁을 언급한다. 아울러 부당경쟁 및 반독점을 규제하기 위한 공정경쟁 제도와 외국과의 경쟁력을 제고하기 위한 개방형 경제 체제도 명시하고 있다.

세 번째 목표는 중국 사회화 수준의 새로운 제고다. 사회주의 핵심 가치관이 중국인의 정신세계의 근간이 되도록 함으로써 중국의 제반 분야를 이끈다는 접근이다. 전통적 의미의 경제 분야보다는 공공문화 서비스와 문화산업을 대상으로 한다. 네 번째 목표는 생태환경의 새로운 진보다. 녹색성장을 근간으로 하면서 기후변화 노력을 중시한다. 구체적인 수치로는 GDP 대비 에너지 소모량 및 이산화탄소 배출량을 각각 13.5퍼센트와 18퍼센트로 감축하는 것을 목표로 제시한다. 환경보존 수치로는 산림 녹화비율의 24.1퍼센트 달성을 적시한다.

다섯 번째 목표는 민생 복지의 새로운 수준 확보다. 실업률 5.5퍼센트를 주된 수치로 제시함으로써 민생의 핵심을 일자리 창출로 잡는다. 1인당 가처분 소득증가율과 GDP 성장률이 일치하도록 함으로써 GDP 성장률이 일반 국민의 실질적 혜택과 괴리되지 않도록 제시한다. 중국인의 평균 교육수준을 기존 10.8년에서 11.3년으로 향상시킴으로써 전 국민이 최소한 고등학교 교육을 마치도록 하고 있다. 의료보험 같은 보건건강 체계의 완비 등 사회보장 체계의 확충을 도모하는 가운데 1인당 예상수명을 현재의 77.3세에서 78.3세로 올리는 등 수치도 명확하게 제시한다.

여섯 번째 목표는 국가 거버넌스의 효율성 제고다. 국가 행정체계를 완비함으로써 국정 운영의 효율성을 증대할 것을 주문한다. 이는 일반적인 행정수요에 대한 대응능력을 향상시키는 것과 함께 사회에서 소외되는 계층에 대한 관리도 포함된다. 자연재해 같은 돌발적인 사건 사고의 신속한 대처능력을 제고와 함께 국방과 군대의 현대화도 명시한다.

자립자강
과학 발전

제14차 5개년 계획의 총론 다음 가장 먼저 서술되는 분야는 과학이다. 그만큼 중국 정부의 과학기술에 대한 관심은 높다. 이미 G2의 반열에 오른 중국 입장에서 이전 5개년 계획에서 중시되었던 전반적인 경제성장 목표는 이미 달성했다. 고성장을 통해 경제력을 확보하였고 제조업은 전 세계의 공장으로 일컬어질 만큼 경쟁력을 다졌다. 그렇기 때문에 앞으로 지속 가능한 발전을 위해서는 과학기술 분야에서 혁신의 역량을 최대한 올리는 것이 가장 큰 과제로 다뤄진다. 이는 미국이 가지는 과학기술에 대한 우월성에 대한 벤치마킹이기도 하다. 혁신적인 기술이 창조되면 이것이 가져오는 경제적 여파는 산업 하나를 송두리째 만들 정도로 그 파급효과가 크기 때문이다. 미국의 실리콘밸리가 가지는 과학기술의 혁신 동력을 참조하고 어떻게 하면 중국이 미국과 비슷한 수준의 과학기술의 영역까지 오를지 여부가 향후 20여 년의 중국의 향방을 가늠하는 제일 중요한 요소라는 중국 정부의 정책 관점을 담고 있다.

제14차 5개년 계획은 그런 측면에서는 과학이 가지는 국가적 차원에서의 함의를 보다 강조한다. 과학기술의 자립자강이 국가 발전을 위한 전략적 근간임을 천명한다. 중국으로 하여금 글로벌 과학기술 영역에서 최전선에 설 것을 주문한다. 과학기술이 경제 분야의 주요 전장이며 과학교육은 국가의 부흥 전략임을 확인한다. 이렇듯 제14차 5개년 계획은 과학기술이 단순히 혁신동력의 기반이며 기술개발에 사활을 건다는 의지도 보인다. 과학기술을 선도하는 국가가 세계를 지배한다는 추세가 2020년대 들어 더 심해졌고 그런 가운데 국가 간 협력도 눈에 띄게 전략적으로 변하고 있음을 중시한다. 중국으로서는 과학기술 분야에서의 자립적 발전이 마치 전투에서 승리하는 것처럼 묘사하는데 이는 중국 정부가 과학기술의 발전을 얼마큼 절박하게 여기는지를 잘 보여준다.

제14차 5개년 계획은 선도적 과학기술의 난관을 돌파해야 하는 것이 중국이 직면한 가장 큰 과제임을 명확히 한다. 중국은 선진국 기업들로 하여금 중국에 직접 공장을 차려 제품을 만들 때 외국기술을 모방하는 방식으로 이들을 따라잡는 전략을 취했다. 20년 만에 대부분 영역에서 기술경쟁력을 확보한 중국은 이제 과학기술을 선도해야 하는 과제에 직면하게 되었다. 여느 선진국들과 마찬가지로 제14차 5개년 계획도 미래를 선도할 과학기술 분야를 지목하는데 크게 정보통신 분야와 바이오 분야로 나뉘진다. 전자의 경우 인공지능, 양자정보, 집적회로이고 후자는 뇌과학, 유전자, 임상의학이다. 마지막 분야로는 우주, 지하, 심해, 극지탐색이 있는데 로켓 같은 우주발사체와 심해 운수 장비 등 새로운 운반체와 이동기관에 대한 발전을 모색한다.

과학기술의 발전을 위한 물리적 환경 여건 조성도 중시한다. 국가가 주도적으로 과학기술 자원 배치의 통합과 최적화를 추구함으로써 과학기술의 계획적 발전을 추구한다. 선도적 과학기술에 대한 연구개발을 총망라하는 중대 혁신 분야로서 양자정보, 광자와 미립자, 네트워크 통신, 인공지능, 바이오 의약, 현대 에너지 시스템 등을 선정하여 일련의 국가실험실을 건설함으로써 효율적인 실험 체계를 구축하는 데 방점을 둔다. 고급 연구개발 인력이 밀집해 있는 북경, 상하이, 광동성 등 지역에 국제과학기술혁신센터, 국가자주혁신시범구 등을 건설함으로써 과학기술 클러스터를 통한 시너지 효과 창출을 도모한다.

제14차 5개년 계획은 시장이 기술혁신을 주도함을 분명히 한다. 정부 차원에서 물리적 환경과 자원을 배치하지만 이를 토대로 실제 기술혁신을 이루는 장본인은 민간 섹터라는 점을 시인한다. 연구개발 비용의 세금공제 같은 세제 혜택이나 대형 과학기술 연구 장비에 대한 보험 제공 등은 연구개발을 지원하기 위한 금융적 지원이다. 과학기술 개발을 수반하는 펀드 개발, 대출 상환 유예, 과학기술형 기업의 상장 융자 경로 확대 등은 과학기술의 상업화를 보다 원활하게 만드는 지원들이다. 이러한 혜택을 받는 가운데 업계 선도기업이 대학이나 과학연구소와 공동으로 국가 산업혁신센터를 구축함으로써 대기업이 견인하고 중소기업과 학계가 뒷받침하는 과학기술 혁신 생태계 조성을 권장한다.

과학기술 분야의 인재 양성에도 초점을 맞춘다. 제14차 5개년 계획은 국제적으로 일류급의 전략적 인재를 육성하고 국제적 경쟁력을 갖춘 인재 예비군을 양성한다고 명시되어 있다. 하지만 중국 자체적인 인재 육성으로는 부족함도 시인한다. 개방적인 인재 정책을 통해 외국 국적의 우수한 인재들이 중국에 와서 연구개발에 참여할 수 있도록 제도 정비를 주문한다. 거류와 이민 정책을 완비하고 급여, 복지, 자녀교육, 사회보장, 세제 혜택까지 구체적으로 열거할 만큼 관심을 많이 기울이는 것이 특징이다.

신세대 과학자들이 보다 개방적이고 다원적인 사고를 해야 하는 점에도 유의한다. 국가가 억지로 과학기술 개발을 이끌기보다는 과학을 좋아하고 혁신을 옹호하는 사회적 분위기 조성과 객관적인 평가제도를 마련하여 연구개발에 대한 동기부여의 필요성을 명시한다. 실패에 대한 관용적 태도와 실수를 인정하고 시정이 가능하도록 하는 메커니즘을 마련하는 것도 연구개발이 필연적으로 거쳐야 하는 시행착오를 제도적으로 인정하는 것이 특징이다.

제14차 5개년 계획상의 과학기술 분야 발전은 중국의 자체적 혁신을 중시한다. 핵심 과학기술 분야를 선정하고 다양한 인센티브와 제도개선을 마련했지만 외국과의 교류협력에 대해서는 그 비중을 크게 두지 않는다. 국제협력의 중요성에 대한 원칙적인 입장은 명시했지만 구체적인 분야로는 전세계 방역, 공공위생, 기후변화 등 분야를 열거하는 데 그친다. 이는 그만큼 국가적으로 기술혁신을 추구하겠다는 점을 분명히 하는 대목이다.

제조업의 지속적인
성장 모색

　제14차 5개년 계획은 중국 제조업이 40여 년간 괄목할 만한 발전을 해왔음을 평가하고 앞으로 나아갈 방향을 제시한다. 중국 경제발전의 초점이 실물경제에 있음을 천명함으로써 중국 경제의 미래가 여전히 제조업에 있음을 확인한다. 경제성장이 1차, 2차, 3차 산업으로 이어져도 제조업이 여전히 제일 중요함을 재차 강조하는 것이다. 미국 같은 선진국들이 제조업에서 서비스업으로 넘어가면서 제조업의 약화를 자발적으로 초래했던 길을 동일하게 답습하지 않겠다는 의지이기도 하다.

　중국이 지향하는 제조강국은 더 이상 단순히 앞선 선진국의 기술을 모방하여 규모의 경제에 기대면서 가격 경쟁력을 확보하는 경로가 아니다. 자체적인 산업 기반을 조성하고 기술혁신을 달성함으로써 제조강국으로 거듭나겠다는 자국 중심적인 제조업 육성책이다. 이는 앞서 언급한 중국의 과학기술 자립과 궤를 같이한다. 제조업을 중심으로 하는 제도와 인프라를 다져 놓고 견실한 공급망을 구축함으로써 미래지향적인 경쟁력을 갖추는 것을 목표로 한다. 지금까지의 중국 제조업이 외국의 기술과 노하우 응용에 초점을 맞췄다면 제14차 5개년 계획 기간에는 기초부품, 기초소프트웨어, 기초소재 등 업스트림 분야에서의 경쟁력을 다짐으로써 보다 수직적인 산업통합을 도모한다. 이것은 정부가 주도하기보다는 업계 선도기업들을 중심으로 추진하는 방식이다. 즉 다운스트림의 주요 제조업 업체들이 지금까지 축적된 자본과 기술력을 토대로 업스트림으로까지 영향력을 확대하는 방향이다.

공급망의 안전성 확보도 중국 제조업의 발전을 위한 중요한 요소로 제시한다. 정부 차원에서 자원, 기술, 장비의 지원을 강화함으로써 공급망을 보다 견실하게 유지하도록 한다. 중국이 경쟁적 우위를 누리는 고속철도, 전력장비, 신에너지, 선박 분야들이 중국의 제조업과 유기적으로 연계되도록 함으로써 제조업 분야의 경쟁력이 제고되도록 한다. 이러한 산업망 구축은 중국의 주요 전력발전과 교통중심지역을 중심으로 최적화된 배치가 가능하도록 업계를 유도한다. 예를 들어 전력 수요가 많은 철강 같은 제조업과 빠른 물류 이동이 핵심인 전자업종 같은 제조업체들이 각각 최적화된 생산능력을 갖추는 데 기여하겠다는 의미다. 이 과정은 전적으로 중국 국내에서의 산업 최적화를 의미한다. 공급망의 핵심 고리는 반드시 중국 국내에 남기는 것이 핵심이다.

제14차 5개년 계획은 세 가지 인프라 구축을 명시한다. 하나는 정보통신 분야다. 이미 2020년대에 들어서 5G 통신망 구축을 완성한 중국은 5G 보급률을 올리는 것을 목표로 삼는다. 5G가 가지는 신속성과 대용량의 이점은 중국 제조업이 추구하는 로봇을 사용한 자동화와 무인화 등 추구에 결정적인 역할을 할 것이기 때문이다. 5G와 함께 6G의 추진도 중시하는데 이는 2026년에 개시되는 제15차 5개년 계획 시기가 되면 본격적으로 기술연구와 상업화가 가동될 것임을 감안한 준비작업이다. 정보통신 역량을 연안지역보다는 중서부 지역으로 돌린다. 그 이유는 아직은 발전 속도가 더딘 지역에 정보통신 인프라를 확충함으로써 정보통신 중심의 제조업을 견인하겠다는 정책적 접근이다. 정보통신 분야 다음으로 교통과 에너지 분야를 중시한다. 전자의 경우 이미 전 중국을 포괄하는 현대적 교통체제가 잘 구축되었기 때문에 이제는 교통 체증과 초과수요가 발생하는 지역을 보완하는 접근을 취한다. 후자는 저탄소와 친환경을 중시하는 에너지 체계를 강조함으로써 에너지 전환에 따른 제조업 생태계의 적응을 도모한다.

향후 육성 대상 제조업으로 미래지향적 전략 산업을 총망라한다. 차세대 정보기술, 바이오, 신에너지, 신소재, 신에너지차, 항공 우주 등이 있다. 정부가 마련한 최적화된 인프라 분야를 적극 활용함으로써 산업 클러스터 형성을 유도한다. 인프라 외에도 공업부지의 효율적인 관리와 금융 분야에서 중장기 신용 대출, 지분 투자 촉진, 채권금융 장려, 융자보증 확대 등의 최적화는 우수한 기업들의 원가절감에 도움을 주기 때문에 전반적인 경쟁력 향상에 기여한다. 금융을 민간 분야에 맡기지 않고 정부가 관리하기 때문에 가능한 접근 방법이다.

제조업 육성에 있어서 중소기업의 중요도가 크게 부각되지 않는 것도 특징이다. 작지만 강한 중소기업을 의미하는 "소거인(小巨人)"이 언급되지만 이는 어디까지나 중국 제조업 발전을 보조한다는 의미에서 멈춘다. 즉 대기업이 경쟁력을 발휘하기 어려운 틈새 분야를 맡는 역할이 중시된다. 중국의 거대시장과 거대인구의 이점은 중국 경제가 지니는 가장 큰 장점이기 때문에 대기업을 활용한 규모의 경제는 국가 경쟁력 제고에 가장 유리하다. 중소기업보다는 대기업에 특화된 경제발전 전략을 의미한다.

중국 제조업 발전에 있어 또 하나의 특징적인 부분은 서비스업에 대한 상대적 소외와 국제협력이 가지는 위상의 약화다. 중국 경제 운영의 중심이 제조업이기 때문에 서비스업에 대한 정부 차원의 관심은 크게 부각되지 않는 것은 자연스럽다. 제조업이 발달하고 소득수준이 향상되는 데 맞춰 서비스업도 함께 발전되어야 한다는 일반적인 점을 명시하는 데 그친다. 전자는 중국 제조업 발전에 기여하는 수단으로 연구개발 기획, 산업디자인, 비즈니스 컨설팅, 감리 및 검사 같은 분야가 강조된다. 후자는 교육, 보육, 노후, 가정 등 분야에서의 생활형 서비스업으로 취급된다.

국제협력의 비중이 크지 않은 것은 과학기술의 자립과 일맥상통한다. 중국 제조업이 자체적으로 발전해야 한다는 목표의식을 배경으로 하며 이미 중국은 세계의 공장으로서 모든 분야에 걸쳐 산업 기반을 수립하였다는 데에 대한 자신감의 표현이다. 그리고 세계경제를 견인하는 G2로서 자체적으로 제조업 기반 경제성장을 발전시키겠다는 방침이기도 하다. 이러한 접근은 지정학적 불안정성과도 무관하지 않다. 글로벌 경제의 연계성이 점차 약화되고 효율성을 기반으로 하는 세계화보다는 리쇼어링 같은 방식을 통해 자급자족을 추구하는 움직임은 전 세계적 트렌드이기도 하다. 중국처럼 지정학적으로 긴장 상태의 국가일수록 자국 중심의 제조업 운영 추구는 전략적 측면이 있는 것이 사실이다.

글로벌 경쟁력을
갖춘 디지털 경제

제14차 5개년 계획은 중국 자체를 디지털화하는 것을 구상한다. 그것은 경제뿐 아니라 정부, 사회, 문화 등 전 분야에 걸쳐 디지털 기술이 파급되는 것을 의미한다. 아날로그로 운영되는 모든 방식이 디지털로 전환됨으로써 생산, 생활, 거버넌스 전반이 디지털 개혁을 거치는 것을 상정한다. 지금까지 중국이 거둔 디지털 방면에서의 성과를 바탕으로 디지털 잠재력이 현실화하는 네트워크 강국으로 거듭나겠다는 의지를 천명한다. 이를 위해 디지털 경제, 디지털 사회, 디지털 정부, 그리고 디지털 생태계 구축 추진을 명시한다.

디지털 경제는 제4차 산업혁명을 근간으로 삼는다. 디지털 강국으로서 이미 4G까지의 네트워킹을 완료했고 5G 영역에서도 선두권인 중국으로서는 제14차 산업혁명 시기에는 5G를 보다 성숙시키는 과제를 우선적으로 추진하면서 다음에 이어질 6G 시대를 고려한다. 클라우드 컴퓨팅, 빅데이터, 사물인터넷, 산업 인터넷, 블록체인, 인공지능, 가상현실 등 선진국들이 추진하는 모든 차세대 정보통신 산업을 총망라하고 14억 명을 기반으로 하는 규모의 경제에서 오는 상당한 수준의 경쟁력을 상정한다. 예를 들어 클라우드 컴퓨팅은 알리바바나 텐센트 같은 미국의 아마존에 버금가는 플랫폼 기업들이 주도하고 있으며 중국 거대시장에서 생성되는 빅데이터를 통해 그 경쟁력을 강화하고 있다. 반면, 중국의 가전업체들은 사물인터넷과 산업 인터넷을 활용하여 디지털 영역으로 빠르게 사업 분야를 확산시켜 나가는 추세다. 그 배경에는 5G 네트워크가 신속한 통신망을 제공함으로써 이들 혁신을 구현하는 매개체로 작용한다.

제14차 5개년 계획은 중국이 아직 확고한 경쟁력을 갖추지 못한 핵심 디지털 기술의 혁신을 강조하는데, 첨단 반도체, 인공지능 알고리즘, 센서 등을 예로 든다. 이들은 모두 4차 산업혁명 혁신 분야를 구현하는 가장 기본적인 요소들이다. 첨단기술이 요구하는 대용량 정보처리는 일반 반도체로는 부족하다. 대용량 정보처리가 가능한 첨단 집적회로 반도체를 필요로 한다. 인공지능 알고리즘은 인공지능의 "코딩"인데 이는 단순히 컴퓨터 코딩의 능력에 부가하여 전자공학, 심리학, 생물학, 논리학, 철학, 수학 등 다방면에 걸친 역량이 총집결해야 하는 분야다. 센서는 자율주행이나 안면인식 같은 기술 구현에 필수적인 분야로서 주변의 상황을 인간에 버금가거나 그 이상의 수준으로 감지가 가능하게 만드는 기술이다. 결국 첨단 반도체, 인공지능 알고리즘, 센서는 인간의 뇌, 생각, 오감의 능력을 의미하며 이는 중국의 경쟁 영역이 세계적으로도 최고 수준에 도달했음을 보여준다.

기존 전통 분야의 디지털화는 스마트 인프라로 표현된다. 지능형 교통, 스마트 물류, 스마트 에너지, 스마트 의료 등 중점 분야를 중심으로 제14차 5개년 계획 기간 중 시범사업을 진행하도록 명시한다. 사회간접자본으로서의 인프라 분야는 이전 중국의 경제성장에 근간을 차지할 정도로 중요했다. 이전까지는 전통적 의미의 인프라로서 교통, 물류, 에너지 등의 분야를 구축했다면 이제는 디지털 기술을 통해 중앙제어, 네트워킹, 실시간 정보공유, 자동화 달성을 추진한다. 스마트화된 주요 인프라 분야는 경제 전반에 걸쳐 효율성을 증진함으로써 또 한 번의 성장동력을 확보하겠다는 계획이다.

디지털 사회는 디지털 경제와 연관된다. 디지털 사회는 정부가 주도하는 영역으로 스마트 공공서비스가 그 중심에 있다. 교육, 의료, 양로, 육아 등 중점 분야의 디지털화를 촉진함으로써 일반 대중의 일상 생활의 편리함과 만족감을 증진시키는 것을 목표로 한다. 그동안 아날로그 방식에 머물던 공공서비스를 디지털화함으로써 보다 신속하고 효율적인 서비스를 제공하겠다는 방침이며 더 나아가 전반적인 경제성장에 기여하는 역할도 맡는다. 중국 정부가 추진하는 도시화의 노력에도 디지털화를 연계시킨다. 스마트 시티 건설을 통해 도시에서 제공되는 모든 공공서비스를 디지털화함으로써 도시의 혁신역량 제고를 도모한다. 농촌에 대해서는 신속한 정보제공과 관리서비스 등의 디지털화에 초점을 맞춘다.

정부 자체의 디지털화는 디지털 공공서비스의 당연한 전제조건이다. 가장 중시되는 영역은 공공데이터 영역이다. 정부가 보유하는 모든 분야의 정보를 디지털화함으로써 공공서비스가 디지털의 방식으로 제공되도록 하는 것이 핵심이다. 정보의 유용성을 높이기 위해서는 각종 데이터가 정부기관 내에서 상호 공유되도록 해야 하고 더 나아가 민간섹터 또한 자유롭게 접근하도록 해야 그만큼 더 유용성이 커진다. 전자의 경우 개별 정부기관이 정보를 독점하는 것을 방지하는 데 초점이 있으며 이를 위해 통합정보 시스템 구축과 정보의 합동 관리 등을 제시한다. 후자는 민간에 대한 접근성을 확대하는 분야로 인구, 법인(法人), 공간, 지리 등 기초 정보와 정보의 활용성이 보다 높은 기업등록, 위생, 교육, 기상 등을 명시한다.

민간이 주도하는 디지털 경제와 정부 주도의 디지털 정부가 상호 상승작용을 통해 디지털 생태계를 구축하는 것이 최종 목표다. 디지털 경제가 초래할 수 있는 프라이버시 침해 방지를 중시하는데 이는 데이터 자원의 재산권, 거래 유통, 국가 간 전송 등에 대한 기초제도와 표준의 수립을 강조한다. 중국 인구 14억 명을 총망라하는 빅데이터가 사이버 위협으로부터 안전하게 지켜지면서 각각의 프라이버시도 보호하려는 것이 가장 큰 취지다. 디지털 경제를 실제적으로 성장시키는 민간 섹터의 플랫폼 기업들에 대해서도 기본적으로는 자율에 맡기지만 감독 체계의 구축도 함께 중시한다. 지금까지 민간 섹터가 디지털 경제 성장에 기여한 것을 인정하지만 그 폐단도 나타나고 있음을 감안한 정책 조정이다. 반독점 같은 경쟁규범 외에도 새롭게 대두되는 자율주행, 온라인 의료, 핀테크, 스마트 배송 등을 구체적으로 열거하고 이들 분야에 대한 규제 프레임워크도 명시한다.

중국이 그동안 거둔 디지털 경제의 육성에 대한 성과와 향후 성장의 동력을 해외로도 진출하려는 데에 관심을 가진다. 특히 디지털 관련 국제표준 제정에 적극 참여할 것을 주문하는데 주된 관심 분야는 사이버관리다. 그 밖에 저개발 국가에 대한 기술, 장비, 서비스 등 각종 디지털 자원의 지원도 명시한다.

농업의 현대화

중국 농업은 1980년대 개혁개방이 시작된 이래 중국의 산업발전과 함께 성장했다. 제14차 5개년 계획은 30여 년간의 성과를 토대로 중국 농업의 현대화를 추구한다. 특히 도시와 농촌의 관계를 강조한다. 농촌 자체의 의의보다는 도시화를 지원하는 보충적 역할이 두드러진다. 농촌 진흥 전략을 추구하지만 공업으로 농업을 보충하고 도시가 농촌을 이끈다는 점을 분명히 한다. 농촌이 현대화를 단행하기 위해 필연적으로 요구되는 기술과 자본은 도시가 공급하는 구도를 의미한다.

제14차 5개년 계획상 중국 농업 발전의 근간은 식량생산이다. 기본적인 식량으로 곡물 외에도 기름, 설탕, 고기, 우유 등 농산물의 원활한 공급을 중시한다. 농지 보호를 통해 18억 묘(亩, 약 540억 평)의 경작지가 유지되도록 하는 정책 기조를 강조한다. 국토의 난개발로 인한 농지가 부족해지는 상황을 방지하겠다는 취지를 분명히 한다. 하지만 더욱 중요한 근간은 현대적 기술을 농업에 적용시키는 부분이다. 농업의 기계화가 중시되면서 중대형, 스마트화, 복합형 농업기계의 보급을 통해 기계화 비율을 75퍼센트까지 높이는 것을 주된 목표로 삼는다. 정보통신 기술을 활용함으로써 디지털 경제의 범주에 편입되는 것도 농업생산성을 제고하는 주된 정책방향이다. 이와 아울러 종자 산업 육성도 강조한다. 5개년 계획 기간 중 국제경쟁력을 갖춘 선도기업 육성을 추구하는 배경에는 식량산업이 가지는 안보적 차원을 강조하면서 동시에 비용 측면에서도 경쟁력을 갖추도록 하려는 목적을 담고 있다. 바이엘 같은 외국 기업이 사실상 독점하는 종자 산업을 따라잡겠다는 의도다.

농업 분야의 구조조정은 전국적인 규모로 생산물 최적화를 시도한다. 산업정책에서 거둔 제조업 분야의 성공을 벤치마킹하여 농업 분야도 각 지역별로 경쟁력 있는 생산품의 재배치와 함께 새로운 농작물 재배 및 가공농업을 추구한다. 농업 분야의 현대화는 1차, 2차, 3차 산업의 융합을 의미하며 단순한 재배와 수확에서 벗어나 정보화를 통한 농업 생산성 향상과 함께 다양한 제조업 분야의 가공기술을 결합하여 새로운 부가가치를 도모한다. 농촌이 가지는 식량생산의 근간으로서의 의의를 살리는 한편 도시와의 소득 불균형을 극복하기 위해서는 가공농업이 긴요하다는 판단이 서려있다.

농촌의 소득 증대 방안으로 생산성 향상 외에 생태보호와 역사문화 전승 등도 함께 도모한다. 레저농업, 농업관광, 민박경제 등을 열거하는 배경에는 농촌이 갖춘 여러 부대사업도 함께 잠재력을 살리는 데 목적이 있다. 중앙에서 통제하는 탑다운 방식을 지양하는 가운데 주민의 의견을 존중하면서 지역의 실정에 맞는 농촌의 현대화를 추구한다. 이 과정에서 주민의 의사에 반하면서 개발이라는 목적만으로 마을을 철거하는 것을 엄격히 반대한다. 친환경 농촌을 구축하기 위해 농업 생산 공간과 생태공간을 엄격하게 보호하고 환경오염을 유발하는 축산업에 대해서도 사육업의 적합성, 제한사육, 금지사육 구역을 과학적으로 설정하는 등의 노력을 주문한다.

농업 분야가 중국의 전반적인 성장기조와 연동하기 위한 조치로 가장 핵심적인 부분은 도시와 농촌의 융합발전이다. 비약적인 발전을 거듭한 도시경제의 활력이 농촌으로도 확산되도록 하는 것이 그 근간에 있다. 중국으로서는 지금까지 농촌으로부터 유입되는 거대 노동력인 농민공(農民工)을 기반으로 제조업을 성장시켰다. 도시화와 거대 인프라를 구축하는 과정에서 농촌은 자연스럽게 축소되었다. 경제성장을 신속하게 구가하는 중국 경제로서는 일단 도시화와 산업화를 추구하는 것이 우선시되었기 때문에 농촌에 대해서는 추가적 자원을 투입할 여력이 없었다. 도농 융합은 이렇듯 지체된 농촌 개발을 시인하면서 그사이에 성장을 거둔 도시경제의 노동력과 자본이 농촌으로 회귀하도록 하는 시스템을 구축하려고 한다.

도시의 인력과 자본이 농촌에 회귀하기 위해서는 예측가능하고 산업활동을 할 수 있는 제도 정비를 필요로 한다. 농촌 토지의 소유권, 도급권, 경영권의 개편은 도시의 자본이 농촌에서 사업을 하는 과정에서 직면하는 규제를 완화할 것을 주문한다. 가정농장이나 합작기업 등의 새로운 농촌 친화형 법인은 개인사업이 부담하는 사업 확장의 제한을 풀면서 규모의 경제를 가능하도록 한다. 도시경제가 가지는 많은 사업 분야의 노하우가 농촌으로 확장되는 체제를 구상하는 것이다. 개인의 수익을 보장하기 위해서 지식재산권 제도의 확충과 재산권 보호를 명시하는 것도 특징이다. 정부 차원에서는 제도 정비 외에도 재정적으로 돕기 위해 중앙재정 이전지급, 토지분양소득, 지방정부 채권발급 등에 대한 지원을 제공한다. 농촌 금융도 농촌 현대화를 위해 다양한 금융서비스를 도입하는데 자금 융통에 필요한 융자 확대와 스타트업 자본 지원 등을 확충함으로써 도농 융합에 필요한 생태계 조성에 적극 나서도록 한다.

중국이 빈곤 탈출에는 성공했지만 자칫 재빈곤화가 될 수 있다는 우려
도 여전하다. 이를 막기 위해 빈곤 탈출의 효과가 지속되도록 하는 장기적
인 체제 마련을 중시한다. 빈곤 회귀 방지를 위한 모니터링과 빈곤 탈출 계
층의 실정에 맞는 맞춤형 지원 시스템을 마련함으로써 안정적인 소득 창출
을 지원한다. 이것은 기본적인 생계 지원을 중심으로 하는 농촌형 사회보장
제도의 안착과 일자리 모색을 근간으로 하는데 농민들이 이전의 농민공들
처럼 도시로 이동하지 말고 현지 지역경제에 이바지하는 현지형 취직을 장
려한다. 지역적으로는 중국의 서부 지역을 중시하며 정부 차원에서 재정, 금
융, 토지, 인재, 인프라, 공공서비스 등을 집중 지원함으로써 안정적인 지역
성장기조를 구축하도록 하는 것이 특징이다.

중국의 미래상:
도시화

중국의 경제성장은 산업화를 성공적으로 달성했기 때문에 가능했다. 중국 연안에서 중국 경제성장을 견인한 상해와 광저우 같은 도시들이 경제성장의 선봉에 섰다. 농촌의 과잉 노동력 약 10억 명이 도시로 이주하고 이들은 저렴한 인건비로 대변되는 농민공(農民工)으로 변신함으로써 중국의 제조업 성장의 근간을 마련하였다. "메이드 인 차이나" 제품은 전 세계에 수출되었고 중국은 "세계의 공장"으로 자리매김하였다. 수십만여 개에 달하는 공장들이 도시에 세워졌고 도시로 유입되는 농촌 인구는 공장을 가동하는 노동력으로 활용되었다. 전형적인 경제성장 모델의 성공방식이었다. 19세기 산업혁명을 구가했던 영국이 맨체스터와 요크 같은 공업도시를 만들었고 20세기에는 미국의 디트로이트와 피츠버그 같은 도시에 거대한 공장지대를 형성하면서 제조강국으로 거듭난 모델과 동일했다.

제14차 5개년 계획은 80년대 이후 중국이 구가한 산업화의 성공을 기반으로 하는 도시화 모델을 상정한다. 도시화율이 60퍼센트를 넘었기 때문에 추가적인 도시화율을 높이는 대신 어떻게 선진화된 도시를 만들지 여부에 초점을 맞춘다. 그동안 무분별하게 농촌에서 유입된 인구가 도시 곳곳을 슬

럼화하는 것을 방지해야 한다. 산업화가 정착된 이후부터는 단순한 일자리만 제공하는 것에 멈추지 않고 보다 인간적인 생활환경을 조성해야 하는 숙제가 따른다. 물리적인 환경 조성뿐 아니라 제도적으로도 농촌에서 유입된 인구가 도시에 장기적으로 정착하고 가정을 이루도록 하는 여건을 마련하고 교육과 사회복지 및 공공서비스가 뒤따르는 과제를 해결해야 한다. 제14차 5개년 계획은 이러한 접근을 "신형" 도시화라고 부른다.

일종의 호적제도인 중국의 호구(戶口)제도 개선은 농민공의 도시 정착을 위한 가장 큰 과제다. 호구를 가진 개인은 도시가 제공하는 모든 공공서비스를 누린다. 교육, 의료, 사회보장 등에 대한 접근이 가능하고 주택을 보유할 수 있는 권리가 발생한다. 반면 호구를 보유하지 못할 경우 도시에서 일을 하는 것 외에는 도시에 정착할 수 있는 기본적인 권리가 없기 때문에 안정적인 생활이 어렵다. 호구제도의 개혁은 중국이 계속 추구해 왔던 과제이고 제14차 5개년 계획도 예외는 아니다. 일단 3백만 명 이하의 소형 도시에 대해서는 호구제도를 철폐하도록 하고 3백만 명부터 5백만 명 이하의 도시에 대해서는 점차적으로 완화하도록 규정한다. 대도시를 둘러싸고 있는 수많은 위성도시로의 접근을 먼저 허용하는 조치이기 때문에 지하철 같은 광역 교통시설이 잘 마련되어 있을 경우 대도시의 혜택을 누리면서 대도시 외곽에서 출퇴근하도록 만든 절충적인 입장이다. 5백만 명 이상에 대해서는 호구를 발급받는 기준인 "호구 포인트" 제도를 대폭 재정비함으로써 일정 기준을 만족하는 외지인으로 하여금 호적을 부여 받도록 제도 정비를 주문한다. 비록 호구를 갖지 않더라도 일정 포인트를 적립한 경우 최소한의 공공서비스 향유 자격을 누리도록 하는 제도적 장치도 마련하도록 한다.

호구 제도와 함께 중요한 과제는 부동산 정책이다. 제14차 5개년 계획은 주택은 투기용이 아닌 주거용이라는 기조를 분명하게 함으로써 부동산 투기를 확고하게 통제한다. 도시정부가 집값을 안정적으로 유지해야 한다는 의무를 부여한다. 주택과 토지가 서로 유기적으로 연동되는 시스템을 마련하고 무분별한 부동산 투기를 막기 위한 금융 분야에서의 적절한 통제가 중시된다. 주택에 대한 세금 부과 방안을 통해 합리적인 자가 마련에 대한 수요는 권장하고 투기는 방지하도록 한다. 인구유입이 많은 도시의 경우 부동산의 안정화를 위해 보장성 주택 공급을 늘리도록 한다. 주택 부족이 가져오는 부동산 가격의 불안정성과 극빈층에 의해 조성되는 슬럼화의 방지가 큰 목적이다.

도시의 품질 향상도 중시된다. 기존의 급속한 도시화가 가져온 삭막한 도시환경을 지양하면서 중국이 지금까지 거둔 고속성장을 반영하는 신형 도시화를 추구한다. 단순한 물량 위주의 주택 제공이 아닌 주민생활의 편의를 제대로 갖추도록 하며 정보통신을 결합한 스마트 주택도 중시한다. 녹색 도시의 경우 도심의 생태복원과 환경친화적인 건물의 건축 및 녹지대 조성 등을 주문한다. 도시화가 가져온 전통문물의 무분별한 파괴에 대해서도 새롭게 정책기조를 조정하여 개발이라는 명목하에 기존의 전통가옥이나 건물을 철거하는 것을 근절하도록 한다. 도시의 문화와 인문생태계를 재생하려는 방편이다. 이러한 신형 도시화를 위한 지방행정의 스마트화와 과학화를 중시하고 있으며 공무원으로 하여금 직접 현장을 중심으로 업무를 보도록 함으로써 신형 도시화가 실질적으로 구현되도록 규정한다.

성장기조하에서의 도시화에 먼저 성공한 북경, 상해, 광저우 같은 도시들이 직면한 과제는 지속적인 품질향상을 도모하면서도 다른 중소형 도시의 발전을 가로막지 않도록 주문한다. 정부 차원에서는 이들 도시에 대해 점차적으로 지원을 줄이면서 자체 재정으로 공공서비스가 충족되도록 하는 생태계 조성을 권장하면서 개발강도와 인구밀도를 합리적으로 낮추는 것을 지향한다. 새로운 중소형 도시의 육성과 발전을 지향하기 위해 선도 도시들의 주요 기능들을 분산시킴으로써 과도한 기능 집중에 따르는 부작용을 막는 것도 중시된다. 각 중소형 도시들이 가지는 지역적 특색과 경쟁력을 기반으로 제조업 클러스터를 조성하는 한편 유통에 기반하는 상거래 물류센터 조성도 추진된다. 2020년대까지 대형도시에 대해 가지던 도시화의 초점을 20만 명 이하의 현(縣)급 도시로 돌려 일단 대도시가 잘 마련된 동부 연안을 중심으로 육성하며 점차적으로 중서부로 그 대상을 확대하는 방향을 설정한다.

북경, 상해, 광저우 같은 도시들은 인근 지역들의 도시화를 견인하면서 도시 클러스터를 만드는 데 성공하였다. 이러한 성과를 바탕으로 여타 대형도시들로 하여금 유사한 클러스터 형성을 지향한다. 아직은 도시화가 덜 진행된 내륙 도시를 중심으로 하고 있다. 산둥반도의 칭다오나 웨이하이를 연계하거나 관중평원에 위치한 시안을 중심으로 하는 도시클러스터 등이 대표적인 예다. 아직 도시화가 제대로 정착하지 못한 취약 지대에 대해서도 도시화 노력을 기울인다. 요령성 중남부, 산서성 중부, 귀주성 중부, 운남성 중부 등은 여전히 도시화에 취약한 지역으로 지목하면서 이들 지역에 대한 도시화 노력을 명시적으로 강조한다.

지역경제구도의
재조정

　중국 경제성장은 주력 연안 도시들의 산업화 과정은 거대한 농촌 인구를 도시로 흡수해서 이들을 공장에서 일하는 농민공(農民工) 근로자로 탈바꿈시켰다. 상해와 광저우 같은 주력 도시들이 선도하면서 도시화를 이끌고 중국 경제성장을 견인했다. 비슷한 과정을 답습한 수많은 2선 도시들도 지속 발전하면서 성장의 대오를 갖췄다. 중국이 경제성장을 하는 과정은 언제나 가장 경쟁력이 뛰어난 기관, 기업, 정부주체가 선도해 나가는 방식을 택했다. 제14차 5개년 계획 이전의 시기는 성장이 최우선시되었다. 소득을 향상시키고 산업 기반을 구축하는 것이 가장 큰 덕목이었다. 중국 전역의 현(縣)급 도시, 소도시, 중형도시, 대형도시, 초대형도시들은 모두 비슷한 성장과정을 거쳤다. 서로 더 앞서 나가기 위해 도시들끼리 선의의 경쟁을 벌이면서 건물과 공장을 세우고 기업활동을 장려했다. 앞서 나가는 도시에 더 많은 인구가 유입되었고 더욱 큰 성장을 구가했다. 반면 경쟁에서 밀린 도시들은 그만큼 정체를 겪으면서 뒤처졌다. 중국 전역에 걸쳐 승자와 패자가 확연하게 드러났지만 성장을 최우선시하는 기조하에서 어쩔 수 없는 부작용으로 취급되었다.

제14차 5개년 계획은 그전까지의 난개발과 경쟁친화적 구도와 거리를 둔다. 각 지역별로 균형된 발전을 지향한다. 각 지역별로 가지는 비교우위를 인정하면서도 각 지역별로 인력과 자본의 이동이 과도하게 한편으로 치우치지 않도록 한다. 상호보완적인 개발기조를 확립함으로써 국토공간 개발의 새로운 구도를 형성하고자 한다. 이때 취해지는 접근은 경제발전에 우세한 지역이 다른 열세 지역과 협력을 함으로써 중국 전체 경제의 효율성을 끌어올리는 방법이다. 중국 전역에서 북경-천진-하북성 지역을 일컫는 징진지(京津冀) 지역, 장강 삼각지, 그리고 광동성-홍콩-마카오-대만으로 이어지는 웨강하오 주강 삼각지를 그 중심에 놓고 인근 지역과의 균형개발을 도모한다. 징진지 지역의 경우 과도하게 북경에 쏠린 다양한 기능을 새로운 인근 신도시로 돌림으로써 균형적인 개발을 시도한다. 웨강하오 주강 삼각지와 장강 삼각지는 모두 미래지향적인 혁신 역량을 올리기 위한 연구개발 능력 강화와 과학기술 육성에 초점을 둔다. 이렇듯 이미 산업화가 성숙한 단계에 오른 도시들은 질적인 역량을 강화하고 과학이나 생태 분야에 중점을 둠으로써 나중에 2선 도시들이 앞선 도시들을 벤치마킹하도록 유도하는 것이 핵심이다.

좀더 큰 규모로는 중국을 네 구역으로 나눠서 각각 특성에 맞는 개발 구도를 제시한다. 각 정책들은 제14차 5개년 계획 이전부터 존재해 왔던 정책들이다. 1980년대 중국이 경제성장을 본격적으로 개시한 이래 각 권역별 특징은 2020년대까지도 계속 존속해 올 정도로 유지되었다. 연안 지역이 우선 발전하면서 내륙 지역이 이를 뒤쫓아가는 전반적인 기조하에서 파생되는 권역별 특징을 의미한다. 제14차 5개년 계획은 보다 성숙한 중국 경제를 기반으로 각각의 정책기조가 질적인 성과를 이루도록 하는 데 초점이 맞춰져 있다.

서부 대개발은 중국 서쪽 내륙지역의 개발을 계속 추구한다. 아직도 낙후되어 있는 인프라 측면을 강조하고 이는 일대일로 정책을 통해 견인하고자 한다. 철도, 도로 같은 내륙형 인프라가 중요한 역할을 하며 이는 한편으로는 연안과의 연계를 강화함으로써 연안 주력도시들의 경제력과 자본 등의 이동을 촉진하려고 한다. 또 한편으로는 내륙과 접하는 중앙아시아권과 동남아시아 지역과의 국제적 연계를 통해 무역과 투자 증진을 도모한다. 하지만 무분별한 난개발은 지양하고 친환경 및 녹색성장도 중시한다. 황하 상류 유역은 특히 중국 중원 지역의 수원역할을 하나 경제성장 기간 동안 수질오염이 심각해졌기 때문에 생태계 복원과 함께 수자원과 토지유실 등을 막는 데 중점을 둔다. 서부 대개발의 중심지는 사천성의 청두이며, 청두를 기준으로 중앙아시아를 향하는 서북부와 동남아시아를 향하는 서남부의 연계를 강화하는 방향을 추구한다.

동북3성에 대해서는 동북진흥 계획을 계속 추구한다. 동북3성 지역은 중국의 경제성장에 있어서 많은 혜택을 받지는 못한 지역이다. 지정학적으로 북쪽으로는 러시아, 남쪽으로는 북한, 서쪽으로는 몽고에 접하는 요충지이지만 세 국가 모두 경제적으로 낙후했기 때문에 지역경제의 덕을 보기 어렵다. 러시아 시베리아 지역은 천만 명 수준에 불과한 소규모 경제권이다. 북한과는 유의미한 경제교류가 막혀있고 몽고와도 별다른 교역이 없다. 중국 전체 경제와의 관계에 있어서도 동북3성은 동북지역에 치우쳐 있기 때문에 주요 산업권역과의 연계가 어렵다. 동북진흥 계획은 이러한 고민을 담고 있으며 국방, 식량, 생태, 에너지, 산업 안보 등 전 분야에 걸친 개발을 위한 돌파구 마련을 주문한다. 여전히 상당한 경제 분야를 점하는 국유기업들의 개혁 심화와 함께 민영기업들이 활동할 수 있는 비즈니스 환경 개선을 추구한다. 동북3성의 유일한 연안 지역인 대련을 중심으로 삼는 요령성 연해 경제 벨트를 만들고 길림성 장춘을 개발개방 선도구로서 동북3성의 경제개발을 견인하도록 구상한다.

중국 장강 중하류를 중심으로 하는 중부지역에 대해서는 굴기 전략을 추구한다. 중국 연안 고성장 도시들의 배후 기지 역할을 하는 지역으로 전통적으로 제조업이 많이 발전한 지역이었으며 개혁개방 시기에서도 연안지역과는 다른 특색을 가지면서 성장했다. 연안지역이 고성장을 지속하는 가운데 노동력과 토지 등이 부족해지면서 중부지역은 새로운 대체지로 각광받았으며 이는 우한 같은 교통의 요지를 중심으로 한다. 남쪽으로는 광저우가 있고 동쪽으로는 상해가 위치하고 있어 자본과 물자가 모이기 쉬우며 이를 토대로 다양한 산업 발달이 가능한 지역이다. 연안지역처럼 모든 제조업을 총망라하기보다는 몇몇 핵심 분야 제조업 육성을 중시하면서 특히 신흥산업을 중심으로 하는 클러스터 형성을 추구한다. 연안보다 저렴한 노동력을 활용하면서도 기술력과 자본력을 유입함으로써 연안과는 차별화된 경쟁력을 추구하는 모델이다.

동부지역의 현대화는 이미 상당한 수준의 발달을 거둔 연안 도시들이 갖춘 경쟁력을 보다 고도화함으로써 글로벌 경쟁력을 제고할 것을 주문한다.

모든 분야에서 중국 경제를 선도할 필요성을 중시하는데 이는 혁신 역량, 제조업 육성, 신흥 산업, 서비스업 등은 물론 대외 개방에 있어서도 새로운 강점을 구축하고 전방위적인 개방형 경제시스템에 있어서도 선도적으로 나설 것을 강조한다. 구체적으로는 상해, 절강성, 산동성 등을 언급한다.

녹색발전

제14차 5개년 계획에서 환경친화 녹색발전은 중요한 비중을 차지한다. "맑은 물, 푸른 산이 곧 금산은산(金山銀山)"이라는 표어는 중국의 환경정책을 대표한다. 제13차 5개년 계획에서부터 본격화되었으며 중국 정부가 추구하는 신발전에서 세 번째 항목일 만큼 중요도가 높다. 녹색발전은 중국의 산, 바다, 강, 숲, 농지, 호수, 초원을 총망라하는 환경보호를 최우선시한다. 제14차 5개년 계획이 전체적으로 중국 경제의 지속 가능한 경제성장을 추구하는데 녹색 발전은 40여 년간 중국 경제의 무분별한 발전에 따른 환경파괴를 더 이상 허용하지 않겠다는 강력한 방침을 담고 있다. 하지만 단순한 규제 일변도의 정책추구는 아니다. 거대한 인구와 영토, 그리고 상당한 수준의 경제성장의 성과를 바탕으로 녹색발전을 도모한다.

제14차 5개년 계획은 중국의 전 국토를 대상으로 친환경 생태공간을 확보하고 관리를 확고하게 할 것을 주문한다. 전 중국을 칭하이-신장 고원 생태구역, 황하중점 생태구역, 장강중점생태구역, 동북산림대, 북방방사대, 남방구릉산지대, 해안대 등 주요 권역으로 나눠 환경보호를 추구한다. 이 중 중국의 환경생태계에 있어서 강조되는 환경보호지대는 습지대다. 수자원 오염, 해양 오염, 농지 오염 등은 물론 해안선 침식까지 초래하는 습지 파괴에 대한 경각심을 높여 습지 보호율을 55퍼센트까지 올릴 것과 400km 해안 구간에 2만 헥타르 습지 복원을 주문한다. 사막화 방지도 비중이 높다. 대규모 국토 녹화활동과 함께 필요하다면 인공강우 같은 인공기상활동도 명시하고 있을 정도로 적극적인 사막화 방지를 추구한다. 환경보호가 수반하는 금전적 피해에 대한 보상 제도는 중요한 일부분이다. 직접적인 보상금 지급 외에도 산업생태계의 조성과 직업환경 개선 등을 통해 보다 근본적인 보상이 제공되도록 한다.

환경보호와 함께 오염예방도 중시한다. 대기오염이 가장 대표적으로 명시되어 있으며 특히 초미세먼지를 10퍼센트까지 낮춰야 한다는 수치도 제시한다. 대기오염의 수준이 매우 심각한 북경-천진-하북성 지역을 직접 거론하고 대기오염 개선을 계속 추구해야 한다고 명시한다. 청정난방의 도입과 주요 공업지대의 보일러 관리 등 대기오염원에 대한 규제도 적시한다. 수질 오염 분야에서는 대표적인 오염물질인 암모니아성 질소 배출량을 8퍼센트 줄이고 도시 오폐수 처리율은 50퍼센트 올릴 것을 주문한다. 오염을 초래하는 주요 기업들의 이전과 함께 오염된 농경지의 복원관리도 규정한다. 그 밖에 플라스틱 오염과 소음 오염 등 고도 경제성장이 가져온 새로운 유형의 오염의 방지도 필요함을 확인한다.

기후변화 대응도 오염예방의 일환으로 취급한다. 중국이 기후변화협약에서 공약하였듯이 2030년까지 탄소배출량 정점 달성과 2060년까지 탄소배출 중립을 실현하기 위한 정책을 수립할 것을 규정한다. 전국적으로 기획되어야 하는 거대 사업인 만큼 각 지방별로 각각의 상황에 맞는 계획 수립을 필요로 한다. 여느 계획과 마찬가지로 중국 정부는 탄소배출 규제를 가장 효과적으로 달성하는 지방정부에 대해 우선적으로 지원하면서 다른 지방도 뒤이어 따라오도록 하는 접근 방법을 채택한다. 탄소배출 저감은 다양한 녹색화 조치와도 연계된다. 석탄 같은 화석에너지의 청정이용을 촉진하면서 철강, 석유화학, 건설 등 고탄소 배출 영역에서의 저탄소 전환도 지원하도록 한다. 도시의 대중교통 및 화물운송차량의 전기차로의 개조도 명시되어 있다.

녹색발전은 경제성장을 구가하는 데 있어 각종 자원의 절약을 중시한다. 중국이 아무리 고도경제성장을 구가하였고 소득향상을 이뤘다고 해도 14억 명 인구의 무분별한 자원소비는 바로 환경파괴로 이어지고 중국이 자급자족을 하지 못하는 자원의 수입증가로 이어지기 때문이다. 에너지 분야가 대표적인 절약 대상 분야다. 산업, 건축, 교통을 3대 분야로 지목하면서 에너지 절약을 추진한다. 새로운 에너지 소모 분야로 빅데이터와 5G센터에 대한 관리도 중시한다. 고성능 컴퓨터가 데이터를 처리하는 데 필요한 전력이 상당하기 때문에 자칫 방치하면 에너지 수급에 문제가 생길 가능성을 고려한 조치다. 에너지 절약 관련 새로운 기술 모색과 소비를 줄이도록 설계된 표준 제정 등도 추진한다. 기타 자원 절약 분야로는 수자원과 토지 등 분야가 거론된다.

녹색발전이 보다 효율적으로 추구되도록 시장 메커니즘 도입도 추진된다. 정부 차원에서의 규제뿐 아니라 오염배출 자체를 배출권으로 만들어서 오염 배출이 필요한 기업은 그 대가로 배출권을 구입하도록 하는 접근방법이다. 에너지 사용권, 용수권, 탄소 배출권은 모두 정부 차원에서 총량을 매긴 다음 이를 배출권으로 환산해서 기업들로 하여금 구입하게 하는 제도다. 그러나 제14차 5개년 계획상 규정된 제도들은 주로 정부의 직접적인 규제와 지원으로 이뤄지는 측면이 큰 것도 사실이다.

중국이 직면한
인구 고령화 도전

인구 고령화는 중국이 직면한 가장 큰 도전 중 하나다. 출생률이 선진국 수준으로 저하된 반면 기대 수명은 계속 증가하는 과정에서 인구의 고령화는 가속 중에 있다. 중국 경제를 지탱해 온 거대한 규모의 노동력이 감소하는 추세이기 때문에 중국 당국으로 하여금 기민한 대응을 요구한다. 제14차 5개년 계획은 출생률 저하와 인구 고령화를 다루지만 주로 사회복지 차원에서만 접근한다. 이는 왜냐하면 제14차 5개년 계획은 고용시장과 노동정책을 독립적으로 다루지 않기 때문이다.

제14차 5개년 계획은 중국이 직면한 인구 고령화 문제의 근간이 출생률 저하에 있다는 진단을 한 다음 출산정책을 경제사회정책과 연계할 것을 주문한다. 즉 출생을 기피하는 이유가 양육과 교육 등의 부담에 있음을 확인하고 이에 대한 개선을 적시한다. 더 나아가 육아휴직 제도 정비를 통해 젊은 부부가 아이를 갖도록 하는 분위기를 조성하는 데 관심을 집중한다. 돌봄 서비스에 대해서도 다양한 돌봄 서비스 기관 육성을 명시하고 있다. 이는 정부 차원에서의 서비스 외에도 민간 서비스의 육성을 의미한다. 150개 도시에 종합 육아위탁 서비스 기관 육성 및 100개 아동 우호 도시 시범 전

개 등 구체적인 사업들도 제시한다. 그러나 이러한 제도들은 모두 중국 당국으로 하여금 추가적인 지출을 필요로 한다. 정부 예산을 활용할지, 지방 재정에 의존할지, 아니면 별도의 기금을 조성할지 여부 등 구체적인 처방은 거론하지 않는다.

출생률 저하는 고용시장의 문제와 직결되어 있다. 특히 아이를 농촌에 두고 도시에 일자리를 갖는 농민공(農民工)의 경우 영유아를 포함한 탁아 서비스와 초등 교육의 질적 향상에 큰 문제점을 안고 있게 된다. 농업 이주 인구에 대한 평등한 교육 서비스 보장은 자칫 부모와 떨어져 살아야 하는 농촌의 영유아 및 취학 아동들로 하여금 도시 아동들이 누리는 교육 서비스와의 격차를 최대한 줄이려는 노력이면서 동시에 농민공의 출생률 저하를 방지하려는 시도다. 농촌학교의 기숙사 시설 개선과 농촌교사의 질적 수준 함양 등도 마찬가지다. 농촌 지역에 2만 개의 유치원 설치 등 사업을 구체적으로 제시한다.

여성과 미성년자의 기본 권익 보장도 출생률 저하에 대응하는 또 다른 접근방법이다. 여성으로 하여금 취업의 기회를 보장하는 것은 결혼과 출생의 문제와도 직결되어 있다. 취업 시장에서 성차별을 없애고 출산휴가와 육아 보조금 제공 같은 제도를 확인함으로써 경력단절여성 같은 문제 발생을 방지하려고 노력한다. 여성과 마찬가지로 아동에 대한 교육권도 마찬가지다. 특히 맞벌이 부부 같은 취약 아동에 대한 공평한 교육 보장과 농민공 상황 하에서 농촌에 남는 아동에 대한 서비스 확충도 구체적인 사례다.

인구 고령화의 다른 단면은 노령 인구의 증가다. 제14차 5개년 계획은 출생률 저하 문제와 마찬가지로 사회복지적 측면에서 문제를 다룬다. 양로 기능의 주체는 여전히 가정에 있음을 확인하면서 지역공동체 차원에서 지원할 수 있는 보급형 양로 서비스 확충을 주문한다. 5백 개의 지역 공동체 차원에서의 양로 서비스망을 구축하면서 노인 간호를 위한 도우미 등 육성을 제시한다. 간병 서비스의 경우 정부의 지원 외에도 민간 양로 서비스를 활용하면서 정부는 보조금을 지원하는 방식도 가능하도록 민관 확충 서비스를 제안한다. 고령화에 따른 노동력 구조 변화 등을 감안하여 퇴직제도 같은 고용제도의 탄력적 운영과 함께 실버 산업 개발 등 인구 고령화에 대한 정책적 대응도 제시한다.

제14차 5개년 계획이 제시하는 처방은 인구 노령화에 대한 적절한 솔루션들이다. 출생률을 올리기 위한 분위기를 조성하고 노령화 인구 증가가 가져올 각종 서비스 수요에 대한 대응방안들이다. 그러나 보다 강력한 대안을 제시하지는 못한다. 출생률을 올리기 위한 과감한 출생보조금 지급이나 노령 인구 급증에 대비한 의료보험 제도의 확충 등도 구체적으로 언급하지 않고 있다. 이는 왜냐하면 모두 상당한 규모의 재원을 필요로 하기 때문이다. 그리고 상당 부분의 관련 서비스 제공은 중앙정부가 아닌 지방정부의 몫이다. 각 지역별로 자신의 실정에 맞는 대응방안을 마련해야 하기 대문에 중국 정부 입장에서도 상당한 도전이다.

사회복지 난제

제14차 5개년 계획은 중국이 달성한 경제성장을 반영한 사회복지제도를 설정한다. 중국 경제는 여전히 중진국 수준에 있으며 성장을 계속해야 하는 과제가 있음을 인정하는 수준에서 기본적인 공공서비스 체제를 완비할 것을 확인하는데 이 또한 꾸준하게 최선을 다할 것이라는 단서를 추가한다. 여타 분야와는 달리 제도와 체제를 완비함으로써 사회복지를 위한 기반을 갖추겠다는 데 더 방점이 있다. 그 방편으로는 기존의 일반적인 사회복지 제도와 함께 공동부유를 함께 언급함으로써 중국이 직면한 경제 현실에 맞는 사회복지체제를 갖추겠다는 의지를 보인다.

중국은 기본 공공서비스와 비(非)기본 공공서비스를 나눈다. 전자는 공교육, 취업, 사회보험, 의료, 위생, 주택, 장애인 서비스 등을 총망라한다. 비(非)기본 공공서비스는 대표적인 분야로 육아와 양로가 있다. 전자는 전적으로 정부가 책임지는 분야로서 그동안의 경제성장 과정에서 많은 확충이 있어왔다. 제14차 5개년 계획 기간에는 도시와 농촌 지역에 불균등하게 배정되어 있는 서비스를 보다 통일적이고 균등하게 집행하는 데 초점을 맞춘다. 후자의 경우 공공 섹터가 가지는 공급상의 한계를 민간 섹터가 보완하는 접근을 취한다. 민간 섹터가 육아와 양로 서비스를 제공하게 되면 이에 따른 금전적 대가가 뒤따른다. 정부의 재정적 지원이 공공 섹터와 민간 섹터에게 평등하게 배정되도록 함으로써 공정하게 경쟁하는 과정에서 양호한 서비스가 제공되도록 보장한다. 이를 위해 정부 차원에서는 재정지출 구조를 최적화하여 중앙과 지방의 공공서비스 관련 사업권한과 지출책임을 명확하게 할 것을 주문한다.

취업 증진도 사회복지의 일환으로 취급한다. 취업 지원 주요 대상 계층으로 대졸자, 농민공, 퇴역군인으로 대별하여 취업 지원 체계 개선을 규정한다. 정부 차원에서 제공할 수 있는 각종 일자리는 공공 섹터의 국유 기업들을 통한 일자리 창출과 함께 보다 미시적으로는 기초 행정구역인 사구(社區) 내 마트, 편의점, 사무실 내 일자리 등도 규정한다. 사구가 자체적으로 사구민을 취직시킬 수 있는 이점을 살리겠다는 취지다. 그 밖에 창업을 촉진하는 일반적인 취업증진 정책과 함께 유휴 농촌노동력의 취업을 유도하는 도농 고용정책 등의 기획도 언급되고 있다. 이렇듯 제14차 5개년 계획상의 취업 증진 정책은 다른 국가들이 핵심 정강으로 취급하는 취업 정책보다는 다소 간결하고 오히려 미시적인 차원에서 정부가 취할 수 있는 조치들을 다룬다. 즉 중국 전체의 실업률의 관리 문제는 정부가 적극적으로 나서는 측면보다는 시장원리에 따라 나타나는 현상으로 취급하는 측면이 강하다.

중국 경제의 소득분배는 기본적으로 근로임금 상승이 노동생산성과 함께 연동되도록 하는 것이 가장 큰 핵심이다. 즉 근로자가 받는 소득이 전체 경제성장률과 괴리되면 안 된다는 점이다. 일한 만큼 급여를 받는다는 원칙을 준수하면서 근로임금의 비중이 계속 증가하는 방향으로 경제를 운영해야 함을 명시한다. 근로임금과 자본수익 같은 주요 요소별 보수를 시장에서 결정하도록 하면서 특히 임금은 합리적으로 상승하도록 규정한다. 정부 차원에서는 최저임금제와 다양한 근로 관련 규제를 통해 시장에서의 임금 결정에 관여를 하도록 규정한다. 민간 섹터가 아닌 공공 섹터의 주된 고용주체인 국유기업에 대해서는 마치 민간기업처럼 시장을 통한 임금을 책정하도록 하고 기업 내부적으로도 실적 관리를 대폭 시행함으로써 민간기업에 준하는 경쟁력을 갖도록 유도한다. 국유기업으로 하여금 수익을 공공재정에 납부하도록 함으로써 공공재정 지출과 민생보장에 기여하도록 하는 것도 중시한다. 한편으로는 소득분배지만 이렇듯 정부가 인위적으로 관여하는 부분이 있기 때문에 재분배 차원에서 제1차 분배기능으로 취급하기도 한다.

소득재분배 분야에서는 기본적인 세수, 사회보장, 이전 지출 같은 2차 분배에 따른 정책들과 함께 제3차 분배기능인 공동부유를 명시하고 있다. 합법적인 수입은 보호하고 과도한 소득은 합리적으로 조정한다는 것이 기본 방침이다. 2차 분배인 세수 분야에서는 직접세를 완비하고 종합개인소득세와 개별개인 소득세를 결합하는 접근 방식을 지향한다. 직접세에 누진구간을 적용함으로써 고소득층에 대한 세수조절 및 관리감독을 강화하도록 한다. 사회보장 분야의 경우 서비스의 형평성과 접근가능성을 강화함으로써 저소득층으로 하여금 상대적인 혜택이 더 크도록 제도를 완비하도록 한다. 다만, 제14차 5개년 계획에 제3차 분배에 대한 세부적인 내용은 명시되어 있지 않다.

사회보장제도에 대해서는 "최대한 보장"하겠다는 입장을 견지한다. 사회보험의 경우 고령화가 진전 중인 중국으로서는 양로보험에 대한 정책 수요가 가장 크다. 특히 도시와 농촌에 대해 불균형적으로 집행되는 상황을 개선하기 위해 기본 양로보험의 전국적 통합을 실현하면서 필요한 재원은 국유자본 전환을 통해 충당하는 방안도 언급한다. 장애인에 대한 배려도 중시된다. 기본의료보험과 기본양로보험에 보편적으로 가입하도록 지원하며 생활보조금 지급과 취업 및 창업지원도 규정한다. 사회보호의 경우 기초생활수급자와 저소득가정 등에 대한 보호체제 구축을 추진한다. 민간 섹터와의 연계를 중시하는데 공공 섹터에서 사회보호 서비스를 제공하는 것에 부가하여 민간 서비스업체의 활성화를 통해 아웃소싱하는 방안도 제안하고 있다. 그 밖에 재원 충당 차원에서 자선사업 유치를 취한 세제혜택과 인터넷 자선 플랫폼과 복권 같은 제도도 명시하고 있다.

전반적인 사회복지 서비스 제공 주체는 정부지만 보다 실효성 있는 서비스 공급을 위해서는 기층 조직으로서의 사구의 역할을 강조하는 것이 특징이다. 취업, 사회보험, 양로, 탁아, 장애인 지원, 의료, 보건 등 서비스에 대해 사구 차원에서 관리서비스 플랫폼을 구축하도록 함으로써 서비스의 품질 제고를 도모한다.

제4장

포스트-코로나 중국 경제 정책과 전망

2023년도 중국 정부 업무 보고

중국 정부가 제로코로나 정책을 종료한 이후 발표한 2023년도 정부업무 보고는 앞으로 중국 경제가 나아가야 할 방향을 제시한다. 물론 2023년 한 해를 대상으로 하는 보고지만 시진핑 주석 제3기로 전환하는 시점이고 새롭게 제시된 미래 청사진이 본격적으로 추구되는 시점이기 때문에 이번 보고에 포함되는 많은 개념들은 10년 이상 유지될 것으로 봐야 한다. 앞서 언급한 제14차 5개년 계획의 중장기 목표와 뒤이어 소개하는 중국의 "내수시장 확대 중장기전략"과 연동되기 때문이다. 제13차 5개년 계획에서 선보였던 신(新)발전 이념은 제14차 5개년 계획에 확고하게 자리를 잡았고 이번 정부업무보고에서도 중국 경제를 운영하는 기본 노선으로 명시되어 있다. 그러나 신발전보다 상위 개념으로 제시되는 중국식 현대화가 더 큰 틀에서 중국 경제를 포함한 전반적인 중국 국정 운영의 키를 쥔다. 제13차 5개년 계획에서 중시되었던 중국몽(中國夢), 신창타이(新常態), 전면적인 소강사회 건설 같은 개념들은 사실상 중국식 현대화로 대체되었다.

2023년도 정부업무보고가 중국식 현대화를 지향하는 원년임을 여러 차례 강조한다. 중국이 독자적으로 추구하는 영역들이 지배적이고 대외 분야에 대한 언급은 적다. 오히려 대외 압력에 맞서 중국 경제가 내부적으로 보다 결집을 강화해야 하고 성장동력을 찾아야 한다는 시각이 강하게 서려 있다. 지금까지 중국이 추구했던 경제정책들은 1980년대 개혁개방 정책과 노선을 같이했다. 그 근간은 시장경제의 존중, 대외 개방 무역, 외국기업의 투자 유치를 통한 성장동력 확보와 기술 진보의 추구였다. 한국 같은 국가들이 성공적으로 도입한 성장 모델이었고 미국이 추구하는 세계질서의 일환이었다. 그러나 제14차 5개년 계획으로 들어서면서 이러한 대외적 개혁개방 노선은 많이 쇠퇴하고 그 자리를 중국식 현대화, 쌍순환, 공동부유 같은 개념들이 대체하였다. 중국이 지향하는 경제성장의 길이 지금까지 미국이 중심에 서서 국제사회에 주문했던 방식과는 다른 길을 걷겠다는 중국 정부의 의지다. 금번 정부업무보고가 시기적으로 시진핑 주석 제3기 정부의 출범시점이라는 점과 업무보고가 담은 내용들이 모두 중국식 현대화의 프리즘으로 봐야지만 해석되는 부분이 상당히 많다. 2023년도에 추구되는 각종 정책과 조치들은 향후 전개될 중국식 현대화의 초석을 놓는 측면이 다분히 크다.

중국식 현대화가 앞으로 중국 경제를 운영해 나갈 기조로 자리 잡은 만큼, 기존의 신발전 개념도 보다 가치지향적인 면모를 갖추게 되었다. 신발전의 다섯 가지 영역은 모두 중국식 현대화를 달성하기 위한 접근으로 전환한다. 첫 번째 영역인 "혁신"의 추구는 "관건기술의 자립자강"이라는 표어로 재정립되었다. G2로 부상한 중국 경제력을 밑바탕 삼아 다른 국가들의 도움 없이 스스로 혁신을 구가하겠다는 점을 강조한다. 두 번째 영역인 "균형"은 지금까지 겪어 온 농촌-도시, 남방-북방, 물질적-정신적 불균형을 시정하겠다는 점이 강조된다. 여타국들이 겪은 경제성장이 초래하는 지역갈등, 소득 양극화 등 부작용을 중국식 현대화로 타개하겠다는 의지가 강하다. 세 번째 영역인 "녹색"의 경우 지금까지 모든 국가들이 거친 경제성장은 필연적인 부산물로 환경오염이 발생했으나 중국은 이를 억제하고 친환경적인 방법을 모색하겠다고 천명한다. 다른 국가들도 녹색경제를 중시하지만 중국은 이 분야에 있어서도 중국만의 방식을 추구함으로써 차별화된 길을 걷겠다는 점을 중시한다. 네 번째 영역인 "개방"도 중국식 현대화의 관점에서 보면 지금까지의 개방과는 성격을 달리한다. 국제경제 체제에 부합하면 모든 것을 받아들이는 완전 개방 모델이 아니라 자국 경제에 필요한 부분만 선별하여 수용하겠다는 방식을 의미한다. 마지막으로 다섯 번째 영역인 "공유"는 중국식 현대화에 있어 가장 야심 찬 영역이다. 새로운 분배 철학인 공동부유는 중국의 사회주의적 요소가 가장 크게 작용한다. 자유시장경제에서의 임금과 자본소득, 정부 영역에서의 조세에 덧붙여 자발적인 기부를 중심으로 하는 제3의 분배를 내세움으로써 경제성장이 가져오는 임금격차를 최대한 줄이고자 한다.

2023년도 정부업무보고가 안정을 최우선적으로 중시하는 배경에는 두 가지 측면이 있다. 하나는 앞서 언급한 대로 중국이 중국식 현대화를 추구하기 위해서는 중국의 경제와 사회가 불안하면 안 된다는 측면이다. 안정적인 기조를 바탕으로 성장을 추구하는 것은 중국식 현대화가 지금까지 미국이 제시해 온 주류 성장모델 못지않게 경쟁력을 갖췄고 오히려 더 낫다는 점을 보여주기 위해서다. 자유시장경제가 경제적인 진폭에 따른 경기변동을 감내하는 것과 달리 중국식 현대화 모델은 정부의 시장개입을 통해 이러한 경제의 부침을 최소화하는 것을 보여준다. 또 하나는 중국 경제가 처한 G2로서의 위상과 지금까지의 고도 경제성장 기조를 돌이켜볼 때 현시점부터는 안정적 성장 추구가 가장 현실적이라는 판단이다. 중국식 현대화도 시장경제의 중요성과 경제 구성요소가 가지는 잠재력 및 한계를 시인한다. 더 이상 고도 경제성장이 어렵기도 하지만 앞으로 중국 경제의 성장기조는 5퍼센트 정도의 무난한 수준에서 관리하는 것이 오히려 중국식 현대화에 더욱 걸맞은 수치라는 가치 판단도 서려 있는 것이다.

하지만 중국식 현대화를 추구하는 배경에는 외부와의 마찰도 중요한 요인이다. 미국과의 대립은 중국식 현대화가 정당화되는 여건을 조성하였다. 그 이유는 미국이 중국의 기술 진보를 견제하기 때문이다. 중국이 처음에는 경공업을 중심으로 경제성장을 시작하면서 점차 중공업, 정보통신공업, 4차 산업혁명 영역으로 발전하자 미국은 긴장하기 시작하였다. 특히 첨단 분야에서의 기술 진보와 경제력이 미국에 도전하는 수준이 되면서 미국의 대중 견제는 본격화하기 시작하였다. 그 이유는 여러 가지다. 하지만 중요한 것은 중국 입장에서 미국의 견제가 중국으로 하여금 더 이상 경제성장을 하지 말라는 주문으로 받아들여졌다는 점이다. 중국은 미국이 제시하는 경제성장 모델은 어디까지나 미국을 정점으로 하는 위계질서에 모든 국가들이 수긍하고 그 밑에서 "분수에 맞는" 번영을 누려야 한다는 정치경제적 공식이 서려 있다고 여겼다. 즉 미국을 정점에 두는 피라미드형 공급망 조직하에서 중국은 중간재를 취급하는 수준에서 머물고 보다 상층부의 대열에는 배제되는 것을 거부한다. 중국은 이러한 미국 중심의 질서 대신 자신만의 독자적이고 새로운 경제성장 모델을 찾겠다는 것이고 그 답이 중국식 현대화인 것이다.

이렇듯 2023년도 업무 보고는 새로운 정부가 출범하면서 향후 5년간 중국 경제가 가는 로드맵을 중국식 현대화와 신발전 개념으로 정리한 다음 외부적 여건을 감안한 안정기조로 방향을 설정한다. 그다음에 제기되는 여덟 가지 중점과제는 이러한 배경을 기초로 한다. 첫 번째는 국내 수요 진작이다. 소비를 중시하지만 민간 소비를 진작시키는 데에 있어 국가가 할 수 있는 부분이 제한적인 것은 어쩔 수 없는 대목이다. 그래서 투자를 통해서 민간 소비를 활성화하겠다는 방식을 추구한다. 제14차 5개년 계획에서 열거되어 있는 각종 프로젝트들을 원래 일정보다 선제적으로 추구하는 것은 이러한 투자중심적인 방식을 의미한다. 정부의 자본뿐 아닌 민간자본도 투자 대열에 참가하도록 권장하고 유도하는 것도 명시되어 있다. 중국 내 앞서 나가는 북경, 상해, 광저우, 난징, 항저우 같은 도시들이 솔선수범해서 뒤떨어진 도시들을 이끌도록 주문하는 것도 수요 진작의 한 방식으로 열거되어 있다.

두 번째 중점과제인 현대화 산업 체계를 신속하게 구축해야 한다고 주문한다. 제조업의 중점 산업망 위주로 양질의 자원을 집중함으로써 힘을 합쳐 핵심 기술이 직면한 난관을 돌파한다고 규정한다. 이는 미국의 견제를 받고 있는 주요 산업들의 자구책을 모색하겠다는 것인데 반도체와 배터리 같은 미래동력 산업을 주로 의미한다. 중국이 갖춘 자본, 인력, 노하우, 주요 분야별 협업 등 가장 우수한 자원들이 "힘을 합칠" 것을 명시하는데 그만큼 핵심 기술을 자체적으로 발전시키는 것이 어렵고 이를 위해 총력을 기울이겠다는 의지의 표현이다. 중요한 에너지 자원과 광물 자원에 대한 국내 탐사와 개발을 강화하고 그 자원의 비축량과 생산량을 증가하겠다는 점은 글로벌 경제가 불안정해지면서 에너지와 천연자원 수급이 어려워지자 중국 자체적인 증산을 통해 외부에 대한 의존을 최소화하겠다는 정책 목표의 표현이다. 특히 보고서가 언급한 광물자원은 희토류 같은 미래산업에 필수적인 원자재를 의미하는데 이 또한 미국이 견제하는 영역이다.

세 번째 중점과제는 국유자산과 국유기업의 개혁 심화를 명시하는데 특히 국유기업의 핵심 경쟁력 강화를 강조한다. 국유기업의 개혁, 경제적 책임과 사회적 책임을 거론하는데 이는 앞으로의 중국 경제에 있어 국유 기업의 역할이 중시됨을 다시 한번 확인하는 부분이다. 한편으로는 민간기업처럼 영리를 추구하면서 또 한편으로는 사회적 책임도 도맡아야 한다는 양면성을 중시한다. "중국 특색 국유기업"이라는 표현은 다른 국가의 국유기업들과는 차별화하겠다는 점을 보여준다. 그다음에는 민영기업에 대한 각종 보호조치가 뒤따른다. 법에 따라 민영기업의 재산권과 기업가의 권익을 보호하고 중소기업, 영세기업, 개인 상공업자의 발전을 지원하겠다는 점은 민간 영역의 중요성은 인정하지만 이는 어디까지나 법적 테두리 안에서 보호하겠다는 제한을 둔다. "법에 따른다"는 표현은 중국 정부 차원에서 가지는 방대한 재량권을 최대한 억지하겠다는 점을 확인했기 때문에 그 의의는 상당하다. 민영기업들은 친절과 청렴에 기초한 관계를 구축하여 경쟁해야 한다고 하는데 이는 과도한 경쟁을 지양하면서 시장의 실패를 불러일으키는 각종 부정부패와 반독점 같은 폐해를 일으키지 말 것을 강조하는데 이 경우 공권력이 개입할 수 있음을 암묵적으로 강조하는 것이다.

네 번째 중점과제는 강도 높은 외자 유치다. 중국의 개혁개방 정책은 여전히 유효하다. 시장 접근 범위를 넓히고 서비스업 분야의 개방 확대와 함께 외자 기업에 대한 내국민 대우도 명시하고 있다. 가장 최신식 무역협정으로 일컬어지는 포괄적 및 점진적 환태평양 경제동반자협정(CPTPP) 가입 추구도 열거한다. 이러한 개방의 방식은 무분별한 개방이 아닌 제도형 개방을 강조하는데 이는 지금까지 중국에게 익숙해 있던 무분별한 개방이 아닌 선별적 개방을 의미한다. 개혁개방에 있어 언제나 중시되어 온 무역 분야에 대한 언급은 수출입이 중국 경제의 버팀목 역할을 계속해야 한다는 선에서 멈춘다. 무역이 중국 경제의 중요한 근간인 점은 인정하지만 그 이상의 역할은 부여하지 않으며 초점은 투자로 옮겼음을 명확히 한다.

다섯 번째와 여섯 번째 중점과제는 금융과 식량안전이다. 모두 중국 경제가 직면한 리스크에 대한 대비를 중시한다. 금융의 경우 개혁을 심화하고 금융 감독 관리를 보완함으로써 시스템적 금융위기가 발생하지 않아야 함을 명시한다. 지금까지 세계경제가 겪어온 금융위기에 대한 대비를 철저히 하겠다는 의지의 표현이다. 중국이 직면한 가장 큰 어려움 중 하나인 부동산 분야에 대한 우려는 부동산 선도기업의 위협을 효과적으로 방지하고 해소하여 채무불이행 리스크를 개선하고 무분별한 확장을 금지함으로써 부동산 영역의 안정화를 기하겠다고 강조한다. 지방정부의 부채 문제 또한 채무 기한을 최적화하고 이자 부담을 경감함으로써 단기적인 위험을 최소화하고 더 이상의 채무가 늘어나지 않는 가운데 기존 부채를 해소하는 방식을 채택한다. 식량 안전의 경우 중국이 중시하는 1천 억 근(斤, 약 6천만 톤) 생산량 돌파와 이에 수반되는 각종 기반시설 건설 강화와 종자산업 진흥 등을 거론한다.

일곱 번째 중점과제는 발전 방식의 녹색 전환이다. 중국 경제가 직면한 환경오염을 경감하고 녹색 에너지로의 전환을 중시한다. 생태계 복원과 신재생 에너지의 활용을 통해 푸른 하늘, 맑은 물, 깨끗한 토양을 지켜야 한다고 명시한다. 그러나 녹색경제를 미래 경제성장의 동력으로 연결하지는 않는다. 그리고 기후변화에 대한 대응도 크게 부각시키지 않는다. 다만 탄소 배출 감축을 추진해야 한다는 정도로만 취급한다. 오히려 석탄의 청정 고효율 이용을 열거함으로써 신재생 에너지 활용과 함께 석탄 같은 화석연료도 여전히 중시됨을 명확히 한다.

여덟 번째 중점과제는 기본 민생 보장과 사회사업의 발전이다. 주택 공급과 함께 신규 시민과 청년 계층의 주택 문제 해결을 제시한다. 의무교육의 질적 및 균형적 발전과 함께 직업교육, 고등교육 혁신도 명시한다. 양질의 의료서비스, 양로 서비스, 문화 서비스를 확충하고 여성, 아동, 노인, 장애인에 대한 합법적 권익을 보장한다. 안전생산에 대한 감독 관리와 재해 방지, 재해 피해 최소화 등도 강조한다. 기본적인 공공서비스지만 이를 중점과제로 격상시켰다는 점은 그만큼 향후 중국 경제 운영에서 민생이 중요해졌음을 보여주는 대목이다.

중국의 내수시장 확대
중장기 전략

중국은 1980년대 이래 10퍼센트대의 고도의 경제성장을 구가하는 과정에서 소비도 자연스럽게 증가했다. 매년 10퍼센트씩 증가하는 소득을 갖춘 중국의 14억 명의 국민들은 극빈층에서 중산층으로, 다시금 중산층에서 고소득층으로 상승하면서 소비 수준을 올렸다. 여느 국가와 다름없이 의식주가 소비의 중심에 있었다. 아파트를 매입하고, 아파트에 들이는 가구와 가전제품을 구입했다. 대부분 일상 소비재는 슈퍼마켓과 쇼핑센터에서 구입했다. 중국의 제조업이 발달하면서 웬만한 소비재들은 중국 국내기업이 만들었다. 그 품질은 처음에는 저급이었지만 점차 개선되었다. 14억 명에 달하는 중국의 거대 시장 속에서 경쟁력을 갖춘 기업들이 하나둘 두각을 나타내기 시작했다. 소득이 증가하면서 서비스 분야에서 관광, 의료, 교육, 문화, 스포츠 등에서의 소비도 증가하였다. 중국의 명절 때 인산인해의 인파가 관광명소에 몰리는 것은 중국 소비자들이 여느 국가의 중산층과 마찬가지로 레저에 대한 소비가 상당함을 단적으로 보여준다. 교육 분야에서 자녀의 대학 진학을 위한 사교육 지출이나 무병장수를 누리기 위한 의료서비스에 대한 지출도 마찬가지다. 2020년대 들어서 중국은 이미 40여 년에 걸친 고도성장과 시장경쟁을 경험한 G2 국가로 거듭났고 이에 걸맞은 소비시장을 갖춘 것이 사실이다.

그러나 중국 경제가 고도성장을 하면서 소비도 함께 동반하여 증가했지만 중국 전체 GDP에서 소비가 차지하는 비중은 여전히 50퍼센트 정도라는 점은 시사하는 바가 크다. 여느 국가들은 보통 60퍼센트 이상이다. 즉 국가경제를 지탱하는 중심축은 일반 소비자들이 자신들의 생활에 필요한 소비지출이다. 소비자가 물건을 구입하고 서비스를 사용해야 공장에서 물건을 만들고 교육, 의료, 문화 등 방면에서 업자들이 양질의 서비스를 제공한다. 국가경제의 나머지 40퍼센트는 기업들이 늘어나는 소비에 맞추기 위해 공장을 짓고 공장에 들어갈 기계와 원자재를 구비하는 투자다. 그 밖에 정부가 짓는 도로, 철도, 교량, 항만, 공항 같은 각종 인프라 투자가 나머지 한 축을 차지한다. 중국은 14억 명의 소비자가 40여 년에 걸쳐 소비가 비약적으로 증가했지만 그 비중은 정부가 주도하는 투자보다는 규모가 상대적으로 적었다. 그동안 중국은 상당한 내수 확대를 정부가 직접 나서서 각종 인프라를 짓고 사회 시스템을 만드는 투자로 충당하였던 것이다.

중국이 추구한 투자 주도형 내수 확대 전략은 1960년대 미국이 추구한 각종 인프라 정책과 닮았다. 당시 미국은 전역을 고속도로로 확충했고 모든 도시에 공항을 증설함으로써 향후 현대 국가로 거듭나는 근간을 닦았다. 2020년대 들어 미국의 주요 인프라들은 외관상 낡았고 현대적인 디자인도 뒤떨어지지만 1960년대 건설되었던 시점으로 뒤돌아가면 당시에는 전 세계에서 가장 앞선 인프라였고 이러한 인프라들은 2020년대 들어서도 여전히 사용되고 있을 만큼 당시의 인프라 확충 계획은 성공적이었다. 중국 또한 중국 전역에 도로, 철도, 항만, 공항들을 건설함으로써 1960년대 미국 못지않은 인프라를 갖추는 데 성공하였다. 그리고 중국 국민들은 이러한 시설들을 활용하여 경제활동을 영위한다. 미국 기업인들이 인근 공항을 통해 다른 도시로 출장을 가서 비즈니스를 하듯, 중국 기업인들은 고속철도를 타고 상해, 광저우 같은 경제중심지를 이동하면서 경제활동을 하는데 이 모든 것이 소비를 창출하고 경제성장의 동력이다. 즉 중국 전역을 가로지르는 각종 인프라를 건설하는 가운데 수천억 달러의 투자지출을 감행함으로써 경제성장을 구가한다. 인프라가 만들어지면 그다음부터는 인프라를 이용하는 소비자들이 보다 편리하고 효율적으로 새로운 경제 기회를 만들고 소비를 창출하는 경로다.

하지만 이러한 투자 주도형 내수 확대 전략은 한계가 따른다. 아무리 투자를 많이 해도 결국 소비가 뒤따라야 하기 때문이다. 투자 자체가 종착점이 아니다. 도로를 만들고 항만을 짓고 공항을 건설하는 이유는 인프라가 완공된 이후에 소비자들이 이를 사용해서 견실한 경제활동이 뒤따른다는 전제조건을 필요로 한다. 그리고 정부가 아무리 예산이 많아도 무한정 인프라 투자에만 자원을 집중하는 데에도 한계가 따른다. 아무리 좋은 인프라도 결국 포화상태에 도달하기 마련이다. 지으면 지을수록 새로운 인프라가 주는 혜택이 줄어드는 것도 당연하다. 전국에 100개의 공항을 지었을 경우 101번째 공항이 주는 새로운 혜택은 별반 크지 않은 것이 한계효용 체감의 원리다. 중국이 코로나19 상황을 거쳐 직면한 문제도 바로 투자 주도형 내수 확대 전략이 가져온 한계에 대한 문제의식이고 어떻게 하면 다른 방편으로 내수를 확대할지 여부에 그 고민이 있는 것이다.

이러한 고민을 배경으로 중국이 코로나 봉쇄를 종료하는 과정에서 2022년 12월에 발표한 "내수확대 중장기 전략"은 2035년까지의 중국 소비 진작을 위한 마스터플랜이다. 어떻게 하면 소비자들로 하여금 지갑을 열고 소비를 하게 만들까 하는 고민이 담겨 있다. 정부가 강제적으로 소비를 강요하는 것은 불가능하다. 소비를 유도하는 환경과 여건을 만드는 것이 한 방편이다. 소비자들을 위한 각종 제도를 확충하는 것이 한 방편이다. 각종 제품들이 지켜야 하는 건강안전, 환경안전 같은 규제를 잘 만들어서 소비자들이 안심하고 각종 소비재를 구입하는 것은 소비를 진작시키는 한 방법이다. 중국이 가지는 각종 식자재들에 대한 위생문제를 불식시킬 수 있는 식품위생 안전검증 제도 같은 방안은 중국 소비자들로 하여금 마음 놓고 소비하게 만드는 좋은 접근이다. 각종 애프터서비스 제도와 환불제도 같은 소비자 보호도 좋은 방안이다. 미국의 아마존 같은 디지털 소비 플랫폼을 확충함으로써 핸드폰에 익숙한 소비자들로 하여금 오프라인 매장이 아닌 온라인 쇼핑으로 화면 터치 몇 번만으로 구입이 가능하게 하는 소비 체제도 당연히 소비를 진작시키려는 시도다.

또 하나의 접근방법은 소비자들이 겪지 못한 신제품의 소개다. 애플의 CEO인 스티브 잡스가 아이폰을 출범시킴으로써 스마트폰 시장을 창출한 것이 하나의 예다. 각종 스타트업을 육성함으로써 새로운 혁신적인 제품들이 시장에 출시하는 환경을 조성하는 접근이다. 녹색경제를 추구하는 것도 가능하다. 기후변화와 함께 탈탄소 같은 지구적 과제가 중시되면서 소비자들도 동참한 것은 당연하다. 탄소방출을 저감하는 각종 제품들은 기후변화 대응에 따른 소비자들의 새로운 소비 욕구 창출을 도모한다. 디지털 경제로 전환되면서 온라인으로 제공되는 각종 문화 콘텐츠, 금융, 정보서비스들도 디지털 서비스에 대한 수요를 자극한다. 중국 경제가 구축해 놓은 디지털 분야의 각종 인프라들과 플랫폼들은 이러한 소비를 북돋는 저력을 갖춘 것이 사실이다.

중국이 발표한 내수확대 중장기 전략은 이러한 공급주도형 수요창출 접근을 수용한다. 가장 대표적인 소비재 분야로 자동차를 지목하여 관련 인프라를 구축하는 것이 핵심이다. 이는 전기자동차를 중심으로 14억 명의 중국 소비자들이 기존 내연자동차에서 전기자동차로 전환했을 때 발생하는 수천억 달러의 내수진작효과를 노린다. 부동산 시장 안정화는 중국 소비자들로 하여금 건전한 부동산 소비를 촉진함으로써 부동자금이 중국 경제에서 잘 순환되도록 하는 데 목적이 있다. 중국의 중산층이 육성되는 과정에서 부동산이 차지하는 비중은 상당하다. 그리고 2008년 미국의 금융위기가 보여주듯 부동산 시장이 가져오는 투기와 거품 붕괴의 위험을 사전에 방지하는 것을 중요시 여긴다. 프리미엄 제품의 중국 내 공급확대도 증가하는 1인당 소득에 걸맞게 더 이상 저가 제품이 아닌 고가의 고품질 제품이 시장에 출시되도록 함으로써 새로운 소비를 촉진시키려는 데에 목적이 있다. 관광, 문화, 양로, 육아, 의료, 교육, 가사 등 서비스 시장을 확충하고 필요한 제도를 구비하는 것은 핵가족화와 맞벌이가 보편화되는 중국사회에서 건전한 소비가 가능한 사회복지 환경을 조성하기 때문에 의미가 크다.

그러나 내수확대 전략에는 여전히 기존의 투자 중심형 접근방법도 유지한다. 정보 인프라, 도시 인프라, 교통, 에너지, 물류, 환경보호 등 분야의 투자를 중시한다. 기술혁신을 장려하고 제조업 분야의 투자 확대를 위한 제도 구비 등을 열거한다. 신형 도시화, 농촌의 현대화, 지역경제 배치의 최적화 같은 국토개발 계획도 내수확대 전략의 일환으로 포함한다. 식량, 에너지, 공급망과 산업망의 안전 보장 같은 거시경제 차원에서의 전략을 함께 취급한다.

소득분배는 다소 불편한 주제다. 하지만 고소득층의 소득을 저소득층으로 이전하는 것은 내수 소비 확대에 크게 기여한다. 소수의 고소득층의 소비만으로 내수확대를 증진하는 것은 불가능하다. 중산층의 규모가 확대되어야 하고 최대한 저소득층의 소득을 끌어올리는 것이 내수 소비확대를 위한 가장 확실한 방편이다. 내수확대 전략은 고용과 임금 같은 1차 분배 차원에서는 취업 안정화 대책 강화와 노동소득 확대를 주문한다. 누진세 같은 세수를 통한 소득이전은 2차 분배로 취급함으로써 세제 개혁과 사회보장제도 완비를 규정한다. 마지막으로 중시되는 것은 기업들의 자발적인 소득 이전으로 취급되는 3차 분배 또는 공동부유 접근인데 자선사업과 자원보장 서비스 체제 구축을 명시하고 있다.

내수시장 확대를 위한 외국 기업과 무역의 역할은 크게 다뤄지지 않는다. 높은 수준의 개방형 경제체제를 형성하고, 일대일로 전략의 지속적인 추진, 외자 유치 활성화, 중요 상품과 서비스 수입을 확대한다고 규정하지만 그 비중은 크지 않다. 내수시장 확대 전략도 쌍순환 전략의 하부 개념이기 때문에 결국 중국의 14억 명의 소비 인구와 생산력을 바탕으로 내수시장을 확대한다는 것에 주된 방점이 있고 중국이 공급하지 못하는 소비재에만 한정해서 외국과의 무역에 의존하겠다는 접근이다. 다만 소비진작을 위해 갖추는 다양한 제도와 규범들은 외국 기업들로서도 중국 기업과 함께 동등하게 사용할 수 있기 때문에 중국의 내수 확대에 따른 양질의 소비재 공급과 시장 창출은 가능하다.

중국 경제정책의 진단:
국제통화기구(IMF) 보고서

 중국의 제로코로나 정책 종료 즈음에 발표된 IMF의 중국 경제보고서는 중국 경제가 코로나 기간 중 전반적으로 잘 대처했다고 평가한다. 2020년 코로나가 발발한 이후 중국 정부는 제로 코로나 정책을 강력하게 집행함으로써 인명 피해를 최소화하는 데 방점을 뒀기 때문에 경제적으로는 많은 어려움을 감내할 수밖에 없었다고 평가한다. 이는 중국의 경제중심지인 상해, 광저우, 청두, 우한 등 주요 도시들에 대한 중단기적 봉쇄가 계속 일어남으로써 중국 국내 경제 활동과 공급망이 불규칙적으로 운행되는 결과를 초래했음을 지적한다. 가장 큰 문제로는 제로 코로나 정책을 추진하는 과정에서 중국 경제의 20퍼센트 비중을 차지하는 부동산 시장의 불안정성이 더욱 심화되었다는 점이다. 부동산 개발업자들의 무분별한 난개발을 통제하기 위한 파이낸싱 제한이 개발업자의 금융 포트폴리오는 물론 개발업자의 부동산 개발에 의존하는 지방정부, 지방 소규모 은행, 그리고 부동산을 입도선매한 소비자 모두에게 연쇄적인 부실화를 초래했다는 점을 강조한다.

 부동산 문제와 함께 국유기업의 부실화도 지적하는데 국유기업의 효율성이 계속 감소함에도 불구하고 중국 정부는 국유기업으로 하여금 중국 경제성장에 기여해야 한다는 명분하에 과도한 경제 전략적 과업을 부여하는 것을 문제 삼는다. 이는 국유 금융기관으로 하여금 과도한 수준의 정책자금을 국유기업에 융자하는 결과를 우려한다. 보다 효율적인 민간 기업에 융자가 되어야 중국 경제 성장에 기여할 텐데 이러한 기회를 놓친 점과 계속 부실화되고 있는 국유기업의 구조조정이 미뤄짐을 주된 문제점으로 꼽는다.

중국 경제가 직면한 거시경제적 현황에 대해서는 경제 성장이 전반적으로 압박을 받고 있다고 총평한다. 그 내면에는 민간 소비의 침체를 지적하는데 과도한 가계 저축을 가장 큰 문제로 본다. 제로 코로나 정책이 3년여 지속되면서 중국인들은 대부분 소비를 최소화하면서 저축을 증가시켰는데 전반적으로 불안정한 상황 속에서 여유자금을 최대한 비축시켜야 했기 때문이었다. 중국은 여전히 사회보장체제가 미흡하기 때문에 실직이나 질병 등의 이유로 소득이 끊길 경우를 스스로 대비해야 하는 측면이 크다. 소비가 약하기 때문에 전반적인 수요의 약세로 이어지고 이는 고용시장에 대해서도 악영향을 미친다고 서술한다. 중국 정부로서는 실업률을 5.5퍼센트대로 유지해야 하는데 중국 고용시장에서의 주된 일자리 창출원인 정부, 국유기업, 민간기업 중 민간기업의 고용 없이는 어려운 과제다.

그럼에도 불구하고 중국 경제당국은 시장 개입을 자제하고 있는 것을 특징으로 기술한다. 재정 분야에서 중소기업에 대한 세제 혜택을 부여했지만 재정팽창을 통한 인위적인 수요진작 정책을 자제했고 이는 통화정책 분야에서도 보수적으로 운영하게 되었다고 평가한다. 마지막으로 기후변화 대응의 문제점으로 중국이 지속적으로 세계의 공장 역할을 자임함으로써 수

출생산에 필요한 에너지 수요가 계속 증가하고 있고 만성적인 가뭄으로 인해 수력발전의 역량이 저하되다 보니 저탄소 정책이 타격을 받게 되었음을 지적한다.

IMF는 중단기적인 중국 경제성장률은 4퍼센트 정도로 책정한다. 중국 경제가 직면한 가장 큰 중단기적인 과제는 인구 노령화에 따른 노동력의 지속적인 감소를 어떻게 대응하는가에 있는데 이 문제는 생산성 감소와 연결되어 있음을 지적한다. 중국은 1980년대 개혁개방을 추구한 이래 풍부한 저임금 노동력을 근간으로 40년 넘게 성장을 구가했지만 이제는 임금이 상승했으며 그나마 노동력 자체가 감소하고 있기 때문에 고도 성장 밑에서 가려졌던 생산성 낙후가 더욱 큰 영향을 미칠 것이라는 평가다. 앞서 언급한 국유기업의 효율성 문제는 이러한 생산성 저하를 더욱 부각시킬 것이라고 우려한다. 수요 측면에서 중국이 직면한 문제도 상당한데 민간 수요가 계속 50퍼센트대를 벗어나지 못한 상황에서 과도한 민간저축은 수요 진작을 더욱 어렵게 할 것이며, 그나마 투자마저 국유기업을 중심으로 하는 비효율적인 분야에 집중되면서 문제를 더욱 어렵게 만들 것으로 평가한다. 또 하나의 요인으로 부동산 분야의 불안정성이 중국 경제 성장의 발목을 잡을 것으로 본다. 그 이유로 부동산 경기가 계속 위축되고 구조조정을 미루게 되면 부동산 자산의 가격이 떨어지면서 모든 경제주체의 금융 포트폴리오가 부실해짐을 지적한다. 이는 중국 경제 전체적으로 또 하나의 민간소비 위축으로 이어짐과 동시에 금융위기의 위험까지 이어질 수 있음을 우려한다.

IMF는 여섯 가지 정책 처방을 내린다. 첫 번째 처방은 민간소비 진작을 위한 재정정책과 통화정책에 대한 주문이다. IMF는 전형적인 수요 중심 처방을 한다. 단기적 조세 감면과 임금 소득자들의 사회보장 부담 절감을 통해 가처분 소득을 증대시키고자 한다. 아울러 실업보험과 의료보험의 현실화 등 사회보장제도를 개편함으로써 민간 섹터의 과도한 저축을 감소시키는 방편을 소개한다. 누진세 제도 도입을 통해 고소득층의 소득을 재분배하는 방안도 바람직하게 여긴다. IMF의 소비진작 처방은 제14차 5개년 계획, 2023년도 정부업무보고서, 또는 내수진작 보고서와 다르다. 중국 측의 처방은 공급 지향적이다. 혁신적이고 양질의 제품을 공급함으로써 소비자로 하여금 소비를 유도하는 접근이다. IMF는 이와는 반대로 가처분 소득을 증대시킴으로써 일반 소비자로 하여금 소비를 할 수 있는 여력을 넓혀야 한다는 접근을 취한다.

두 번째 주문은 금융시장의 안정화다. IMF는 부동산, 지방 정부, 은행, 기업의 부실화를 지적하면서 구조조정을 주문한다. 부동산 시장의 경우 개발업자들에 대한 채무조정을 통해 단기적인 부채 상환 부담을 경감하고 도산의 위험을 회피할 것을 강조한다. 이러한 자금 융통은 개발이 한창 진행 중인 부동산을 완공하고 최종 소비자에게 인도하도록 함으로써 전체적인 부동산 시장의 안정성을 제고하도록 하는 접근이다. 민간인의 부동산 수요가 일정 부분 저축의 일환으로 이뤄지는 가수요 측면이 있음을 지적하면서 사회보장 측면에서 국민연금이나 노령연금 같은 제도 도입도 부동산 안정화에 기여할 수 있다고 언급한다. 아울러 부동산의 부실화가 지방정부 재정의 부실화로 이어지고 있음에 우려하면서 일단 중앙정부의 재정지원을 통해 지방정부의 예산을 확충하고 중단기적으로는 재산세와 누진지방세 도입 등을 건의한다. IMF는 은행과 기업의 부실화가 있음을 인정하고 시장에 미치는 영향을 최소화하는 차원에서 이들 은행과 기업의 도산 및 청산절차를 명확하게 할 것을 주문한다. 이러한 절차는 시장원칙에 맡겨야 하고 법적 절차를 준수해야 하며 지방정부의 관여와 개입을 최소화해야 한다고 처방한다. IMF가 취하는 접근은 시장의 힘으로 하여금 안정을 되찾아야 한다는 것인 반면, 제14차 5개년 계획 등에서 언급된 중국 당국의 접근은 정부가 제도적 차원에서 적극 개입함으로써 부실채권을 없애고 추가적인 부채를 인위적으로 방지하겠다는 점에서 차이가 있다.

세 번째 제안은 잠재적인 경제 위기에 대한 대응 역량의 제고다. 중국 경제가 리오프닝을 구가하는 과정에서 여러 불안정성에 직면할 수 있음을 우려한다. 앞서 언급한 소비의 약화, 부동산 상황의 악화, 지방재정의 급속한 부실화 등 사태는 정부의 대대적인 시장개입을 필요로 할 정도로 그 규모가 클 수 있다. 이에 대한 대비로서 중앙정부 차원에서 재정정책을 취할 수 있는 재원을 확보하는 예비적 준비와 함께 실제 위기 상황이 발생해도 과도한 시장개입보다는 재정건전성을 유지하는 한도 내에서 가장 효과를 많이 거둘 수 있는 저소득층 지원 같은 분야에 집중해야 한다고 주문한다. 전반적인 접근은 시장을 존중하는 차원에서 긴급자금을 필요로 하는 주체에게 유동성 제공은 허용하지만 도덕적 해이를 불러일으키지 않는 선을 유지해야 한다고 강조한다. 중국 경제당국의 주요 보고서는 경제 위기의 발생 가능성을 구체적으로 언급하지 않는다. 그 이유는 위기가 발생하기 전에 미리 대비를 함으로써 사전 대응이 가능하다는 자신감을 근거로 하기 때문이다. 제14차 5개년 계획 같은 중국 정부의 보고서는 전체적으로 중국 경제가 "미증유의 위기"에 처해 있다는 전제를 밑바탕으로 삼는데 이는 중국 경제당국이 취하는 위기의 사전예방적 경제관을 잘 보여준다.

네 번째 제안은 중단기 성장률의 제고다. IMF는 중국의 잠재 성장률이 인구의 감소, 생산성 저하, 그리고 전반적인 기업 활력의 위축 등에 있다고 판단하고 이에 대한 처방으로 시장의 원칙에 기반한 구조조정을 제안한다. 처음으로 거론하는 부문은 국유기업인데 민영화 같은 급진적인 접근보다는 국유기업과 민영기업의 경계를 확실히 함으로써 민영기업이 국유기업의 관여 없이 자율적으로 시장에서 경쟁력을 쌓도록 유도하는 접근을 선호한다. 이 과정에서 은행에 대한 공평한 접근을 강조하는데 그 이유는 국유기업들이 은행으로부터 과도할 만큼 저금리 자금을 융통하고 각종 혜택을 받다 보니 민간기업들이 배제되기 때문이다. 시장에 맡겼을 경우 생산성이 높은 민영기업이 우선적으로 은행자금을 빌릴 수 있었을 텐데 오히려 생산성이 떨어지는 국유기업들에 자금이 몰리는 현상을 지적한 것이다. IMF는 지역경제에서 지방정부의 과도한 시장개입도 경계한다. 중국의 웬만한 지역경제 인구의 규모가 수천만 명에 달하기 때문에 하나의 중견 국가단위와 맞먹는다. IMF는 지방정부가 시장개입을 자제할 경우 그 자체만으로도 지방경제 성장률을 10퍼센트 이상 증가시킬 정도로 그 효과가 크다고 진단한다. 이와 비슷한 논리로 정부가 주도하는 각종 연구개발 보조금 지원에 있어서도 정부의 자의적인 판단이 아닌 시장 메커니즘에 맡길 경우 GDP의 1퍼센트에 달하는 손실을 막을 수 있다고 처방한다. 이러한 IMF의 시장중심적 접근은 중국 경제당국이 취하는 공급지향적 접근과 차별화된다. 중국은 기술자립, 인프라 구축을 통한 물류의 효율화, 공급망의 견실화 등 공급역량을 확고히 함으로써 잠재성장률을 올리겠다는 접근이기 때문에 IMF의 처방과는 다르다.

다섯 번째 주문은 기후변화 목표 달성이다. IMF는 글로벌 탄소 배출 감축을 위해 중국 정부가 석탄에 기반한 화력 발전을 자제하면서 특히 발전 분야에서 시장 원칙의 도입을 주문한다. 시장 상황에 따라 전기요금이 변동하도록 하고 전력망이 중국 전체를 포괄할 수 있도록 각 지방정부 간 서로 분리되어 있는 전력 공급 체계의 일원화를 제안한다. 주요 국유회사들에 전력 공급을 일임하지 말고 보조적 민간 전력공급업체도 전력시장 진입을 허용함으로써 보다 견실한 기후변화 대응 생태계 조성을 강조한다. 기후변화 대응에 있어 중국 정부의 녹색자금이 불출되는 과정이 여전히 모호하고 불투명하다는 점을 지적하면서 보다 투명한 회계처리를 도입하고 외국 자금의 진출도 허용하는 방안도 제안한다. IMF는 신재생 에너지 도입에 대해서는 별다른 언급을 하지 않는 반면, 중국 정부는 기후변화 대응에 상당 부분을 태양광이나 풍력 발전 같은 신재생 에너지에 할애하고 이에 따른 에너지 믹스의 저탄소화를 추구하는 접근을 취한다. 아울러 기후변화 대응도 어디까지나 중국이 중시하는 에너지의 안정적 공급이 우선시되어야 한다는 입장을 견지하기 때문에 IMF의 접근과는 차이가 있다.

여섯 번째는 다자주의 솔루션이다. IMF는 국제경제를 담당하는 국제기구이기 때문에 최근 미국과 중국의 지정학적 분쟁에 대해 많은 우려를 하면서 이에 대한 가능한 해결방안으로 다자경제규범에 기반한 접근을 선호한다. 세계무역기구(WTO)의 국제무역규범을 준수하는 가운데 전자상거래와 투자활성화 도모를 제안한다. 이를 위해 중국으로 하여금 규범 기반 질서를 존중하고 시장원칙에 기반한 국유기업의 개혁 등을 강조한다. 그 밖에 많은 개발도상국들이 국가 부채 문제를 겪고 있음을 지적하면서 중국이 G20 차원에서 추진 중인 글로벌 채무경감 방안에 적극 동참함으로써 금융 불안정성을 제어하면서 전반적인 글로벌 수요 진작에 기여할 것을 주문한다. 중국당국의 경우 다자주의를 존중한다는 원칙에서는 동일하지만 중국식 현대화를 중심으로 중국 경제의 안정화를 지상명제로 한다는 전제하에서의 다자주의 준수를 의미하기 때문에 시장원칙을 최우선시하는 IMF와는 차이가 있다.

제5장

포스트-코로나
중국 경제 키워드

반도체 굴기와
도전

중국이 반도체에 대해 관심을 갖게 된 계기는 몇 가지가 있다. 첫 요인은 군사적 측면이다. 1980년대 들어 미국은 미사일에 반도체를 탑재시키면서 보다 정밀한 타격이 가능하도록 했다. 그때까지 미사일 기술에서 미국을 앞섰다고 자부하던 소련은 이 시점부터 미국에 뒤떨어지기 시작하였다. 반도체 설계가 간단하던 시점까지는 소련도 충분히 미국을 따라잡았고 오히려 이를 보완하는 것도 가능했다. 수학과 물리학 분야 같은 순수과학 분야에서의 역량을 동원하면 초기 반도체 칩의 보완과 성능 개선은 별로 어렵지 않았기 때문이었다. 그러나 점차 반도체의 회로집적도의 수준이 기하급수적으로 올라가면서 소련은 미국의 반도체 기술을 따라잡는 것이 불가능해졌다. 미국이 급기야 미사일에 대한 탄도 추적과 타격의 반경을 우주의 인공위성으로까지 격상시키게 되자 소련은 미국과의 미사일 전쟁에서 패배를 선언했다. 그 과정을 면밀하게 주시하고 있던 중국은 1980년대 개혁개방을 추진하는 가운데 반도체가 가지는 위협을 인지했고 반도체 육성을 시작한 것은 당연했다.

중국의 두 번째 반도체 각성은 1990년대 들어 발발한 이라크전과 걸프전이었다. 그때까지만 해도 미국이 미사일에 반도체를 탑재해서 원거리 타격이 가능하다는 것은 알고 있었지만 정밀도는 크게 부각되지 않았다. 그러나 이라크에 대해서 미국이 동원한 첨단 무기들의 수준은 중국을 경악시켰다. 정밀 유도 순항 미사일은 수천 킬로미터 떨어진 바그다드에 있는 이라크군 수뇌부 건물들을 정밀 타격해서 파괴시켰고 이라크 육군의 탱크 부대들은 레이저 유도 시스템에 의해 파괴당했다. 모든 것이 전자전에 의한 결과였고 당시만 해도 세계 5위권이었던 이라크군은 궤멸당했다. 중국은 자국과 비슷한 수준으로 간주했던 이라크군이 미군에 의해 초토화되는 모습을 보면서 새삼 전자전의 위력을 깨달았고 그 배후에는 이미 고도의 집적도를 쌓고 있던 반도체를 주시하지 않을 수 없었다. 다시금 중국은 반도체 육성을 추진하지만 당시 중국 경제의 수준에서 반도체의 양산은 불가능했다.

세 번째 각성은 민간 분야에서 도출되었다. 중국 경제가 계속 성장하고 발전단계가 경공업에서 중공업으로, 중공업에서 정보통신 영역으로 옮기면서 반도체는 모든 분야에 걸쳐 필수 자재로 부상하였다. 중국은 40여 년의 기간 동안 괄목할 만한 성장을 구가하면서 모든 영역의 경쟁력을 제고했다. 경공업 분야는 이미 1990년대부터 세계에서 최고의 경쟁력을 구축하였고 중공업 분야도 2000년대 말부터는 글로벌한 수준으로 키우는 데 성공했다. 정보통신 분야도 2010년대 중후반부터 상당한 경쟁력을 쌓았다. 그러나 이 과정에서 유일하게 진전을 보이지 못한 분야가 반도체다. 중국은 원유를 제외하면 반도체 무역에서 수백억 불에 달하는 무역적자를 기록하고 있고 그 규모는 계속 증가일로에 있다. 모든 산업 영역에서 무역기조를 흑자로 돌리는 데 성공했음에도 유독 중국은 반도체 분야에서의 고전은 계속 주시의 대상이었다. 이를 위해 끊임없이 새로운 정책을 입안하여 추진하고 있지만 다른 영역에서 거둔 성공을 반도체에서만큼은 되풀이하지 못하는 것이 현실이다.

반도체는 1980년대 이래 계속해서 경제 영역은 물론, 군사 영역에서도 소위 게임 체인저의 위상을 유지하고 있다. 회로의 집적도가 일정 수준을 돌파하면 이는 상당한 수준의 혁신으로 이어진다. 1980년대 벽돌만 한 크기의 핸드폰이 1990년대 들어 손바닥 사이즈로 줄어든 것은 반도체의 정밀도가 원자의 크기인 나노(nano) 수준으로 진입하면서 가능해진 혁신이었다. 2000년대 들어 스마트폰이 출범한 것은 집적도의 수준이 100나노대로 진입하면서부터 시작하였다. 이렇듯 핸드폰 산업 하나의 역사에도 반도체의 발전사가 그대로 묻어난다. 이는 모든 정보통신 영역에서의 산업은 물론 이와 연관된 산업의 발전과 군사기술의 발전과도 그 궤를 같이한다. 세계 패권국가를 자임하는 미국은 반도체가 가지는 중요성을 일찍 간파했고 냉전 시기에 가장 위협적인 존재였던 소련을 붕괴시킨 것도 그 배후에는 반도체가 있었다. 이후 1990년대 들어 새롭게 부상한 반도체 강국인 일본을 제압한 이유도 일본에게 반도체 분야에서의 주도권을 뺏길 수 없다는 강력한 의지가 있었기 때문이었다. 2010년대 이후 중국이 반도체 분야에서 서서히 두각을 나타내자 이를 민감하게 받아들이는 미국의 시각은 단순히 산업 분야에서 중국의 경쟁력을 두려워하는 수준에 머물지 않고 경제와 안보라는 두 분야에서 가지는 반도체의 위력을 가장 잘 이해하고 있었기 때문이었다.

중국이 1980년대부터 반도체 개발을 꾸준히 해 왔지만 큰 두각을 보지 못한 이유는 중국에 앞서 발전하고 있던 일본이나 한국의 도약이 워낙 컸기 때문이었다. 일본을 필두로 후발주자인 한국의 삼성이나 대만의 TSMC가 거둔 반도체 생산 분야에서의 혁신은 상당했다. 중국이 발전하는 속도 이상으로 반도체 산업에서 질주했다. 이러한 판도는 30년 넘게 이어졌지만 이제는 변했다. 혁신에 대한 집념과 창의력 고갈이 아니라 물리학적 한계에 도달했기 때문이었다. 반도체에 담을 수 있는 회로의 수가 억 단위로 늘어나고 회로의 두께가 원자 단위로 축소되면서 더 이상 원자 이하로는 내려가지 못하게 된 것이다. 2010년대 들어 회로의 집적도 증가의 속도가 느려지면서 그만큼 후발 주자와의 격차도 좁혀지기 시작했다. 미국은 제조업 강자인 중국이 반도체 분야마저도 강국으로 도약할 경우 매우 불리한 위치에 놓이게 된다는 점을 인식했다. 반도체 역량을 확보한 중국은 더 이상 무서울 것이 없는 나라로 변신하기 때문이다. 미국은 제조업이 약하기 때문에 일반 제조업과 반도체까지 거머쥔 중국을 견제할 힘을 구비하지 못하게 된다.

반도체 산업의 근간은 대량 생산이다. 나노(nano)급 정밀도를 가진 반도체를 소량 생산하는 것은 누구나 가능하다. 그러나 이런 수준의 반도체 원가는 칩 하나당 수억 원을 호가한다. 관건은 수억 개를 대량 생산함으로써 칩 하나당 원가를 얼마큼 감소시키는가에 있다. 이렇게 하기 위해서는 백여 종류의 기계들을 한데 모아 놓고 반도체 회로를 새겨야 한다. 정밀하면서도 빨리 새겨야 그만큼 대량생산이 가능하다. 이러한 노하우는 단기간 내 확보되지 못한다. 10여 년 넘는 시행착오를 거치면서 터득해야 하는 어려운 과정이다. 중국은 후발주자로서 노하우를 빠르게 축적하고 있다.

반도체의 대량 생산을 위해서는 수백여 종류의 기계들을 구동하고 제어하는 각종 소프트웨어가 필요하다. 나노 단위의 회로를 새기는 작업은 모두 초정밀 기계가 도맡아 하고 이를 관리하는 것도 고도로 코딩이 갖춰진 소프트웨어가 맡는다. 반도체 칩은 거의 모든 공정이 자동화되어 있고 인간이 관여하는 부분은 제한적이다. 그렇기 때문에 반도체 생산에 있어 좋은 기계와 소프트웨어가 차지하는 비중은 절대적이다. 미국은 중국에 대해 이러한 기자재와 소프트웨어를 통제하기 시작했다. 기자재 대부분은 미국, 일본, 네덜란드 등 기술강국들이 만든다. 물론 다른 국가들도 만들긴 하지만 정밀도와 속도가 떨어지기 때문에 이렇듯 경쟁력이 떨어지는 기계를 갖고 생산을 하면 다른 기업들과 원가경쟁과 품질경쟁에서 뒤떨어진다. 중국이 직면한 미국의 통제는 상당하다. 중국이 갖춰 놓은 기존의 반도체 공장들도 끊임없이 기계와 소프트웨어를 바꾸고 개선해야 한다. 더 좋은 기계와 소프트웨어를 가져다 놓으면 그만큼 생산성 향상으로 이어진다. 그러나 미국은 더 이상 중국으로 하여금 좋은 미국산 기계와 소프트웨어를 반입하지 못하도록 막은 것이다.

중국식 현대화는 중국의 반도체 산업과 그 궤를 같이한다. 포스트-코로나 시대에 중국은 다른 국가와는 다른 경로로 반도체 산업의 발전을 추구한다. 지금까지 축적한 노하우를 기반으로 관건적 기술로 칭하는 반도체 분야에서의 기술을 외국의 도움 없이 자체적으로 첨단화하려고 노력한다. 미국의 견제로 인해 별다른 선택의 길이 없는 측면도 있다. 그 과정에서 중국은 다른 국가들이 겪었던 시행착오를 겪을 것은 자명하다. 그리고 상당한 비용 손실을 감수할 것이다. 그러나 모든 기술은 일정 기간이 경과되면 보편화된다.

2023년에는 최첨단인 기술도 불과 몇 년만 지나면 새로운 기술로 대체된다. 다만 반도체 분야의 기술을 구비한 국가와 업체가 워낙 한정되어 있기 때문에 기술의 파급이 느리다. 앞서 언급한 물리학적 한계가 가져오는 기술 진보의 지연은 아무리 기술통제가 강해도 중국으로 하여금 하나둘 돌파구를 찾아가면서 따라잡는 것은 충분히 가능한 시나리오다.

5G/6G의
글로벌 패권 향방

　일반 소비자가 4G 또는 5G 같은 통신망이 실제 구현되는 것을 눈으로 목격하는 것은 어렵다. 온라인 공간에서 빛의 속도로 정보가 이동하는 광경은 눈으로 목격하는 것이 불가능하기 때문이다. 핸드폰으로 통화를 하고 노트북 컴퓨터를 통해 와이파이로 인터넷을 활용하는 과정에서 일반 유저들은 모뎀에서 불이 깜빡깜빡하는 정도로 비로소 실제 정보가 오고 가고 있음을 느끼는 정도다. 밖에서 핸드폰을 사용할 때도 간혹 신호가 약하게 잡힐 경우 미지의 위치에 있는 기지국을 향해 핸드폰을 이곳저곳 움직여 보는 정도로 통신망의 운영 체계를 어렴풋이 이해한다. 통신망의 세계는 수많은 통신 기계와 기기들이 전국적으로 설치되어 있는 거대한 규모의 통신 인프라를 뜻한다 일반 통신 소비자들이 핸드폰으로 통화를 할 때 핸드폰에서 송신되는 정보가 일선 기지국을 통해 중앙본부로 회송되고 여기서 다시금 원하는 최종 수신자에게 전송된다. 조 단위의 계산이 정확하게 이뤄지는 과정 속에서 통화를 하고, 인터넷 검색을 하고, 온라인 쇼핑을 하는 것이다.

　통신의 세계에도 업스트림과 다운스트림이 있다. 업스트림은 통신 기자재의 세계다. 마치 자동차의 부품처럼 전국적인 규모의 통신망 구축에 필요로 하는 모든 기계와 기기를 총망라한다. 기업끼리 거래하는 B2B의 세계이기 때문에 소비자들과는 무관하다. 대부분 하드웨어들은 만들기 쉽다. 그렇기 때문에 부가가치도 크지 않다. 설계가 완성되면 아웃소싱을 통해서 제작된다. 다운스트림 제품으로 가장 대표적인 것은 핸드폰이다. 핸드폰 자체에도 수많은 부품들이 들어가지만 손바닥만 한 사이즈의 공간에 집적되어야 하기 때문에 고도의 기술력을 필요로 한다. 그렇기 때문에 부가가치가 크고 전 세계에서 극소수의 전자회사들만이 핸드폰을 생산하는 것이다.

중국은 1980년대부터 업스트림과 다운스트림 사업에 모두 참여하였다. 모두 아웃소싱의 방식으로 소정의 주문을 받고 생산하는 과정이었다. 통신 기자재와 같이 제작이 쉬운 제품들은 당시 저가의 노동력을 활용하여 대량생산하였다. 저가의 "메이드 인 차이나" 기자재들은 전 세계 통신망 구축 원가를 절감하는 데 일익을 담당하였다. 통신망이 2G에서 3G로 옮기고 다시금 3G에서 4G로 옮기는 과정에서 중국은 2000년대까지 통신망 설계 같은 고차원적인 분야 진출은 불가능했다. 이러한 분야는 미국과 유럽의 통신회사와 전자회사들의 몫이었다. 그러나 중국의 제조업체들은 묵묵하게 저수익 모뎀과 기지국 기자재들을 하청 받아 제작하는 과정 속에서도 전 세계의 통신망 트렌드를 예의주시했다. 중국 내 통신망이 외국 업체에 의해 2G에서 3G로, 3G에서 4G로 업그레이드되는 과정도 눈여겨보면서 실력을 쌓았다.

핸드폰 시장도 마찬가지였다. 스마트폰이 등장하기 전까지는 핀란드 기업인 노키아의 시대였다. 중국 핸드폰 시장은 노키아가 절대적인 강자였고 삼성폰도 상당한 수준의 시장 점유율을 차지하였다. 스마트폰 도입 이후부터 애플의 아이폰과 삼성의 갤럭시폰이 시장을 양분하였다. 그 과정에 중국은 자국 브랜드들을 키웠다. 수많은 카피폰들이 아이폰과 갤럭시폰을 흉내냈지만 저급한 품질로 소비자들의 원성만 샀다. 그러나 중국 업체들은 저가마케팅을 통해 조금씩 시장점유율을 올려갔고 그 과정에서 품질 향상도 이뤄냈다. 핸드폰에 대해서만큼은 중국 소비자들도 자국 브랜드에 대한 애정이 있다는 점도 유리하게 작용했다. 아이폰과 갤럭시폰이 지배하는 시장에서 중국 브랜드폰 시장이 형성되었고 화웨이, 샤오미, 오포, 비보 같은 업체들이 점차 강자로 등장하였다. 중국폰들이 2G와 3G까지는 전혀 존재감이 없었으나 4G부터 본격적으로 시장 점유율을 높인 것은 업스트림 분야에서 중국이 점차 경쟁력을 갖춘 것과 무관하지 않다.

중국이 통신시장에서 강자로 두각을 내기 시작한 것은 2010년대부터다. 정부와 기업이 협업하는 가운데 중국 중심의 통신시장을 구축하였고 기술력을 축적하였다. 중국의 제조업이 경공업에서 중공업으로, 중공업에서 정보통신 분야로 본격적으로 진입하는 시기였다. 탄탄한 제조업과 30여 년간 쌓아온 아웃소싱을 통해 축적한 현장 노하우가 밑바탕이 되었다. 하지만 가장 중요한 측면은 중국이 상당히 오랜 기간 5G를 준비하고 있었다는 점이다. 2G, 3G, 4G 기간 동안에는 중국이 별다른 경쟁력을 갖추지 못한다는 냉정한 판단하에서 5G의 시기가 도래하기만을 기다렸다. 기술 진보가 5G까지 이어진다는 계산하에 중국은 정부 차원에서 많은 연구 개발을 진행하였고 자국 통신업체와 전자업체들과 협업하였다. 가장 대표적인 기업은 화웨이였다. 통신 분야에서 주로 업스트림 분야에서 경쟁력을 키운 화웨이는

2010년대부터 본격적으로 통신기자재 분야에서 두각을 내기 시작하였다. 중국의 우수한 엔지니어와 통신 전문인력을 활용하여 상당한 연구개발 역량을 육성하였고 중국 본연의 제조업과 연계되면서 자체 브랜드의 통신기자재들을 생산하는 데까지 이르렀다. 어느덧 OEM 방식이 아닌 화웨이 자체 브랜드 기지국과 모뎀들이 전 세계 통신망에 필수적인 기자재로 부상하는 데까지 이르렀다.

화웨이는 핸드폰 분야에서도 강력한 경쟁력을 구축하였다. 중국 브랜드 폰 시장에서 기술력과 경쟁력을 인정받으면서 점차 스마트폰 저가 브랜드 세그먼트에서 강자로 등극하였다. 화웨이는 글로벌 시장에도 진출하면서 그 입지를 넓혔다. 전 세계 통신망 기자재를 공급하고 있었기 때문에 각국 통신회사들에게도 인지도가 높았다. 특히 중동, 아프리카, 중남미, 중앙아시아 같은 지역에서는 상당한 입지를 구축하는 것이 가능했고 선진국 시장에서도 저가 브랜드로 자리매김하면서 아이폰이나 갤럭시폰과는 또 다른 경쟁력을 키웠다. 업스트림 분야에서 다져 놓은 연구개발 역량은 핸드폰 영역에서도 적용하면서 시너지 효과를 거두는 데 성공하였고 점차 핸드폰용 칩셋 시스템 반도체 개발로도 이어가면서 새로운 핸드폰 강자로 부상하였다. 통신시장 업스트림과 다운스트림을 모두 장악하는 거대 기업으로 성장하였다. 4G에서 5G로 옮겨 가는 과정부터는 사실상 중국 시장을 독점하다시피 할 정도로 존재감이 컸고 글로벌 시장 점유율도 이미 40퍼센트를 넘을 정도였다. 이 과정에서 미국은 화웨이가 중국 정부의 보조금을 받고 불공정 경쟁을 하며 화웨이가 제공하는 각종 기자재와 기지국 장비들이 중국 정부에 의해 원격 조종당한다고 미국이 의혹을 제기하면서 화웨이에 대한 각종 제재를 취한 것도 이때였다.

중국 내 5G 네트워크는 사실상 중국 업체들에 의해 구축되어 있다. 중국 이동통신 같은 통신업체들은 화웨이 같은 중국 업체들로부터 기지국 및 각종 기자재를 조달하고 있다. 다운스트림은 화웨이, 샤오미, 오포, 비보 같은 중국폰이 장악하고 있다. 14억 명을 기반으로 하는 네트워크이기 때문에 규모의 경제가 가능하다. 그리고 수많은 시행착오를 거치면서 세계적인 수준의 경쟁력을 갖추게 되었다. 중국은 이를 기반으로 전 세계 5G 네트워크 구축에 참여하고 있다. 단순한 하드웨어뿐만이 아니다. 통신 네트워크를 운영하는 각종 소프트웨어, 통신기준, 주파수 운영, 관리시스템 같은 고차원 분야에도 중국은 당당하게 기존의 강자였던 미국이나 유럽국가들과 함께 논의를 하기 시작했다. 30여 년 넘게 축적된 하드웨어와 제조업에서 축적된 노하우는 이제 미국과 유럽업체들의 수준을 능가하기 시작했다. 5G를 통제하는 각종 규범을 창설하는 과정에서부터 중국은 자신의 지분을 확보하게 된 것이다.

5G를 제대로 구현하기 위해서는 많은 난관이 따른다. 가장 어려운 부분은 기존 4G보다 훨씬 촘촘하게 기지국을 세워야 하는 부분이다. 5G에 최적화된 주파수가 먼 거리를 이동하지 못하고 특히 벽 같은 장애물을 제대로 투과하지 못하기 때문이다. 그럼에도 5G가 가지는 초고속 스피드와 정확성은 미래 4차 산업혁명과 그 궤를 같이한다. 자율주행과 같이 실시간으로 주변의 모든 환경을 제어하기 위해서는 5G 같은 초고속 대역의 정보통신이 필수적이다. 원격의료처럼 원격으로 섬세한 작업을 제어하기 위해서도 5G

는 필수적이다. 이는 드론처럼 원격 조종이 점차 중시되기 시작하는 방산 영역에서도 마찬가지다. 5G가 가지는 지정학적 함의는 기존의 3G나 4G를 뛰어 넘는 미래혁신 영역의 중요한 기반이기 때문에 그만큼 많은 국가들이 관심을 갖는 것이고, 특히 미국의 관심이 지대한 것은 당연하다.

 전 세계 통신 강국들은 이미 6G 연구도 한창이다. 중국도 마찬가지다. 5G에서 거둔 우위를 바탕으로 6G 영역에서는 글로벌 선도국가로 나서겠다는 방침이다. 화웨이를 중심으로 수많은 중국의 정보통신 업체들이 6G 분야 연구개발에 앞장서고 있다. 지금까지 2G와 4G가 정보통신 영역에서 큰 진보를 이뤘던 사례를 비춰봤을 때 6G가 2020년대 후반부터 확실한 정보통신의 새로운 대세를 이룰 가능성이 크다. 모든 물건을 인터넷에 연결하는 만물인터넷, 사람을 3차원 입체 모델로 구현시킨 다음 다른 공간으로 전송하는 홀로포테이션, 가상공간에서 실물과 동일한 물체를 만드는 디지털 트윈 같은 개념은 6G가 추구하는 대표적인 기술 중 하나다. 하지만 가장 중요한 것은 6G는 기존의 그 어떤 네트워크보다 더 혁신적인 결과를 가져온다는 부분이고 지정학적 의의도 상당하다는 점이다.

플랫폼과
신소비 경제

중국 시장이 자본주의와 사회주의를 혼합했다는 평가는 여러 측면에서 나타난다. 가장 흥미로운 접근방법은 "선(先)시장 후(後)정부" 접근이다. 1980년대 개혁개방을 시작한 이래 지금까지 지속되는 접근인데 우선 개인과 기업이 마음껏 영업활동을 하도록 내버려 둔다. 자유방임의 시장을 방치하는 가운데 개인과 기업은 경쟁한다. 가장 경쟁력을 갖춘 개인과 기업이 시장을 선도하고 우수한 제품과 서비스를 공급한다. 경쟁의 수위는 상당히 높다. 덤핑과 담합은 예사이고 사기와 기술절도는 당연하다. 14억 인구를 대상으로 하는 자유시장이고 무한에 가까운 경쟁자들이 서로 우위를 점하려는 쟁탈전이기 때문에 그렇다. 미국의 서부시대활극 같은 경쟁을 거쳐 시장이 정리가 되기 시작하면 이때 부상하는 승리자들이 갖춘 경쟁력은 사실상 글로벌 수준의 경쟁력이다. 정부는 비로소 시장에 개입한다. 선도기업이 지배하는 시장에 규율과 규제를 가하기 시작한다. 더 이상 서부시대를 방불케 하는 시장 쟁탈전은 허용되지 않는다. 반독점과 반담합 같은 공정거래 규범이 적용되고 선도기업은 정부가 요구하는 시장질서에 순응한다.

중국이 플랫폼 경제를 발달시킨 것은 당연하다. 그리고 그 배경에 미국이 있는 것은 흥미롭다. 실리콘밸리에서 플랫폼 경제가 본격적으로 태동하기 시작한 2000년대 중반 즈음에 미국에서 공부를 마친 중국 유학생들은 대거 중국으로 돌아왔다. 실리콘밸리에서 터득한 최첨단 기술과 혁신마인드는 중국의 "선(先)시장 후(後)정부" 접근을 통해 그 힘을 마음껏 발휘했다. 활동의 공간은 무한의 확장이 가능한 온라인 세계였다. 인터넷이 자리를 잡기 시작한 시점에 중국의 혁신가들은 온라인 세상에서 그들의 꿈을 발휘했다. 그들의 벤치마킹 대상은 미국이었다. 그리고 그들과 제휴하는 동료들 또한 실리콘밸리에서 함께 공부한 또래 기업가들이었다. 제프 베조스를 직접은 모르지만 한 다리만 건너면 마음껏 이야기를 나누는 동료들이 함께하는 "치메리카(Chimerica)"의 시대였다. 미국에서 성공을 시작한 온라인 쇼핑사이트, 앱, 그리고 플랫폼의 태동을 주시했다. 혁신과 자유방임의 마인드를 장착한 이들 중국인 미국유학생들에게 있어 중국은 미국보다 더 큰 기회와 공간을 부여했다. 규제나 규율이 없는 인터넷 공간은 미국보다 더 자유로웠다. 14억 명의 거대 시장은 미국의 3억 명 시장을 압도했다. 샌프란시스코 차이나 타운은 중국인들로 하여금 캘리포니아가 제공하는 자유로움을 만끽하고 정보를 유통하는 교두보였다. 캘리포니아의 주류로 성장한 중국인 2세와 3세는 마음껏 미국과 중국의 플랫폼 경제의 성장을 주도했다.

중국이 미국의 아마존, 페이스북, 구글 같은 기업들에 버금가는 기업들을 가진 것은 의외가 아니다. 미국의 실리콘밸리 유전자가 중국에도 있기 때문이다. 중국의 알리바바, 텐센트, 바이두, JD 같은 굴지의 기업들은 중국 경제의 판도를 바꿀 정도의 힘을 갖췄다. 이들은 2010년대 초 중국 온라인 세상에서 벌어지고 있던 시장 쟁탈전에서 최종적으로 승리한 기업들이다. 중국 온라인 세상을 누구보다 잘 아는 이들은 자체적으로 중국 플랫폼 경제의 틀을 정립할 정도다. 14억 명을 대상으로 제공하는 온라인 쇼핑 플랫폼과 각종 서비스의 수준은 세계적이다. 14억 명을 다루는 데이터베이스는 매일 막대한 수준의 빅데이터를 생성하고 있고 이러한 데이터는 슈퍼컴퓨터가 돌려야 처리가 가능한 수준의 방대한 양이다. 중국의 플랫폼 기업들은 이미 10여 년에 걸쳐 3,650일에 14억 명을 곱하는 수준에 달하는 방대한 데이터를 축적했고 이러한 수준의 데이터는 플랫폼 기업에게 가장 필수적인 자산인 정보다. 미국의 아마존이 미국 시장의 3억 명을 대상으로 15년 넘게 온라인 시장을 제공했어도 중국의 알리바바나 JD에게 밀릴 수밖에 없는 이유도 여기에 있다. 인터넷의 세계에서는 정보와 데이터에서 앞선 기업이 모든 것을 독식하는 구조이기 때문이다.

1980년대부터 2000년대까지 중국은 시장자본주의를 적극 도입함으로써 이전의 극빈국 수준의 경제를 일약 선진 개발도상국의 수준으로 올렸다. 그러나 가장 중요한 대목은 거대 중국 시장에 지속 가능한 경제질서를 부여했다는 점이다. 중국은 2000년대 중반까지 오프라인 영역에서 괄목할 만한 성과를 거뒀고 그것을 유지하는 질서도 갖추는 데 성공했다. 중국은 마찬가지로 오프라인 영역에서도 비슷한 성과를 도출했다. 중국의 플랫폼 강자 기업들은 자칫 방만하고 실속 없이 방치될 뻔한 온라인 세계를 일약 돈벌이 공간으로 탈바꿈시켰다. 그리고 온라인에서 거둔 성공은 오프라인 영역에서도 나타나고 있다. 수많은 오프라인 상점들이 문을 닫는 것은 워낙 온라인 세상에서의 수익성이 높기 때문이다. 중국 소비자들도 오프라인의 번거로움을 피해 나날이 편리해지는 중국 플랫폼 시장에서의 쇼핑에 의존한다.

퍼스널 컴퓨터에서 노트북 컴퓨터로, 노트북 컴퓨터에서 스마트폰으로 이어지는 추세 속에서 몇 번의 터치만으로 제품 구입이 가능해지는 세계가 펼쳐진 것이다. 그러한 간편함을 14억 명에게 제공하는 것 자체가 중국이 자부하는 플랫폼 경제질서의 한 단면이다. 14억 명의 온라인 소비로 주문한 물건과 서비스가 예정된 시간 내에 예외 없이 문 앞에 도착하는 것 자체가 기술이다.

인터넷 플랫폼은 하나의 생태계다. 물건과 서비스가 오고 가고 그 배후에는 자금이 흐른다. 소비자가 제품을 구입하면 그 구입을 실현시키기 위해서는 소비자의 계좌에서 공급자의 계좌로 자금이 흐른다. 현금흐름일 수도 있고 신용일 수도 있다. 신용이 개입되면 플랫폼 공급자 또는 제3의 금융업자가 즉시 대출을 해주고 이자를 챙긴다. 소소한 금액일지라도 14억 명이 애용하는 서비스일 경우 그 규모가 거대해지는 것은 자명하다. 구입한 제품의 주문을 넣기 위해서는 공장이나 창고에 송장(送狀)이 송부되고 주문된 내용에 따른 배송조치가 취해진다. 거대한 물류 창고에서 주문된 물건의 재고를 확인하고 재고가 있으면 이를 가져다 배송절차로 넘긴다. 재고가 없으면 공장에 추가 주문을 넣는다. 이 모든 작용이 온라인 자동화 과정을 통해 이뤄진다. 물건을 만든 기업, 창고, 공장들은 모두 플랫폼 기업과 온라인으로 연계되어 있다. 물건을 수취하는 과정도 물류 로봇이 거대 창고 내에서 자동적으로 수취하여 이를 배송업자에게 전달하는 수준이다. 로봇, 소프트웨어, 알고리즘, 빅데이터, 자동화, 디지털 같은 미래경제 용어들이 플랫폼 경제가 추구하는 세계에 모두 집약되어 있다. 어떤 제품이나 서비스를 위해 발품을 팔아야 했던 소비자는 편안하게 손가락 터치만으로 원하는 소비가 현실화되는 세계의 구현이다.

플랫폼 기업은 온라인 세계의 절대적인 지배자다. 14억 명의 소비자에 대한 정보가 모두 기업의 손아귀 안에 있다. 중국 소비자들이 플랫폼 서비스를 이용하면 이용할수록 소비자 심리와 선호에 대한 윤곽이 데이터로 드러난다. 어떤 물건을 언제 소비하는지, 어느 정도 가격대를 희망하는지 여부 같은 상업적 정보는 사실상 소비자 본인의 프라이버시 영역까지도 노출한다. 개개인의 취향은 물론 생활패턴과 지극히 사적인 영역에 대한 정보도 어떤 물건과 서비스를 소비하는지에 따라 손쉽게 간파할 수 있다. 그리고 시간이 흐르고 데이터가 누적될수록 플랫폼 기업이 누리는 정보 차원에서의 규모의 경제는 다양한 빅데이터 분석을 통해 개개의 소비자들에게 최적화된 서비스를 제공하는 것이 가능해진다. 규모의 경제를 누리는 플랫폼 기업은 서비스 영역을 민간 영역뿐 아니라 공공섹터에도 확대하는 것이 가능해진다. 교통, 의료, 공공서비스의 수금 서비스도 모두 손쉽게 운영이 가능하다. 플랫폼 기업이 정부보다 더욱 강력해지는 것이다.

플랫폼 경제가 중국의 "선 시장 후 정부" 접근의 대상이 되는 것은 당연하다. 이미 플랫폼 기업들은 미국에서도 과도한 정보독점과 프라이버시 침해의 우려로 경계의 대상이 된 지 오래다. 중국 정부가 2020년대 들어 플랫폼 기업들에 대한 규제를 강화한 것은 자연스러운 추세다. 이미 중국의 거대 플랫폼 기업들은 중국 정부 이상으로 개개인에 대한 정보를 축적하였다. 정부가 전 중국인을 대상으로 세금을 걷고 공공서비스를 제공하지만 이러한 경로를 통해 얻는 중국인 개개인에 대한 정보의 영역은 제한적이다. 플랫폼 기업들은 모든 민간서비스를 총망라하고 공공서비스도 대행하기 때문에 이들이 누리는 거대정보와 빅데이터의 규모는 정부를 압도한다. 중국 정부 입장에서는 용납할 수 없는 상황이 전개되고 있는 것이다. 중국 정부가 강력한 공권력을 동원하여 플랫폼 기업들에 대한 통제를 감행하는 배경에는 이들 기업이 보유하는 정보들이 남용될 가능성을 미연에 방지하겠다는 강력한 의지가 서려 있는 것이다.

실제로 중국의 플랫폼 기업들도 독점력을 활용하여 부당경쟁과 담합이 점차 현실로 드러나고 있다. 전국적인 규모로 전 중국 인구를 포괄하는 서비스를 활용해 다른 신규 스타트업의 성장을 억누르고 경쟁업체와 덤핑경쟁에 나서는 사례는 비재하다. 혁신의 상징이었던 플랫폼 기업들이 기득권 세력으로 변신하면서 경제사회 측면에서 영향력을 투사하는 것도 가능해졌다. 이들이 금융 부문과 연계되면서 빅데이터를 활용한 금융서비스 제공은 기존 금융업계의 경쟁력을 압도할 수 있는 잠재력을 충분히 지녔다. 중국 정부로서는 이러한 우려의 현실화와 잠재력을 주시하면서 플랫폼 경제 길들이기에 나선 것은 자칫 타이밍을 놓칠 경우 플랫폼 기업들의 통제가 어려워질 수 있다는 우려도 함께 하는 것이다.

EV(전기차)와
배터리 생태계의 중국화

산업이 가장 잘 발달하는 방법은 끊임없는 시행착오다. 발명왕 에디슨이 대표적이다. 에디슨은 전구 하나를 만들기 위해 필라멘트에 들어가는 금속들의 배합을 수백 가지를 시도한 끝에 가장 최적인 조합을 찾아내는 데 성공했다. 자동차도 마찬가지였다. 칼 벤츠와 고틀리프 다임러 같은 자동차 엔진의 선구자들은 끊임없이 도로에 나가 엔진 시제품을 현장 시험했고 그 과정에서 최적의 내연기관을 도출했다. 19세기 말에 도로 규정이나 안전 규칙은 존재하지 않았다. 창고에서 마음껏 시제품을 만들고 이를 갖고 도로에 나가 시험하는 과정을 되풀이하는 것이었다. 산업혁명을 전후로 인류가 만든 수많은 발명과 혁신은 이렇듯 창의력과 실험정신이 충만한 시대적 분위기와 이를 시도하면서 발생한 사건사고를 감수하는 희생을 거치면서 필요한 기술이 하나씩 축적되었다.

21세기 배터리의 역사는 이러한 시행착오의 과정이 어려운 사회적 분위기 속에서 태동한다. 배터리 원리 자체는 간단하다. 그러나 에디슨의 전구와 마찬가지로 배터리의 구성체를 어떤 화학적 성분으로 배합하고 이것이 실제 현장에서 시험을 거치면서 어떤 결과를 내는지를 확인하는 반복적이고

순환적 시험을 필요로 한다. 그러나 19세기와는 달리 배터리를 장착한 전기 자동차가 한 대라도 폭발사고를 내고 인명의 피해가 발생하면 일순간 모든 시험은 멈춘다. 인명 피해 리스크와 배터리가 가지는 폭발 위험에 대한 측정을 새롭게 해야 한다. 그 과정에서 대외적인 피해보상과 배터리에 대한 부정적 이미지의 확산에도 신속하게 대응해야 한다. 단순히 시험용 도로에서 테스트하는 것만으로는 부족하다. 실제 현장에서 전기차가 어떻게 작동하고 어떤 상황에서 어떤 고장을 일으키는지를 확인하는 과정을 필요로 하는데 이는 상당한 위험 리스크를 안고 있는 것이 사실이다.

중국의 전기차 시장이 연간 3백만 대를 구가하면서 전 세계 시장 점유율 70퍼센트 가까이 차지하는 것은 단순히 중국의 혁신 능력과 규모의 경제 때문만은 아니다. 중국은 20여 년 동안 전기차에 대한 관심을 많이 기울였고 이에 대한 상당한 현장 시험 노하우를 갖췄다. 그리고 2010년대부터 과감한 상용화를 시작하면서 이 과정에서 또 한 번의 시행착오와 노하우를 축적했다. 2020년대부터 본격적으로 중국의 전기차가 도약한 것은 이러한 두 차례에 걸친 노하우 축적 때문에 가능했는데 이는 마치 미국의 자동차왕 헨리 포드가 1910년대 모델-T를 선보이면서 미국산 자동차로 하여금 글로벌 경쟁력을 갖도록 한 것과 비슷하다. 포드도 1910년대까지 축적된 모든 노하우를 기반으로 대량 생산에 나섰던 것처럼 중국의 전기차들도 유사한 수준의 노하우를 갖고 본격적인 전기차 대량생산을 시작했고 성공을 거두고 있다. 그리고 그 배경에는 배터리 산업에 축적한 중국 기업의 기술력이 있다.

중국의 전기차 시장이 누적 천만 대를 넘겼다는 것은 그만큼 많은 양의 배터리에 대한 정보가 축적되고 있음을 뜻한다. 전기차들은 모두 전자적으로 차량 주행에 대한 데이터를 축적하는데 배터리의 수명, 충전 역사, 그리고 전기 용량 같은 정보를 포함한다. 중국 배터리업체들은 이러한 정보를 모두 공유 받음으로써 빅데이터 차원에서의 배터리의 내구성, 폭발위험, 보존 기한, 전기 용량 등을 계속 개선한다. 배터리 기술 자체가 계속 진보하는 중인데 중국으로서는 중국 대륙 전체가 하나의 거대한 배터리 시험장으로 변신함을 뜻한다. 이 과정에서 발생하는 각종 사건사고도 배터리 기술이 끊임없이 발전하게 되는 산고 속의 진보다. 다른 국가들이 선뜻 취하기 어려운 시행착오를 중국은 2010년대 들어 계속 추구하는 과정에서 이미 모든 국가들을 앞서가는 수준에 도달하게 된 것이다. 중국이 이러한 전기차 우세 기조를 계속 이어갈 경우 수년 내 전기차가 갖춰야 하는 모든 기술적 영역에서 여타 다른 국가의 경쟁자들을 앞서는 것은 당연하다. 미국이 모델-T를 필두로 하는 포드를 중심으로 이후 GM과 크라이슬러 같은 차종이 전 세계를 석권한 것도 미국 대륙을 대상으로 수백만 대의 자동차를 판매하는 과정에서 축적한 노하우를 다른 국가들이 따라올 수 없는 수준에 도달했기 때문이다.

반도체가 인공 지능이라면 배터리는 새로운 유형의 동력이다. 지금까지는 석유를 기반으로 모든 동력기관들이 작동했다. 내연기관을 통해 자동차가 만들어진 후 머지않아 항공기가 발명되었다. 선박도 마찬가지였다. 석유를 연료 삼아 모든 자동차, 항공기, 선박이 운용되었다. 그리고 이러한 동력체는 곧바로 군사기술로 발전하였다. 자동차는 탱크로, 항공기는 전투기로, 선박은 군함으로 전환되어 20세기 전장을 새롭게 바꾸었다. 배터리도 마찬가지다. 전기차가 보편화되는 순간 전기모터와 배터리를 근간으로 하는 탱크, 항공기, 전함이 나타나는 수순은 자연스럽다. 21세기 전장은 사실상 전자전인데 이렇게 전기화 되는 모든 전장의 자산들은 전자기와 결합하여 20세기 내연기관 기반 방산장비들을 무력화할 것이다. 굉음을 내면서 날아가는 기존의 전투기는 아무 소음도 내지 않으면서 폭격을 감행할 것이고 탱크 같은 육군장비들도 무음으로 이동을 하면서 파괴력은 배가될 것이다. 반도체와 함께 배터리가 안보 영역에서도 최고의 관심사가 되는 이유도 여기에 있다. 배터리 분야에서 중국이 자국의 전기차 시장을 기반으로 속도를 내는 이유 또한 21세기 군비 경쟁에서 배터리가 새로운 게임체인저가 될 수 있기 때문이다.

배터리를 제대로 만드는가 여부는 어떤 소재를 쓰는지 여부에 달려 있다. 마치 석유가 내연기관의 작동을 책임지는 자원이었던 것처럼 배터리도 배터리를 구성하는 소재들이 석유와 비등한 수준의 중요도를 지니게 되는 것이다. 중국은 이 분야에서 가장 빠르게 움직였다. 중국은 식민지 약탈을 100여 년 가까이 당했다. 그 과정에서 유럽 열강들이 얼마큼 자원 확보를 중시하는지 배웠다. 철광석, 석유, 고무 같은 자원들은 물론 20세기 중후반부터는 우라늄과 희토류 같은 자원까지 총망라하는데 중국은 이 과정에서 기술 혁신을 제대로 상업화하기 위해서는 자원을 사전에 미리 확보해야 함을 터득했다. 배터리는 음극재, 양극재, 전해질 같은 구성요소로 이뤄지는데 이 중 양극재를 구성하는 필수 자원으로 리튬이 가장 중시되기 시작하였다. 석유가 그랬듯이 리튬도 제대로 채굴이 가능한 곳은 전 세계에 많지 않다. 중국은 글로벌 리튬 광산들을 확보하는 데 많은 노력을 기울였다. 그리고 채굴된 리튬을 정제하는 과정은 모두 중국 본토에 집중시킴으로써 리튬의 업스트림과 다운스트림을 최대한 중국의 통제하에 놓았다. 미국이 1950년대부터 석유 부국인 중동 국가들을 미국과 긴밀한 관계하에서 관리하는 것과 유사한 흐름을 중국이 본뜬 것이다.

그럼에도 리튬은 석유와는 다르다. 석유는 1900년대부터 채굴을 시작한 이래 2023년까지도 계속 진행 중이다. 그러나 리튬은 그렇지 않다. 기하급수적으로 증가하는 리튬 수요량에 비해 채굴이 가능한 새로운 리튬 광산은 부족한 실정이다. 석유 자원은 중동 외에도 북해, 러시아, 베네수엘라, 나이지리아, 미국의 셰일 등 계속 개발된 것과 대조된다. 결국 리튬 채굴량이 피크를 찍게 되면 새로운 소재를 개발해야 하는데 이 또한 화학물리학적인 한계에 직면하기 때문에 기존의 리튬을 대체하는 소재 개발은 요원하다. 리튬과 함께 대표적인 배터리 소재 자원인 니켈과 코발트 등은 물리화학적인 구조가 전자기가 계속 방출하고 돌아오는 전력 생성 과정을 거듭함에도 불구하고 그대로 그 틀이 유지가 되지만 기타 금속들은 그렇지 않다. 즉 전력생산을 화학물리학적인 방식이 아닌 완전히 새로운 방식으로 대체하지 않는 이상 리튬 없는 배터리의 발명은 요원하고 결국 전 세계 모든 리튬 채굴이 끝나는 시점이 도래하면 기존의 배터리들을 재활용하는 것이 최적의 방법이라는 논리가 도출된다.

배터리가 어떻게 재활용되는지 여부는 지구의 환경오염 방지와 함께 채굴과 정제 과정에서 소요되는 비용을 아낀다는 측면에서 중요하다. 이 또한 얼마큼 빨리 전기차의 보급이 보편화되고 배터리가 표준화되는지 여부에 달려 있다. 중국은 이 부분에서도 이미 모든 국가들을 멀찌감치 앞서가고 있다. 중국 전역에 이미 보급된 2천만 대에 달하는 전기차에 탑재된 배터리들은 10년 이내에 새롭게 교체가 될 것이고 그 과정에서 중국은 어떤 방식으로 재활용하는 것이 가장 비용 최적화하는지 여부를 계속 시험할 것이다. 그 과정에서 많은 노하우가 축적될 것이고 중국은 그 과정에서 전 세계에서 가장 앞선 배터리 재활용 순환 체계를 갖춘 국가로 도약할 것이다. 리튬에 대한 외부 의존을 최소화하면서 자체 생태계 조성에 성공할 경우 중국은 기후변화와 친환경 분야에서 글로벌 경쟁력을 갖추게 되고 그것이 가져오는 파급효과는 미국과 유럽을 제치는 수준이 될 것이다. 미국이 배터리 분야에서 신속하게 대응하는 것도 이러한 중국의 도약을 민감하게 받아들이기 때문이다.

희토류 쟁탈전

희토류의 어원은 희토류 성분이 처음 판별되었던 18세기 유럽에서는 매우 희귀하게 여겨졌기 때문이었다. 주로 북유럽 스웨덴에서 많이 발견되었는데 예를 들어 스칸듐은 스칸디나비아에서, 이트륨과 터븀은 이들 물질이 발견된 스웨덴의 마을 이름에서, 그리고 홀뮴은 스웨덴의 수도인 스톡홀름에서 유래했다. 화학이 발달한 프랑스에서도 다수가 발견되었는데 파리의 옛 이름인 루테티아에서 기원한 루테튬 같은 희토류가 대표적이다.

희토류는 20세기 중반까지만 해도 효용가치가 크지 않았다. 전자기성, 방사성, 그리고 발광성을 갖추고 있어 호기심의 대상 정도였다. 그러나 과학이 발달하고 전자통신 분야에서 많은 진보가 일어나면서 희토류의 가치는 상승했다. 처음에는 원자력 발전 분야에서 활용되다가 점차 LCD 같은 디스플레이, 레이저 발광장치, 배터리 촉매, 영구자석 같은 첨단 기계와 장치에 필수적인 원자재로 자리매김하였다. 전자기기 산업이 본격적으로 시작한 1980년대부터 희토류의 수요는 급증했다. 그러나 1980년대 당시 희토류의 주된 공급처는 개발도상국이 아닌 화학 강국인 프랑스였다.

화학에 대한 지식만큼이나 희토류의 채광이 활발했던 곳 또한 프랑스였다. 1980년대까지만 해도 프랑스는 자체 광산에서 다양한 종류의 희토류를 채굴했다. 그러나 그 과정이 환경에 미치는 영향은 상당했다. 채광한 원석에서 희토류를 추출하고 정제하기 위해서는 상당한 양의 산(酸) 용매를 가해야 한다. 사실상 원광을 녹이는 과정인데 이 과정에서 불순물을 없애고 극소량의 희토류를 추출하는 과정이다. 희토류 추출에 사용된 산(酸) 용매, 녹여진 원광과 불순물 같은 부산물들은 모두 주변 환경오염의 주범이 된다. 즉 희토류 원석에는 종종 우라늄도 함께 섞여 있는데 이는 방사능 오염까지 초래하기 때문에 광산 주변의 지역사회의 보건과 건강도 위협한다. 1980년대 들어 유럽은 환경오염에 반대하는 시민운동이 크게 일어났는데 이러한 분위기 속에서 희토류 채광은 반환경적인 산업으로 지목을 받았고 프랑스는 엄격한 환경규제하에서 희토류 생산원가는 급증했다.

1980년대 중국의 개혁개방은 프랑스의 희토류 산업의 리쇼어링에 결정적인 영향을 미쳤다. 프랑스는 중국에 희토류 채광 산업을 리쇼어링하고 그 과정에서 채광 및 제련 노하우를 전수하였다. 전 세계 3위의 영토를 지닌 중국 대륙 내에서 희토류 광산을 발견하는 것은 어려운 일이 아니었다. 내몽고를 포함한 다수의 지역에서 희토류 광산들이 확인되었다. 이 지역에서 채굴과 정제작업이 함께 이뤄졌다. 1980년대 중국의 고속 성장 가운데 환경오염은 불가피한 부산물이었다. 희토류 채굴과 정제 작업은 주변 수질과 토양을 오염시켰고 방사능의 피폭도 증가했다. 하지만 환경을 희생하면서 생산된 저가의 희토류는 미국, 유럽, 일본의 다양한 첨단산업에 필수 원료로 공급되면서 기술 진보에 기여하였다. 희토류 채광 산업은 미래산업의 업스트림 분야로 확고하게 자리 잡았다. 중국에서 20년 넘게 발달한 희토류 산업은 2000년대부터 그 누구도 넘볼 수 없는 확고한 경쟁력을 갖추게 되었다.

중국이 대부분 희토류 물질을 공급하고 있는 것은 특기할 사안이다. 이는 희토류 원석이 아니라 정제가 완료되어 주요 공정에 투입되어야 하는 고순도 물질의 공급을 의미한다. 중국은 정제 분야에서도 세계적인 경쟁력과 노하우를 갖췄기 때문에 전 세계 다른 광산에서 채굴된 희토류 원석을 중국으로 옮겨야 비로소 정제된 고순도 물질 추출이 가능한 수준이다. 이는 비단 환경오염 발생의 문제가 아니라 어떤 산(酸) 용매를 어떻게 투입해서 어떤 공정을 거쳐야 하는지에 대한 노하우를 오직 중국만이 보유하는 데 따른 결과다. 희토류 정제 과정은 이론적으로는 간단하지만 이것이 대규모 공정에서 어떻게 운영되는지를 알기 위해서는 중국으로부터 노하우를 전수받던지 아니면 대규모 환경오염을 불사한 몇 년에 걸친 시행착오를 감수해야 하는데 후자는 사실상 불가능하고 전자는 중국이 이미 희토류 관련 기술의 대외 수출에 소극적이기 때문에 불가능에 가깝다.

2020년대 들어 각종 첨단기술이 진보를 거듭하면서 희토류의 가치는 더욱 치솟고 있다. 화면을 더욱 선명하게 만들거나 레이저 빔을 정밀하게 쏘거나, 초소형 전자기기의 미세한 움직임들을 정교하게 제어하기 위해서 희토류는 필수적이다. 그리고 어떤 희토류 물질을 어떤 배합으로 하는지 자체가 비밀이다. 영구자석에 들어가는 네오디뮴을 어떤 배합으로 어떻게 구성하는지는 업자만 아는 영업비밀이다. 마찬가지로 LCD 화면에 들어가는 세륨, 가돌리늄, 그리고 네오디뮴 같은 희토류를 어떻게 배합해야 최적의 화면을 생성하는지 여부도 마찬가지다. 희토류가 가지는 의의는 군사기술에도 마찬가지다. 예를 들어 할리우드의 배우 톰 크루즈가 주연한 영화 "탑건"의 전투기 교전을 통해 유명해진 플레어가 발산하는 강렬한 빛과 열은 이트륨을 주된 원료로 한다. 이렇듯 군사 영역에서 또한 대외적으로 비밀인 수많은 군사 자산과 시스템에는 희토류가 자리 잡고 있는 것이다. 1960년대 들어 중동 국가들이 석유를 무기화하면서 미국과 유럽을 긴장시켰듯이 중국은 미래기술의 첨병인 희토류를 장악하고 있어 미국을 긴장시키는 것은 당연하다.

중국이 전 세계 희토류의 50퍼센트 이상을 공급하지만 상당량은 내수용이다. 중국은 희토류 채굴과 정제과정에서 쌓은 노하우를 통해 희토류에 대한 화학물리학적 이해를 높였다. 그리고 이는 희토류가 투입되는 다양한 산업에 중국의 경쟁력 향상에 기여하고 있다. 더욱이 다른 나라에서 공급받을 필요 없이 자국에서 편리하게 내수용으로 공급받을 수 있다는 점에서 중국은 미래지향적 산업 분야에서 우위를 가진 것은 확실하다. 중국은 2010년 들어서부터 그동안 난립하였던 희토류 채굴과 정제 업체들을 통폐합하여 북방희토와 중국희토라는 두 개의 거대기업으로 통폐합 구조조정을 단행하였다. 그리고 희토류 관련 각종 친환경 규제를 취하면서 무분별한 개발을 통제하기 시작하였다. 중국으로서도 희토류 개발이 초래하는 환경오염은 부담스러운 수준이기 때문에 환경규제는 불가피해진 측면이 크다. 일반적으로 1차 산업이 발달한 국가들은 2차 산업이 상대적으로 덜 발달하는 경향인데 중국은 희토류 채굴과 정제뿐 아니라 희토류가 사용되는 LCD, 영구자석, 레이저 같은 다운스트림 첨단 분야까지 발달시키고 있다는 점은 분명 중국의 경제운영 역량의 전략적 측면을 잘 보여준다.

희토류는 이름과는 달리 전 세계에 많이 분포되어 있는 광물이다. 반면 리튬이나 코발트는 희소광물이라는 이름에서도 알 수 있듯이 전 세계에 분포량이 적다. 중국은 희토류나 희소광물이나 모두 전략자원으로 여기고 일찍이 확보에 나섰다. 19세기와 20세기에 걸친 유럽 열강의 자원 쟁탈전에서 많은 것을 터득한 것이다. 비록 19세기와 20세기에는 미국과 유럽 열강에 뒤졌지만 21세기만큼은 확실하게 대비하겠다는 다짐이 서려 있다. 중국이 확보한 희토류와 희소광물은 상당하고 이는 중국이 미래산업 개발과 발전에 있어 유리한 고지를 확보하였음을 잘 보여준다. 오히려 미국과 유럽 같은 국가들이 이 분야에서는 후발주자로 여겨질 만큼 중국의 경쟁력은 강하다. 중국은 이러한 경쟁력을 알기 때문에 일본과 영토분쟁을 겪은 2012년에 희토류 수출통제를 감행했던 것이다. 그리고 미국과 유럽 등 국가는 중국이 자칫 자원을 무기화할 수 있다는 사실을 알고 희토류 확보전에 나선 것이다.

신에너지
경쟁력 확보

14억 명의 거대인구는 중국 정부로 하여금 많은 과제를 안겨준다. 그중 큰 문제는 에너지 수급이다. 14억 명이 제대로 냉난방을 누리고 전기가 끊기지 않는 것은 현대 생활의 근간이다. 밖이 추울 때 난방이 들고 더울 때는 에어컨이 제대로 가동되도록 전기가 들어오는 것은 정부가 책임져야 하는 가장 근본적인 충족사항이다. 거시적 차원에서 공장이 가동에 필요한 전기가 제대로 들어오고 자동차를 운전하기 위해 필요한 휘발유가 원만하게 공급되는 것도 필수적이다. 단 몇 시간만이라도 에너지 공급이 중단되었을 때 나타나는 파급 효과는 정부의 지지율을 순식간에 폭락시킬 정도다. 중국은 2021년 하반기에 극심한 전력난을 겪었는데 당시 민심의 이완이 상당했다. 중국 정부가 에너지 수급 정책을 보다 안정적으로 관리하도록 한 것은 바로 이렇듯 중국인의 가장 기본적인 요구사항을 제대로 반영하지 못한 데 따른 즉각적인 대응이면서 반성이었다.

중국이 추구하는 에너지 분야의 자립은 중국인 개개인의 실생활 차원도 있지만 지정학적인 측면도 중요하다. 14억 명의 생활을 충당하고 G2 경제에 걸맞은 거대한 규모의 에너지 수요를 충족하는 데 필요한 대외적인 에너지 의존도는 상당하다. 석유와 LNG는 중국 경제를 가동시키는 데 필수적인 에너지원이다. 당연히 원유부국인 중동 국가를 포함하여 여타 석유 생산 국가들로부터 에너지를 수입한다. 중국은 이러한 에너지 수급 경로를 주시한다. 중동으로부터 이어지는 페르시아만, 인도양, 말라카 해협, 남중국해 같은 해양 운송로를 민감하게 취급한다. 이렇듯 수만 킬로미터로 이어지는 노선이 차단당하는 최악의 시나리오를 염두에 둔다. 아주 작은 가능성이지만 만일 그러한 상황이 발생하면 중국의 에너지 수급에 치명적인 영향을 가져오기 때문이다. 특히 제2차 세계대전 기간 중 일본이 미국의 해군으로 인해 해양 운송노선이 봉쇄된 이후 석유공급이 차단되면서 무기력하게 패배한 역사는 중국에게 경각심을 일깨워주는 사례다.

기존의 에너지 의존을 탈피하게 만들 것으로 기대되는 신에너지는 중국에 많은 잠재력을 가져다주는 영역이다. 배터리 산업을 일으켜 세우면서 글로벌 수준의 경쟁력을 지니는 것과 마찬가지로 신에너지 분야에서도 중국은 경쟁국들을 앞서 있다. 배터리 산업처럼 신에너지 분야도 중국 내 규모의 경제를 통해 경쟁력을 제고하고 있다. 에너지 발전 분야는 중국 국유기업들이 도맡고 있기 때문에 신에너지를 활용한 대대적인 발전용량 증설이 가능하다. 풍력이 풍부한 내륙 신장 지역에는 풍력발전소를, 태양이 강한 내몽고 같은 지역에는 태양광발전소를 짓는 것처럼 중국의 광활한 영토에 적합한 지형을 선정하여 발전소를 대대적으로 짓는 방식이다. 이러한 과정을 통해 중국은 20년 넘게 노하우를 축적하고 있다. 규모의 경제에서 오는 원가 절감과 더불어 전력을 생성하는 과정에서 생성되는 각종 데이터는 중국으로 하여금 풍력과 태양광 분야에서 월등한 경쟁력을 갖추도록 하였다.

신에너지 분야는 비단 태양광과 풍력 등의 자연조건을 잘 갖춘 것 이상을 필요로 한다. 석유나 LNG 같은 에너지원이 각광을 받는 이유는 손쉽게 에너지를 뽑아 낼 수 있기 때문이다. 그러나 태양광과 풍력같이 자연에서 발생하는 에너지원들은 에너지를 발생하는 과정에서 수지타산을 맞추기 위해서는 상당한 수준의 기술력과 데이터를 필요로 한다. 태양 에너지를 모아 전기를 만드는 과정에서 태양광 패널의 효율을 계속 올려야 한다. 수십 년의 개발 과정을 거쳐 현존의 태양광 패널은 높은 에너지 효율을 달성하였고 이제는 태양광이 풍부한 지역에서는 화석연료에 버금가는 수준의 발전용량과 원가절감을 달성했다. 중국은 2000년대부터 수십 년에 걸친 시행착오를 거쳤고 그 과정에서 경쟁력을 올렸다. 더욱이 신장 지역은 태양광 패널의 주된 원료인 폴리실리콘 같은 자원을 함께 구비하기 때문에 부존자원 측면에서 상당히 유리했다.

풍력 발전은 자연에서 발생하는 바람의 힘을 활용한다는 측면에서 태양광과 유사하지만 수반되는 기술은 다르다. 풍력 발전에 소요되는 날개는 크면 클수록 효율이 높아진다. 중국은 2000년대부터 풍력이 풍부한 내몽고 같은 지역을 선정하여 시행착오를 거쳤다. 그중에는 풍력 발전소 날개가 가져야 할 가장 최적의 길이, 너비, 단면구조, 무게 등에 대한 데이터가 포함된다. 이러한 정보는 컴퓨터 시뮬레이션만으로는 부족하고 실제 주어진 자연환경에서 현장 검증을 통해서만 확보된다. 중국은 고원, 사막, 해안 등 다양한 환경에서 정보를 축적했고 이제는 세계적인 수준의 경쟁력을 갖추게 되었다. 태양광 패널에서 중시되는 자원이 폴리실리콘인 것처럼 풍력발전에 중시되는 자원은 네오디뮴이다. 풍력이 전기로 전환되는 과정에는 강력한

자석을 필요로 하는데 네오디뮴은 영구자석을 만드는 데 필수적인 자원이다. 중국은 네오디뮴이 풍부하기 때문에 풍력발전에 최적화된 영구자석을 어떻게 만드는지에 대한 노하우도 확보했다.

신에너지는 생성과정이 불규칙적인 점이 문제다. 태양광 발전은 낮에만 가능하다. 구름이 끼고 비가 내리면 가동이 중단된다. 풍력은 바람이 불어야만 가능하다. 바람이 멈추면 가동이 중단된다. 이렇듯 불규칙적인 발전으로 인해 전력을 일정 기간 보관하는 능력이 중시된다. 결국 배터리의 주요성이 신에너지 분야에도 다시 등장한다. 대용량이면서 내구성이 좋은 배터리가 관건이다. 전기차용 배터리의 경우와 마찬가지로 발전소용 배터리도 리튬 같은 자원을 확보하는 것이 필수적이다. 중국은 발전소용 배터리 분야에서도 많은 시행착오를 거쳤다. 그리고 중국이 확보한 배터리용 자원들을 활용하는 이점도 보유하기 때문에 개발 여건이 유리하다.

신에너지는 기후변화 대응에서는 필수불가결한 대체재다. 탄소를 배출하지 않는 태양광과 풍력은 화석연료를 대체하는 데 있어 가장 각광받는 에너지원이다. 중국은 2060년까지 탄소중립을 달성하고 2030년까지 탄소배출 정점을 달성하겠다고 천명한 상태다. 이렇듯 야심 찬 목표를 달성하기 위해 상당한 노력을 기울이고 있고 신에너지 분야에서 달성한 성과는 상당하다. 앞서 언급한 외부로부터의 에너지 의존을 최소화하고 환경오염을 줄인다는 차원 못지않게 기후변화 대응을 위한 세계적인 조류에 편승하는 것도 중요한 이점이다. 다른 국가들도 동일한 도전에 직면해 있기 때문에 중국은 태양광과 풍력발전의 기술을 외국에 수출할 수 있기 때문이다. 실제로 중국의 발전 기술은 이미 중동, 중앙아시아, 아프리카, 중남미 등 곳곳에 진출해 있다. 미국과 유럽 기업들보다 앞선 기술력과 노하우를 바탕으로 수십여 개 국가에 발전소를 건설하였다. 대부분 국가들이 중국처럼 석유에 대한 의존이 높고 어떻게든 청정에너지로의 전환을 희망하는데 중국은 이러한 수요를 충족하는 경쟁력을 갖췄고 수원국(受援國)들은 중국의 진출을 바란다.

신에너지 분야는 채산성을 갖추기까지는 시간이 수십 년 넘게 소요되는 고난도 영역이다. 정부 차원에서 꾸준한 관심과 자원을 투입해야 한다. 더 나아가 공공 부문과 민간 부문이 함께 지속적인 노력을 기울이면서 기술 축적을 해야 한다. 중국은 그러한 노력이 결실을 맺었다. 2020년대부터 대규모 용량의 태양광과 풍력 발전소들을 가동하면서 중국의 에너지 믹스를 보다 친환경적이고 탄소중립적인 방향으로 유도하기 시작했다. 물론 G2 규모의 중국 경제에서 신에너지 분야가 차지하는 비중은 석유, 석탄, LNG보다는 훨씬 떨어진다. 그리고 신에너지 분야가 가지는 변동성과 불가측성은 여전히 불안요소다. 앞서 본 2023년도 정부업무 보고서가 에너지의 효율적인 이용을 강조한 것도 중국 경제가 혁신을 추구하지만 안정성도 중시함을 보여주는 단적인 표현이다. 중국으로서는 이미 규모의 경제를 갖추고 신에너지 경제에 필요한 기술, 노하우, 자원을 모두 구비한 상태다. 전 세계가 본격적으로 신에너지로의 전환을 추구할 때 중국은 가장 선진적이면서도 경쟁력을 갖춘 신에너지 제품과 서비스를 공급하는 시나리오가 이미 현실화되고 있다.

중국식
기후변화 대응

중국이 1980년대 이래 개혁개방을 추진하면서 희생을 한 분야는 환경이었다. 특히 중국의 대기오염은 악명이 높았다. 중국의 모든 도시들이 뿌연 스모그로 한 해 내내 뒤덮여 있었고 지방 농촌도 예외가 아니었다. 그만큼 중국 공업이 무분별한 산업확장을 하면서 환경에 무관심했음을 보여준 결과였다. 대기오염과 마찬가지로 수질오염도 높아졌다. 중국의 연안과 내륙 하천은 오폐수로 뒤덮였고 이는 농업용은 물론 공업용 수자원 확보에도 영향을 미칠 정도였다. 그 밖에 중금속 오염, 소음 오염, 무분별한 벌목에 따른 산림의 황폐화, 토지의 사막화 등은 중국이 직면한 수많은 환경오염의 단적인 예였다.

2013년 이후 북경이 겪은 극심한 대기오염과 스모그는 중국 환경정책의 전환기를 가져왔다. 중국의 수도가 전 세계 최악의 미세먼지 및 스모그에 의해 1년 내내 뒤덮여 있는 상황은 중국의 환경규제에 대한 새로운 관심을 불러일으켰다. 중국 전역을 대상으로 대대적인 친환경 정책이 추구되었는데 이는 특히 제13차 5개년 계획에 강조될 정도로 정책적 호응이 뒤따랐다. 중국의 전 산업 분야에 걸쳐 환경규제가 강화되었고 그 수준은 선진국을 넘어설 정도였다. 공장에서의 오염물질 배출, 오폐수 관리, 차량 배기가스 배출 등 가장 직접적인 오염원이 집중 단속 대상이었고 일부 업체들은 강제로 철거될 정도로 환경규제는 강력하게 집행되었다. 불과 5년 정도 기간이 경과된 이후 중국의 대기오염 및 수질오염의 수준은 놀랄 만큼 개선되었다. 그것은 많은 중국인들의 긍정적인 반향을 불러일으킬 수준이었고 당국에 대한 지지를 높이는 계기가 된 것도 사실이었다. 그러나 또 한편으로는 2010년대 중반부터 중국 기업들은 이미 경쟁력을 상당히 확보하였기 때문에 환경규제에 따른 비용을 부담할 여력이 생겼음도 간과할 수 없다.

중국의 경제성장이 가져온 또 하나의 부작용은 탄소배출이었다. 전 세계에서 석유, LNG, 석탄, 철강 등 주요 탄소 배출원을 가장 많이 방출하는 국가이며 매년 1,500만 대 이상의 차량이 신규 판매되는 자동차 대국이기 때문에 전 세계 기후변화에 중국이 기여하는 부분은 30퍼센트가 넘는다. 중국의 참여 없이는 기후변화에 대한 대응이 불가능하다. 그렇지만 중국으로서는 여전히 경제성장을 추진해야 하는 개발도상국으로서의 입장이 확고했기 때문에 기후변화 동참에는 소극적이었다. 2015년 타결된 기후변화 파리 협정에서도 중국은 개발도상국의 지위를 주장하면서 기후변화에 대해서는 소극적인 입장을 유지하였다. 다른 국가들이 절대적인 탄소 감축량을 약속하는 가운데 중국은 GDP 대비 상대적인 탄소감축 비율을 제시하면서 우회적으로 기후변화 대응에 동참하는 수준에 멈췄다.

중국이 2020년대 들어 기후변화에 적극 동참하기 시작한 것은 2010년대 거둔 친환경 정책의 성공에 기인한 측면이 크다. 시진핑 주석은 2020년 9월

중국이 2060년까지 탄소중립을, 2030년까지 탄소 배출 최고점을 찍을 것이라고 천명했다. 둘 다 매우 야심 찬 발표였다. 글로벌 경제가 기후변화 대응을 하는 경제로 전환하는 시점이었기 때문에 중국이 이 분야에서 선도하겠다는 전략도 배경에 있었다. 각종 신재생 에너지 산업에서 경쟁력을 갖췄고 오염배출 규제 같은 분야에서도 하드웨어와 소프트웨어에서 충분히 글로벌 시장을 주도할 수 있는 실력을 구비했기 때문이었다.

중국이 기후변화 대응에 있어 2020년대 후반부터 강력하게 추진했지만 두 가지 여건이 발목을 잡았다. 하나는 코로나19 상황이었다. 강력한 코로나19 방역조치로 인해 도시 봉쇄가 되풀이되던 시점이었기 때문에 경기가 좋지 않았다. 불경기가 만연화되던 시기에 탄소저감 조치를 취하는 것은 상당한 비용부담이었기 때문에 기업들의 호응을 얻기 어려웠다. 더 나아가 2021년부터 시작된 이상기후는 중국의 전력 발전에 상당한 타격을 안겼다. 장강이 흐르는 중남부의 가뭄은 수력발전 용량을 급격하게 감소시켰고 장강은 물론 남부의 광저우 지역에 밀집되어 있는 기업공단에 대한 전력 수급을 어렵게 만들었다. 중국 당국이 취할 수 있는 방안은 석탄을 활용한 화력발전의 재가동이었다. 중국은 석탄 매장량이 풍부하기 때문에 석탄을 때는 발전소는 단 기간 내 가동시키는 것이 가능했기 때문이었다. 탄소배출을 저감하기 위해 규제를 받았던 석탄이 오히려 재등장하게 된 요인이었다.

기후변화는 제14차 5개년 계획이나 2023년도 정부업무 보고에서도 크게 부각을 받는 분야는 아니다. 중국은 여전히 개발도상국이기 때문에 기후변화 대응에 동참할 여력이 없음을 보이는 대목이다. 2021년에 급격하게 추진된 저탄소 정책이 부작용을 일으킨 데에 대한 반성도 주된 요인 중 하나다. 그러나 더 큰 요인은 미국과의 관계다. 미국은 중국과 협력할 수 있는 대표적인 분야로 기후변화 영역을 꼽는다. 미국이 비록 중국의 부상을 견제하더라도 기후변화는 글로벌 현안인 만큼 중국과 협력해야 한다는 논리를 내세운다. 중국은 이에 반대한다. 기후변화를 초래한 주범인 선진국들이 솔선수범해야 하는 것이 올바른 수순이며 뒤늦게 경제성장을 추진하는 개발도상국가에게 기후변화 대응 책임 부담을 전가하는 것은 불공평하다는 논리다. 더욱이 중국으로서는 중국을 견제하는 미국과 협력하는 이율배반적인 모습을 취할 수 없다는 입장을 견지하고 있다.

그럼에도 중국이 기후변화 대응 노력을 하지 않는 것은 아니다. 중국이 제시하는 인류운명 공동체 같은 논리 배경에는 중국이 국제사회에서 자신에게 주어진 역할을 하겠다는 의지가 서려있기 때문이다. 더 나아가 중국이 경쟁력을 유지하는 신에너지 분야는 대표적인 저탄소 분야다. 중국이 대부분의 화석연료를 외국에 의존하고 있고 이를 줄이려는 노력을 계속하는 이상 신에너지 분야의 확대는 필수불가결하다. 더 나아가 중국의 자동차 시장이 전 세계에서 가장 빠르게 전기차로 전환하고 있는 점도 중국이 자연스럽게 저탄소로 나아가는 경로이기도 하다. 중국은 미국이나 유럽이 제시하는 저탄소 경로와는 다른 경로를 통해 자체 이익을 추구하면서 기후변화를 하겠다는 의지의 관철이다.

국유기업과
중국 경제의 미래

기업은 원래 민간의 영역이다. 17세기 네덜란드의 동인도 회사에서 기원한 데서 볼 수 있듯 기업은 다수의 개인이 자본을 합쳐 법인격체를 구성함으로써 상업과 영리를 추구하는 방식이다. 기업제도는 이후 산업혁명을 거치면서 대대적으로 발전했으며 결국 인수합병 등을 거쳐 거대 독점기업으로 군림하는 단계에까지 이르렀다. 미국의 카네기나 록펠러 같은 기업가들은 미국의 산업화에 기여하였지만 동시에 독점화의 폐단을 가져온 것도 사실이었다. 석유와 철강 같은 기간산업을 좌지우지하는 권력을 쥐게 됨에 따라 국가는 개입하지 않을 수 없었고 반독점이라는 새로운 제도를 통해 거대기업들을 규제하기 시작하였다. 자유시장의 원리에 따라 민간업체로 하여금 마음껏 자유롭게 장사를 하고 영리활동을 하도록 허용하지만 이러한 자유를 억압하는 반시장적인 활동에 대해서는 국가가 나서서 규제하는 방식이다.

금융도 원래 민간의 영역이다. 상업활동이 크게 발달하면 그 이면에는 자금의 융통을 필요로 한다. 물건을 거래하는 과정에서 금융업자들은 현금과 신용 거래를 주선한다. 처음에는 개개인이 금융 서비스를 제공하다가 점차 거대화되면서 은행으로 변천하였다. 개개의 상인들이 기업으로 커지는 과정에서 은행도 함께 커졌다. 유럽의 로쉴드 같은 금융가가 유럽 전체 금융을 좌우하게 되었으며 미국에서는 20세기 들어 카네기와 록펠러의 주도하에 독점자본주의로 흐르면서 금융 부문은 J.P.모건 같은 독점금융으로 이어지는 것도 자연스러운 흐름이었다. 독점금융은 끝없는 영리 추구와 투기의 만연화로 인해 결국 1929년 대공황을 초래하였고 이후 국가가 나서 금융 부문을 통제하기 시작했다. 기업활동과 마찬가지로 금융 분야에서도 원칙적으로는 자유시장에 근거한 자유로운 영업활동을 허용하지만 무분별한 금융활동이 가져올 수 있는 시장붕괴를 막기 위해 국가의 개입과 규제도 당연시되었다.

기업활동과 금융활동이 자유시장 원칙하에서 규제 받는 것과 다른 접근도 있다. 20세기 들어 독점자본주의의 폐단은 사회주의를 태동시켰다. 마르크스와 레닌 등은 유물론적 사관을 주창하면서 자본주의가 독점자본주의로 진행하는 것은 필연이라고 주장하였다. 독점화는 독점이윤으로 이어지고 노동자와 소비자들의 착취로 이어진다는 강력한 논리는 전 세계적으로 호응을 얻었다. 결과는 러시아와 중국의 공산화였다. 이러한 논리하에서는 석유나 철강 같은 기간산업들이 국가의 지배하에 놓이는 것이 당연했다. 독점화의 폐단을 원천적으로 봉쇄하는 것이 주된 목적이다. 사회주의 국가에서는 국가가 솔선수범하여 거대산업들을 육성한다. 국가가 자본을 제공함으로써 에너지와 중공업 분야를 직접 운영한다. 영리 추구가 아닌 국가 차원에서 필요한 물자를 제공한다는 중앙집권적인 통제경제를 의미한다.

중국의 국유기업의 본격적인 태동은 1980년대 개혁개방에서 시작한다. 민간화, 자유화, 개방화 등 친시장 조치들이 전격적으로 취해지면서 중국 경제는 약진하였다. 그 과정에서 중국은 철강부, 석유부, 전력부, 금융부와 같이 국가 차원에서 직접 관리하던 영역을 국유기업으로 전환시켰다. 기업의 원리와 국가의 원리를 혼합시킨 접근방식이었다. 국가가 소유하지만 영업활동은 민간인처럼 영리를 추구하도록 만드는 혼합형 접근 방식이었다. 이들 국유기업은 개혁개방이 본격적으로 진행되고 중국 경제가 고도성장을 구가하면서 함께 성장하였다. 민간 영역에서 끊임없이 에너지와 철강 같은 자원을 요구하였고 국유기업들은 이를 제공하였다. 금융 분야에서도 국유은행들이 민간 영역에서 요구하는 자금의 융통을 제공하였다. 경제성장이 태동하는 시기에는 국유기업의 영역과 민간기업의 영역이 크게 구별되지 않았다. 중국의 경제상황이 워낙 일천했기 때문에 두 영역의 경쟁력에 큰 차이가 없었다. 그러나 시간이 흐르면서 두 영역의 경쟁력의 격차가 점차 벌어지기 시작하는 것은 당연했다.

2020년대 들어 중국의 GDP는 100조 위안에 달했고 그중 국유기업의 영업수익은 60조 위안에 달했다. 국유기업이 중국 경제에서 차지하는 위상의 정도를 말해 준다. 거대한 중국 경제를 운영하는 데 필요한 막대한 자금, 자원, 에너지 등이 국유기업에 의해 조달되고 수요로 한다. 국유기업과 민간기업들이 함께 거래를 한다. 국유 에너지 기업이 국유은행의 금융 서비스를 구입하고 민간 회사가 국유 에너지 회사로부터 전기를 공급받는 등 국유기업과 민간기업들은 함께 국가경제를 운영하는 중요한 주체들이다. 이러한 경제활동은 비단 중국 국내에 머물지 않는다. 중국의 거대 국유기업들은 해외에서도 영업을 활발히 하고 있고 이들이 가지는 경제적인 힘은 "포춘 500"에서 당당하게 상위권에 포진되어 있는 점에서 알 수 있다. 에너지 분야에서 시노펙은 사우디아라비아의 아람코와 미국의 엑슨모빌과 동급이고 중국건설집단과 중국철도공사는 30위권 내에 있을 정도로 그 규모는 전 세계적이다.

중국 경제가 G2 반열에 오르고 초거대 경제권으로 거듭났다는 점에 있어 국유기업이 가지는 함의는 크다. 이미 제14차 5개년 계획이나 2023년도 정부업무보고 등을 계기로 국유기업의 개혁 문제는 본격화되고 있다. 그만큼 국유기업의 뒤처진 경쟁력과 효율성이 중국 경제의 성장을 가로막고 있다는 문제의식이다. 60조 위안에 달하는 경제규모로 커진 만큼 이들 국유기업에 대한 개혁이 제대로 진행될 경우 중국 경제가 거둘 수 있는 성장효과는 막대하다. 그러나 중국 국유기업이 직면한 문제는 구조적이기 때문에 문제 해결이 쉽지 않다. 국가가 소유를 하는 이상 민간 CEO와 주주들이 지향하는 영리 극대화 원리의 도입은 불가능하다. 마찬가지로 민간 영역만이 추구할 수 있는 혁신을 접목하는 것도 사실상 어려운 과제다. 그 가운데 중국의 민간 기업들의 경쟁력은 이미 세계적인 수준에 도달해 있다. 중국 국유기업이 관여하는 에너지, 금융, 중화학, 교육, 보건, 안보 등 제반 분야는 모두 민간 영역과 함께 공존하는 영역이다. 중국의 추가적인 경제성장은 제반 영역에서 서로 보조를 맞춰 성장을 해야 하는데, 특히 선진국가로 도약하기 위해서는 국유기업들의 영역에서의 경쟁력 향상이 급선무다. 자칫 민간 영역의 경쟁력마저 제약하는 요인으로 변질되기 때문이다.

중국 국유기업이 "포춘 500"내에서 30퍼센트 정도를 차지하는 것은 많은 것을 시사한다. "포춘 500"의 강자들은 대부분 월마트, 아마존, 삼성전자, 도요타 같은 민간업체들이지만 중국의 업체들은 그렇지 않다. 인프라, 에너지, 건설, 금융 분야에서 중국 국유기업들이 거두는 영업수익은 글로벌 민간 블루칩 업체들과 버금간다. 그러나 엄연히 국유기업으로서 가지는 혜택을 배경으로 하는 것은 당연하다. 14억 명의 중국 거대 소비시장을 장악하고 국가적 차원에서의 지원을 누리는 국유기업들은 본연의 업무에만 충실해도 글로벌 수준으로 성장하는 것이 가능한 여건이다. 관건은 중국의 국유기업들이 점차 해외로 진출하는 데서 외국 정부와 기업들의 견제다. 글로벌 경제가 여전히 자유시장과 자유무역의 원칙하에서 운영되고 있지만 중국의 거대 국유기업들은 전 세계 인구의 15퍼센트에 해당하는 중국 본토시장을 보유한 가운데 파이낸싱, 정보, 네트워킹 등에 있어 정부 차원에서의 혜택을 누리면서 글로벌 시장에 진출하기 때문이다. 아무리 굴지의 민간기업들이 경쟁력이 뛰어나도 어디까지나 민간 섹터에서나 누리는 경쟁력이다. 공공 섹터의 지원을 받고 글로벌 시장에 진출하는 중국 국유기업과 경쟁하기에는 벅찬 것이 사실이다. 중국 국유기업들에 대해 불공정 경쟁이라는 국제적 비판이 쏟아지고 이를 어떻게 해결할지 여부가 큰 숙제인 점은 틀림없다.

중국 경제의 20퍼센트:
부동산

중국에 천만 명 이상의 도시가 18개 있고 500만 명 이상 인구를 갖춘 도시는 70개가 넘는다. 1980년대부터 개혁개방을 추진한 이래 중국이 추구한 경제성장 정책 중에는 도시화 정책을 빼놓을 수 없다. 5억 명의 잉여 농촌 인구가 대거 도시로 이주하면서 공장이 필요로 하는 노동력을 제공하는 것은 대표적인 경제성장 공식이다. 경공업을 중심으로 하는 노동집약적인 섬유, 의류, 가공 공업이 주도한다. 중국에서는 농민공(農民工)이라는 이름으로 중국 경제성장에 이바지했다. 이들은 박봉의 월급으로 생계를 유지했다. 이들의 가장 큰 꿈은 도시에서의 주택 보유였다.

주택 보유에 대한 갈망은 농민공뿐만이 아니었다. 기존의 도시인들 또한 쾌적하고 현대적인 주택생활을 원했다. 개혁개방을 통해 알게 된 외국의 주택생활은 중국인들의 부동산 개발을 더욱 촉진시켰다. 특히 한국의 서울 같은 대도시에서의 아파트 생활을 목격한 중국인들에게 아파트는 현대적인 주택생활의 기본으로 자리 잡았다. 수십 평 내외의 공간에 각종 가전제품과 가구가 들어서 있고 수도와 전기가 들어오는 생활은 당시 중국인들이 직면했던 전근대적인 주택생활과 확연히 달랐다. 한국의 1980년대 아파트 생활을 비교하면 중국의 주택 여건은 한국의 1960년대에 비견될 만큼 낙후된 수준이었다. 중국이 경제성장을 하는 과정은 중국의 모든 도시들이 일제히 아파트를 짓는 과정과 궤를 같이한다. 한국이 반세기에 걸쳐 끊임없이 아파트 신축과 재건축을 하는 것만큼 중국도 40년 넘게 아파트를 짓고 재건축을 되풀이하는 것이다.

중국의 도시화가 60퍼센트를 달성하였는데 그 과정에서 아파트 건설은 중요한 역할을 하였다. 중국 인구 14억 명 중 8.4억 명에 해당하는 인구가 살 곳을 마련해야 하는 과제다. 그리고 그러한 도시화 인구의 80퍼센트 이상이 아파트에 입주해 있는 상황이기 때문에 약 6억 명에 달하는 인구가 사는 아파트를 마련했음을 의미한다. 중국에서의 아파트는 5층 내외의 보급형 아파트는 물론 수십 층 이상의 고층 아파트를 총망라한다. 소득이 높은 북경, 상하이, 광저우 같은 대도시 거주자들은 소득이 오르면서 보다 현대적인 아파트를 계속 요구하였다. 이들 도시의 1인당 평균 소득이 이미 2만 불 수준이고 인구도 2천만 명을 넘기 때문에 서울만 한 도시 세 곳이 끊임없이 부동산 개발 중인 것으로 여겨야 한다. 1만5천 불대의 소득을 가진 우한, 청두, 충칭 같은 내륙도시들 또한 평균 천만 명 가까운 인구를 보유하고 그 밖의 도시들도 각각의 소득수준에 걸맞은 주택과 아파트를 중심으로 하는 부동산 개발을 계속 추진 중이다.

부동산 경제는 중국 경제의 20퍼센트를 차지한다. 아파트 건설에 필요한 철강, 콘크리트, 시멘트, 각종 기자재 수급은 각종 중공업 발달을 촉발한다. 현장 근로 인력의 수급은 그 자체로도 농민공의 일자리 창출에 기여한다. 거대한 건설 프로젝트에 필요한 자금의 융통은 자연스럽게 전국을 포괄하는 금융의 발달을 가져온다. 거시경제 운영에 있어서 건실한 건설경기는 중국 경제의 총수요를 견인함으로써 경제성장을 유도한다. 민간 부문에서의 주택 및 상업용 건물 외에도 공공 섹터 또한 공공자금을 투입한 아파트와 공공기관용 건물 건설을 추구한다. 1980년대 이래 중국에서의 건축 붐은 실수요가 뒷받침되어 있었기 때문에 실물경제와 금융경제를 모두 견인하는 선순환적 경기성장의 배경으로 작용하였다. 철강, 석유화학, 기계공업 등이 발달하는 것은 당연했고 주택이 필요로 하는 각종 전자제품, 가구, 기자재 등 분야에서의 성장도 촉발하였다. 아파트 빌트인 가전제품 및 가구 등이 보편화되면서 시공회사와 가전회사 및 가구회사 간 대량의 공급계약이 체결되었고 규모의 경제와 안정적인 매출을 확보하는 가운데 중국의 제조업도 동반 성장하였다.

중국의 선순환적 건설경기에 일선 지방정부도 많은 혜택을 받는다. 그러나 일반적인 지방세 같은 세수의 증진을 통한 재원의 확보가 아니다. 지방정부는 공용 토지를 매각하면서 수입을 챙긴다. 부동산 개발업자는 건설경기의 붐 속에서 개발수익이 보장되기 때문에 거액의 토지 매입대금을 지방정부에 납입하고 부동산을 개발하는 과정을 밟는다. 그러나 지방정부가 보유하는 토지도 무한하지 않다. 수십 년의 부동산 개발이 진행되면서 가용토지는 모두 소진되었고 지방정부는 새로운 수입원을 찾아야 하는 과제에 직면하고 있다. 중국의 지방정부도 1980년대 개혁 개방 이후 괄목할 만한 성장을 보인 것은 사실이지만 여전히 낙후된 공공 섹터로서의 문제점을 안고 있다. 그중 지방재정을 확보하는 노력을 게을리한 부분이 크다. 수십 년에 걸쳐 너무 손쉽게 수입을 올린 데 따른 부작용이다.

수십 년에 걸친 부동산 개발은 끊이지 않는 수요를 기반으로 했다. 부동산 개발업자들도 입도선매 방식으로 완공도 되지 않은 공급물량을 미리 매도한다. 부동산 수요가 높기 때문에 가능한 중국식 부동산 개발 방식이다. 개발업자들은 이러한 수요를 기반으로 미리 입주희망자들의 개발 자금을 수급함으로써 파이낸싱을 자체적으로 완료한다. 막상 개발업자들 자신은 자본을 한 푼도 대지 않아도 개발업자로 건설에 나서는 것이다. 그러나 이렇듯 선순환이 유지되던 중국의 건설 붐과 주택의 수요가 정점을 찍었다. 수요를 제대로 예측하지 못한 무분별한 부동산 개발은 고스트 타운을 양산하였다. 중국 전체를 아우르는 초대형 개발업자들은 점차 부실화의 길을 걷기 시작하였다. 그리고 수익성이 없는 개발사업을 중단하면서 아파트를 입도선매한 선의의 피해자들이 대량 발생하기 시작하였다. 엎친 데 덮친 격으로 지방정부 또한 환경규제와 도시 난개발 규제 등을 본격적으로 실시하면서 당초 약속했던 토지 매각을 미루는 것은 물론 부동산 개발에 수반되는 각종 친환경 의무 이행을 강요하기 시작하였다. 예전과 같이 손쉬운 개발에 익숙한 개발업자들이 개발사업을 중도에 포기하는 사태가 촉발된 것이다.

중국 경제의 20퍼센트를 차지하는 부동산 경기와 이에 수반하는 건설 경기에 대해 중국 정부가 가지는 관심은 각별하다. 특히 중국은 1990년대 부동산 버블이 꺼지면서 잃어버린 20년이라는 장기 침체를 겪은 일본과 서브프라임 모기지 사태로 금융위기를 겪은 미국을 타산지석으로 삼기 때문에 더욱 그렇다. 2010년대 들어 부동산 부문이 버블을 초래하는 조짐을 보임과 동시에 부동자산의 과도한 유입이 가시화되면서 각종 규제를 취하기 시작했다. 특히 중국 정부 입장에서는 경제의 원만한 운영과 중국 경제 미래에 필요한 각종 기술혁신과 제조업의 발달에 많은 자금이 유입하지 않고 실질적인 이득이 없는 부동산 분야로 자금이 흘러가는 것을 우려했다. 그러나 수익성이 떨어지는 분야를 피해 수익성이 높은 분야로 자금이 이동하는 "돈의 논리"는 당연했다. 오히려 중국 정부가 취한 각종 규제들은 지방정부, 개발업자, 금융기관의 연쇄 부실화를 초래했다. 에버그란데 같은 중국의 초거대 부동산 개발업체가 부도를 낸 것도 이러한 사태를 보여주는 대표적인 사례다.

그럼에도 부동산 또한 상당한 수준으로 성장한 중국 경제의 중요한 경제적 배경으로 인정하는 입장으로 선회하고 있다. 제14차 5개년 계획은 물론 2023년도 정부업무보고 등 주요 정책을 통해 드러난 중국의 부동산 정책은 상당 부분 도시화 정책, 금융정책, 지방정부의 재정 확충 정책에서 큰 비중을 차지한다. 그리고 새로운 부동산 정책방향은 중국 경제의 새로운 양상과 함께 고도성장을 멈춘 5퍼센트 미만의 중장기적인 성장기조를 고려한다. 주택은 중국이 추구하는 건실한 소강사회의 실질적인 구현이다. 정치적인 수사와 관계없이 각각의 중국인들이 생활하는 거주공간은 중국인이 느끼는 소득수준의 자화상이며 더 크게 확대하면 중국의 실질적인 경제수준을 반영한다. 그리고 과열된 부동산 경기와 버블이 수많은 국가 경제의 폭락을 가져온 주범임을 중국 당국도 잘 이해한다. 안정적인 경제 운영에 부동산이 차지하는 비중이 더욱 커지는 것은 당연하다.

고속철도의
질주와 파급 효과

중국 사회에서 철도가 가지는 의미는 매우 크다. 역사적으로 철도는 중국의 대표적인 이동 수단이었다. 예를 들어 중국 북단에 위치한 중국의 수도 북경과 중국 최남단에 위치한 광저우는 2천km 떨어져 있다. 일반 철도로 이동 시간은 40시간인데 나머지 대부분 도시 간 이동 시간은 모두 40시간 내에 가능하다는 뜻이다. 중국이 1980년대 들어 개혁개방을 추진하기 전까지 철도가 가지는 위상은 절대적이었다. 개혁개방 이후에도 자가용 보유와 함께 고속버스 및 고속도로가 보편화되기 전까지는 철도가 여전히 교통수단의 근간을 차지했다. 중국의 대표적인 명절인 춘절(구정)이나 중추절(추석) 기간 중 10억 명에 달하는 인구가 철도를 타고 귀향하는 모습은 중국사회에서 철도가 차지하는 위상을 단적으로 보여준다.

철도문화가 보편화된 중국이 일반철도를 넘어 고속철도에 관심을 갖는 것은 당연했다. 아울러 중국의 국토가 장방형의 형태인 점이 크게 작용했다. 프랑스에 잘 발달된 TGV는 프랑스 국토의 형태와 무관하지 않다. 항공기로 취항하기에는 다소 짧은 거리에 주요 도시들이 촘촘하게 모여 있고 평원이 잘 발달된 지형이라는 점은 프랑스가 고속철도를 발전시킨 배경이었다.

중국 또한 중원, 한중, 사천성 지역에 평원이 잘 발달되어 있고 수많은 도시들이 연결되어 있다는 점에서 고속철도가 가지는 잠재력은 상당했다. 일반철도가 시속 50km 내외로 오고 가던 구간을 시속 3백km대로 올릴 경우 교통효율이 6배 이상 오르고 그만큼 경제성장에 기여한다는 계산은 명확했다. 40시간 걸리던 북경과 광저우 간 이동 시간이 8시간 정도로 줄어드는 것을 의미했다. 일본은 이미 신칸센을 운영한 지 반세기가 넘었고 한국 또한 1990년대 들어 KTX를 성공적으로 도입한 것 또한 중국에 대한 자극이었다.

고속철도에 대한 연구와 함께 건설이 본격화된 2000년대 들어 고속철도가 가지는 매력은 수요진작과 함께 중국 거시경제를 끌어올리는 주요한 부분인 점도 작용했다. 철도건설은 어느 국가이건 기간산업으로서 경제에 미치는 영향이 컸다. 산업혁명 시대에 철도건설이 철강산업의 발달을 촉진했으며 노동시장에서의 일자리 창출도 상당했다. 중국 경제에서의 고속철도 건설도 마찬가지였다. 전국을 가로지르는 고속철도 철로의 구간은 4만km에 달했고 이에 수반되는 철강 수요는 중국 철강산업을 견인하는 데 큰 영향을 미쳤다. 일반 철도와는 다르게 전자적으로 제어되어야 하는 각종 기자재와 시스템들은 중국의 정보통신 사업 발달에도 기여하였다. 일자리 창출과 함께 전반적인 총수요 진작은 중국으로 하여금 2000년대 고성장을 구가하도록 만든 요인 중 하나였다.

중국에서 고속철도가 가지는 위상은 상징적인 측면도 매우 크다. 현대사회에 들어 고속철도의 보유는 현대화를 달성한 국가의 좋은 상징매개체로서 많은 역할을 맡는다. 후지산을 배경으로 총알같이 지나가는 일본의 신칸

센은 일본이 당당하게 현대화 반열에 오른 국가임을 보여주는 대표적인 상징물이다. 마찬가지로 프랑스의 평화로운 농촌을 배경으로 쏜살같이 질주하는 TGV 또한 선진국으로서의 위상을 잘 보여준다. 중국에서도 마찬가지다. 자국 기술로 완료한 중국 고속철도인 까오티에(高鐵)는 모든 국가 홍보 영상물에 빠지지 않고 등장하는 단골 매개체이고 그 효과는 상당하다. 그동안 외국의 기술에 의존해 오던 중국이 이제는 현대화의 대표적인 기술집약체인 고속철도를 자체 생산하는 점은 중국인의 자부심을 올려주기에 부족함이 없다. 더욱이 명절 때 길게는 며칠에 걸쳐 이동해야 했던 귀향길을 단 몇 시간 이내에 주파하는 기술력은 까오티에가 중국인 일상생활의 일부분으로 자리 잡았다는 점에서도 그 의의가 있는 것이다.

중국의 고속철도가 중국인들의 단합에 기여하는 측면도 무시 못 한다. 미국 역사에서 동부와 서부가 철도로 연결된 1869년은 그 의미가 크다. 육로로 수십 일에 걸쳐 이동해야 했던 뉴욕과 샌프란시스코 구간이 철로를 통해 며칠 상관으로 줄었기 때문이었다. 그러나 더욱 중요한 의미는 미국의 실질적인 중심부인 동부연안이 서부의 새로운 개척 영토에 대한 통제를 더욱 확고히 하고 계속적으로 동부의 잉여 인구를 서부로 보내는 통로가 마련되었다는 점에 있다. 대륙횡단 철도가 완성된 이후 수많은 미국의 동부 인구가 서부로 이주했고 서부를 발전시키는 데 기여했다. 중국의 고속철도도 마찬가지 역할을 자임하고 있다. 중국이 신장 위구르 지역으로 고속철도를 확대한 이유는 신장 위구르 지역에 대한 중국인의 이주를 보다 편리하게 만드는 동시에 북경으로부터 2,500km나 떨어져 있는 신장 위구르에 대한 경제 성장을 추구하겠다는 의지가 서려 있다. 사막과 가파른 산맥을 뚫고 건설해

낸 북경-신장 고속철도는 중국이 가지는 기술력이 얼마큼 대단하며 장거리 철로 또한 부설할 수 있다는 능력을 과시한다는 측면에서 고속철도가 표출하는 지정학적 의의 또한 상당하다.

2020년대 들어 중국은 고속철도 사용이 보편화되는 과정 속에서 점차 글로벌 차원에서의 경쟁력을 지니게 되었다. 4만km에 달하는 고속철도 구간은 전 세계 고속철도 구간의 70퍼센트를 차지하는 절대적인 비중을 차지한다. 그와 함께 누적되는 운영시간과 각종 시행착오는 모두 데이터로 축적되면서 노하우를 보다 심화시키고 있다. 중국의 거대한 국토를 배경으로 험준한 산맥에 터널을 뚫고, 사막을 가로지르는 구간을 관리하고, 수많은 강줄기를 건너는 교량을 건설하는 과정에서 각종 토목과 엔지니어 분야에서의 기술력을 축적하게 되었다. 이 모든 경쟁력은 중국으로 하여금 고속철도 기술의 세계화를 촉진시키고 있다. 개발도상국들은 중국이 거둔 고속철도의 성공을 눈여겨보고 있다. 시속 3백km의 속도는 교통효율을 획기적으로 증대시키는 한편 고속철도 건설 자체가 가져오는 경제성장 효과도 상당하기 때문이다. 중국은 이미 규모의 경제를 달성했고 경쟁력 있는 비용을 제시하는 것은 물론 운영 노하우가 축적되어 있기 때문에 다른 국가들이 중국과 경쟁하는 것은 점차 어려워지고 있는 것이 사실이다. 인도네시아 같은 국가는 이미 인도네시아의 경부선이라고 불리는 자카르타-반둥 구간을 중국 고속철도에게 맡김으로써 중국 고속철의 글로벌 진출은 본격화되고 있다.

중국의 고속철도는 중국의 대표적인 성공사례로 꼽힌다. 고속철로가 중국 전역을 바둑판처럼 오고 가는 것은 중국의 대부분 지역이 1일 생활권으로 묶였음을 뜻한다. 그리고 이를 통해 교통 효율이 상승했고 그만큼 인적 교류를 통한 비즈니스 활성화에 대한 기여도 상당하다. 앞으로 고속철도를 계속 건설하는 국내 수요는 많지 않다. 중국으로서는 새로운 시장을 해외에 개척하는 방향으로 선회하는 것은 당연한 수순이고 이에 대한 많은 개발도 상국들의 반응도 호의적이다. 고속철도 운영이 가져오는 각종 노하우의 축적, 철도노선 건설에서 확보된 다양한 기술력, 그리고 이에 수반되는 파이낸 싱 등 경쟁력은 중국으로 하여금 고속철도 인프라 분야에서 두각을 내도록 하는 요소로 작용할 것은 분명하다.

위안화 세계화가
가지는 함의

무역량이 많은 국가에 대한 화폐의 요구가 커지는 것은 자연스럽다. 왜냐하면 그만큼 그 나라에서 만드는 다양한 물품을 구입할 수 있기 때문이다. 반면에 물건을 못 만드는 국가의 화폐는 수요가 떨어진다. 왜냐하면 화폐를 보유하고 있어도 살 만한 물건이 없기 때문이다. 일찍이 대영제국의 파운드화가 전 세계 본원통화로서 기능한 것도 대영제국이 무역대국이었으며 전 세계를 포괄하는 식민지를 구축했기 때문이었다. 파운드화를 갖고 있으면 영국 본토는 물론 인도, 호주, 남아프리카공화국, 캐나다 같은 국가에서 손쉽게 물건을 구입할 수 있었고 신용 거래가 가능했다. 다른 국가들도 파운드화를 원했다. 영국이 제공하는 다양한 물건을 구입하는 것뿐만 아니라 영국이 마련해 놓은 각종 서비스와 교통 및 운수 등을 이용할 수 있었기 때문이었다. 영국이 산업혁명을 통해 제조업을 육성하였고 그 과정에서 국제금융이 발달하면서 파운드화가 가지는 지명도는 계속 증가했다. 전 세계 어디에서든 파운드화를 갖고 그 나라 통화로 바꿀 수 있는 위상을 자랑했다.

제2차 세계대전 이후 달러화가 파운드화의 지위를 넘겨받는 것은 당연했다. 당시 미국은 전 세계 50퍼센트 이상의 생산량을 자랑했고 유일하게 전쟁의 참화를 피했던 국가였다. 모든 생산시설들이 고스란히 남아 있었고 이를 기반으로 막대한 물량의 공산품을 생산해서 전 세계에 공급했다. 전 세계는 미국이 만든 제품들을 소비했고 달러화로 거래했다. 미국이 창설한 글로벌 규범 기반 무역질서는 자유무역을 근간으로 하면서 달러화로 거래되도록 만든 시스템이었고 미국은 그 정점에서 패권국가로서 세계경제를 좌지우지했다. 세계경제는 지속적으로 성장했고 미국을 중심으로 하는 달러결제 시스템은 그 성공을 뒷받침하였다. 미국 경제가 80년 넘게 건실하게 성장기조를 유지하면서 혁신을 계속한 점을 전 세계가 신뢰했고 이 신뢰의 결과는 달러의 기축통화로서의 군림이었다.

2010년대부터 중국의 경제적 부상은 글로벌 경제체계에 새로운 문제의식을 던졌다. 더욱이 미국이 차지하는 무역비중이 계속 감소하는 반면 중국이 차지하는 비중은 계속 증가하면서 중국의 화폐인 위안화에 대한 취급이 관건이었다. 분명 중국은 세계의 공장으로 부상하면서 100여 개 가까운 무역대상국가들의 제1 무역 파트너로서의 위상을 갖게 되었다. 중국이 생산하는 공산품은 1차 산업, 경공업, 중화학공업, 전자통신산업, 그리고 서비스업 등 모든 분야를 총망라한다. 위안화를 갖고 있으면 중국이 만드는 모든 제품들을 구입하는 힘을 갖게 됨을 뜻한다. 6조 위안에 달하는 중국의 무역량은 여전히 글로벌 본원 통화인 달러화로 결제되지만 이렇듯 중국과 거래를 하는 많은 국가들은 제3국 통화인 달러를 쓰지 않고 위안화를 거래 매개체로 활용하려는 유혹이 생긴다. 왜냐하면 달러를 쓰면 환율변동 때문에 발생하는 환리스크를 줄일 수 있기 때문이다.

위안화의 국제화에는 많은 조건이 뒤따른다. 영국이나 미국이 기축통화 국가로서 자리매김을 하는 과정에는 글로벌 패권 국가라는 지위를 함께 지 녔다. 개방된 무역과 금융이 필수적이다. 국내경제에만 몰두하면 안 되고 국 제경제를 함께 감안해야 한다. 기축통화가 다른 국가들 사이에서도 융통될 수 있도록 무역적자를 조성해야 한다. 그래야 기축통화가 국제자금 흐름에 충분히 공급되면서 유동성을 충족하기 때문이다. 즉 공공재를 제공해야 하 는 의무가 뒤따르는데 중국은 이러한 역할을 감당할 정도의 역량을 갖추지 는 못했다. 여전히 달러 주도의 국제통화체제를 준수하기를 희망하는 것도 이렇듯 중국 자체가 기축통화 운영이라는 막중한 임무를 맡는 데 필요한 노 하우나 국력을 갖추지 못한 데 기인한다. 중국의 자본시장은 여전히 폐쇄적 이며 주요 금융 분야 대부분은 국유은행과 금융기관들이 운영하고 있다. 이 러한 화폐금융 체계하에서 위안화의 세계화는 제한이 따른다.

그럼에도 중국은 무역상거래를 활용한 실질적 위안화 세계화를 다지는 중이다. 중국과 거래가 밀접한 국가들을 대상으로 위안화를 사용한 거래를 활성화시키고 있다. 중국과 국경이 접하는 중앙아시아 국가들이나 아프리 카와 중남미 등 국가들은 위안화 활용에 대해 긍정적이다. 달러화를 사용하 는 데 결부되는 환 위험을 사전에 없애는 이득과 함께 중국과 위안화 거래 를 할 경우 중국이 생산하는 다양한 물건을 바로 사고 중국 정부가 반대급 부로 제공하는 각종 혜택도 누릴 수 있기 때문이다. 제한된 거래이기는 하 지만 점차 중국과의 교역이 보다 증가될 경우 위안화를 통한 결재액은 더욱 커질 것이고 이는 위안화 세계화의 하나의 방편이다.

또 하나의 요인은 미국이 달러를 사용한 경제제재 사례의 증가추세다. 이미 러시아와 이란 같은 국가들이 미국의 달러화 사용 제한 대상국이다. 이 과정에서 미국과 친하지 않은 국가들의 경우 미국의 달러화 제재에 대한 대안을 찾기 시작했고 이는 중립적인 국가들도 마찬가지다. 2023년 들어 중국이 사우디아라비아와 원유 거래를 일부 위안화로 하기로 합의한 것이나 러시아와의 대금 결제도 미국의 제재를 피해 위안화로 정산하는 것도 동일한 맥락이다.

제6장

중국의 대외
경제 관계

중미 경제 관계:
21세기 세계경제의 구심점

　미국은 중국의 대외 경제 파트너로서 가장 중요한 국가다. 모든 나라들이 그렇듯 중국도 1980년대 개혁개방 정책을 추구하는 과정에서 미국에 수출하는 것을 기반으로 경제 성장을 추진했다. 미국에 저가의 "메이드 인 차이나" 상품을 수출함으로써 달러화를 벌어들이고 이를 기반으로 경제에 필요한 인프라와 소득 증진을 추구했다. 그것은 글로벌 경제를 이해하는 과정이기도 했다. 경제 패권을 쥐고 있는 미국의 선진 시스템을 하나씩 터득하면서 중국은 경제적 역량을 차곡차곡 쌓았다. 미국 소비자의 구미에 맞는 제품을 생산하면서 글로벌 소비자의 취향을 이해했다. 어떤 물건이건 주문만 받으면 값싸게 대량으로 만드는 실력만큼은 중국을 따라올 국가가 없었다. 미국은 이렇듯 미국인 취향에 맞게 저가 제품을 만드는 중국에 열광했다. 미국의 소비자 물가지수가 떨어지면서 불과 몇 달러만으로 웬만한 소비재를 구입할 수 있게 된 것은 순전히 중국 덕택이었다. 미국 빈곤층의 가처분 소득이 증가하면서 그만큼 미국 사회가 안정을 되찾은 것도 미국에게는 큰 실리였다. 물론 그 과정에서 중국도 경제성장이 급발진하는 혜택을 입은 것도 사실이었다.

미국과 중국의 상호보완성은 여러 곳에서 나타났다. 가장 큰 부분은 오 프쇼어링 부분이다. 1980년대 들어 미국은 더 이상 제조업 분야에서 경쟁 력을 잃었다. 임금 인상이 상당했으며 그 과정에서 강성노조는 임금 타협을 더욱 어렵게 만들었다. 이렇듯 미국 기업들로서는 미국 내 제조업 생산에 어려움을 겪고 있었는데 중국의 개혁개방은 좋은 기회였다. 수많은 미국 기 업들이 중국에 투자하고 중국에 공장을 지었다. 미국 제조업의 공동화(空洞 化)는 이 시기부터 시작하였다. 하지만 미국은 경쟁력을 잃은 제조업을 뒤로 하고 서비스업으로 전환하면서 지식경제와 정보통신 경제로 도약했다. 중 국 입장에서는 개혁개방을 통해 경제를 발전시켜야 했었는데 때마침 미국 기업의 중국 진출은 천우의 기회였다. 미국 입장에서는 "한물간" 기술이었 지만 경제 최강국인 미국 기업의 생산 노하우였기 때문에 중국으로서는 탄 탄한 기술력과 생산기법을 배울 수 있었던 것이다.

중국이 미국 기업에 주는 매력은 시장이다. 미국은 100여 년 넘는 중국 시장 진출 역사를 가진다. 아편 전쟁 이후 중국 시장이 개방되었을 당시에 도 미국의 초기 무역상들은 중국에 진출해서 거금을 손에 쥐었다. 루스벨트 를 배출한 델라노어 또는 포브스가 미국의 경제 명문가로 도약한 배경에는 당시 중국이었던 청나라와의 거래와 교역을 통해 벌어들인 막대한 수익이 그 기반이었다. 이러한 역사적 배경하에 미국 기업들이 다시금 중국 시장 을 목표로 하여 중국에 공장을 짓는 것은 당연했다. 중국 시장은 미국의 각 종 소비재들이 진출한 14억 명에 달하는 거대시장이었고 이 또한 수많은 미 국 기업들의 수익과 기업 규모를 도약시키는 배경이었다. 중국 입장에서는 자국 시장이 사실상 미국 기업에 의해 석권당하는 것을 관망할 수밖에 없었다. 하지만 중국 또한 그 과정에서 미국 제품들의 경쟁력을 이해했고 중국 내 생산되는 미국 공장들의 시설과 생산 노하우를 눈여겨봤다. 중국인 내면 심리에는 비록 지금은 시장을 내주지만 언젠가는 다시금 찾아오겠다는 다짐도 서려 있었던 것이 사실이다.

중국 경제가 빨리 성장하면 성장할수록 보다 선진적인 기업들이 진출했다. 처음에는 경공업 위주로 중국에 진출했지만 중국의 가처분 소득이 증가하면서 중공업 기업들의 진출도 활발해졌다. 자동차나 석유화학 분야 기업들이 중국에 공장을 짓고 중국 시장을 공략했다. 그다음에는 정보통신 기업이었다. 마이크로소프트 같은 기업들은 2000년대부터 중국 시장에 본격적으로 진출했다. 그다음인 2010년대부터는 구글과 아마존 같은 플랫폼 기업이었다. 중국은 매번 미국 기업들에게 중국 시장을 내주는 것을 되풀이했지만 산업 사다리를 한 단계씩 올랐다. 미국의 중공업 기업 진출이 본격화되던 시점에 중국은 경공업을 석권했다. 미국은 중공업 분야에서 막대한 이득을 거두고 있었기 때문에 경공업 같은 박리다매 분야에는 별 관심이 없었다. 중국이 중공업 분야에서 두각을 내기 시작할 때 미국은 이미 다음 산업 단계인 정보통신 분야로 옮겼기 때문에 중국의 도약은 관심 밖이었다.

그러나 그 과정에서 미국은 제조업을 중국에 완전히 내주는 결과를 초래하였다. 미국 기업들이 오프쇼어링을 통해 중국에 공장을 지었지만 이외에도 중국 기업들도 자체적으로 제조업을 육성하고 저가의 제품을 미국에 수출하면서 미국에 남아 있던 제조업 기반은 붕괴하였다. 미국의 제조업 벨트인 디트로이트나 피츠버그 같은 도시들이 공동화(空洞化)되는 사태에 직면하게 되었다. 정보통신 분야도 마찬가지였다. 중국이 미국의 생산기법과 노하우를 터득하는 저력은 상당하였다. 미국이 내세우는 구글, 페이스북, 아마존 같은 기업을 중국도 자체적으로 육성하였다. 알리바바, 바이두, 텐센트 등은 경영기법이나 노하우가 미국에 필적할 수준이다. 14억 명을 기반으로 하기 때문에 규모의 경제를 갖췄고 무엇보다 빅데이터를 축적하면서 미국 인구 3억 명을 압도하는 규모로 경쟁력을 키울 수 있었던 것이었다.

중국이 미국의 기술력과 노하우를 터득하는 과정에는 언제나 인력의 이동이 있었다. 미국 공장에서 일하던 중국인이 공정을 이해한 다음 자신도 공장을 차려서 물건을 만든다. 처음에는 조악한 수준의 불량제품에 불과하지만 시행착오를 거치면서 품질을 향상시킨다. 중국 시장이 워낙 거대하기 때문에 이곳저곳 옮기면서 상당 기간을 버티는 것이 가능하다. 그 과정에서 품질을 향상하는 기업은 성장을 하고 그렇지 않은 기업은 도태된다. 경공업과 중공업은 물론 정보통신업도 마찬가지다. 특히 정보통신업의 경우 단순한 눈썰미만으로 이해하기 어렵지만 중국인들의 교육열은 실리콘 밸리에도 수많은 유학생들을 보내 이들로 하여금 선진 정보통신 기술과 플랫폼 경제의 노하우를 터득하게 하였다. 미국에서 교육을 받은 중국 우수학생들은 월등한 실력을 갖추고 미국 기업에서 일을 한 다음 중국으로 돌아와 창업을 한다. 중국이 미국에 버금가는 정보통신업과 플랫폼 경제를 구축한 배경에는 그들 자체가 사실상 미국의 교육과 산업체계가 조련한 인력이기 때문에 우수한 측면도 있는 것이다.

중국이 미국 경제가 누리는 지위를 지향하는 것은 자연스럽다. 역사적으로 중국은 수차례에 걸쳐 전 세계 최강국으로 자리매김하였다. 인구는 언제나 독보적인 1등을 유지하였고, 기술력도 19세기 전까지는 언제나 글로벌 강국이었다. 현대에 들어서 1980년대 이후 개혁개방을 추구하는 과정에서 중국은 경공업, 중공업, 정보통신산업, 제4차 산업혁명의 단계를 40년 만에 주파하였는데 이 또한 중국이 일반적으로 뒤떨어진 개발도상국이 아닌 세계 역사적인 트렌드 하에서의 저력을 가진 국가임을 보여주는 대목이다.

중국과 미국의 경제 관계는 더 이상 경제 하나만으로 규율 되지 않는다. 단순히 경쟁력과 효율만 앞세우는 관계였다면 중국과 미국이 전 세계를 반씩 차지하는 구도가 된다. 미국이 기술력과 혁신을 앞세우는 머리 역할을 하고 중국은 이를 가져다 가장 효율적으로 생산하는 손의 역할을 맡는 것이다. 세계 경제 차원에서는 이보다 더 좋은 관계는 없다. 혁신적인 제품을 가장 저렴하게 생산하는 구도이기 때문이다. 그러나 실상은 그렇지 않다. 중국이 제조 강국으로 자리 잡고 각종 하드웨어를 장악했을 때 초래되는 문제점을 미국은 절감하지 않을 수 없다. 미국 내 자리 잡은 "메이드 인 차이나" 제품들은 미국의 중산층 이하 소비자들의 가처분 소득을 유지하고 유복한 생활을 유지하게 만드는 비결이다. 중공업 분야에서 생산되는 중국산 철강 및 석유화학 제품들은 전 세계 제품들의 중간재로 자리매김한 지 오래다. 코로나 사태 때 중국산 마스크, 산소 호흡기, 해열제에 상당 부분 의지해야 했던 미국은 중국에 대한 의존과 취약성을 절감하지 않을 수 없었다. 그러나 미국으로서는 필수적으로 여기는 방산 물자들조차 "메이드 인 차이나"에 의존하게 된다는 시점부터는 안보에 대한 경각심이 생기는 것은 당연하다.

중국이 제조업 분야의 최강자로 군림한 이상 그다음 단계로 혁신과 개발을 맡는 "머리" 역할에 관심을 갖는 것은 당연한 진행이다. 그러나 중국은 미국이나 유럽처럼 혁신과 서비스업으로의 발전을 단행하면서 제조업을 다른 나라에 오프쇼어링 하는 유인이 적다는 것이 관건이다. 미국은 1980년대 이후 중국이라는 개발도상국이 개혁개방을 추진함에 따라 수억 명에 달하는 저임금 노동력을 노리고 중국에 공장을 지었다. 유럽도 마찬가지였다. 그러나 현대 중국은 자국의 거대한 제조업 기반을 옮길 만한 대상 국가가 없다. 중국 자체가 제조업에 최적화되어 있기 때문이다. 만일 중국이 혁신경제로 자리매김하는 데 성공한다면 중국은 명실공히 혁신과 제조업을 모두 갖춘 최강의 양수겸장 경제강국 반열로 올라선다. 제조업 기반이 오프쇼어링으로 인해 취약해진 미국으로서는 이렇듯 머리와 손을 모두 갖춘 중국에 비해 경쟁력이 떨어지는 것은 당연한 귀결이다.

2010년대까지만 해도 "치메리카(Chimerica)"라는 명명하에 중국과 미국이 글로벌 차원에서의 거대한 분업 체계를 마련함으로써 쌍두마차와 같이 세계 경제를 이끌었다. 그러나 2020년대부터 본격화된 중국과 미국의 긴장관계는 더 이상 치메리카가 불가능함을 보여줬다. 중국과 미국의 경제적 연계를 자르고 각자도생하겠다는 "디커플링" 기조가 현실화되고 있다. 경제적 차원에서 이렇듯 두 개의 거대 경제가 서로 다른 체제를 구축하겠다는 것은 그만큼 자원의 낭비가 커짐을 뜻한다. 치메리카 자체가 가능했던 이유가 가장 효율적인 자원의 배분이었다. 자유시장과 자유무역 체계하에서 중국인과 미국인은 가장 돈을 잘 버는 방식을 채택하였기 때문이다. 만일 두 경제가 분리되면 지금까지 공유해 왔던 수많은 시스템, 하드웨어, 소프트웨어를 각각 따로 만들고 따로 쓰도록 개편해야 한다. 그리고 각각 자신들이 못 만들었던 모든 시스템, 하드웨어, 소프트웨어를 스스로 조달해야 한다.

디커플링의 우려를 앞두고 중국이 직면한 가장 시급한 과제는 혁신이다. 중국이 내세우는 신(新)발전의 첫 과제가 "혁신"이라는 점은 중국이 가지는 문제의식을 잘 보여준다. 미국이 더 이상 자국의 혁신적인 아이디어와 노하우를 중국과 공유하는 것을 꺼리면서 중국은 자체적으로 아이디어를 생성해야 하는 과제에 직면하였다. 교육체제를 재편하고 연구개발비를 늘리는 것 같은 대증요법 이상을 요구한다. 미국이 여전히 전 세계에서 가장 혁신적인 국가로 있는 이상 중국으로서는 미국을 벤치마킹하거나 자체적인 혁신 역량을 제고해야만 한다. 모든 혁신의 배경에는 자유로운 실험정신과 의사교류, 그리고 실패와 리스크에 대한 관용이 있다. 중국 경제가 어떤 시스템을 마련하더라도 이러한 자율의 근간을 마련해야 하는 과제를 안고 있는 것이다.

중일 경제 관계:
동북아 경제지형 향방의 가늠자

중국과 일본의 경제 관계는 미국과 유럽을 많이 따라 했다. 19세기에 산업화를 성공한 일본은 이미 1900년대 초반부터 중국의 거대시장을 공략하였다. 영국과 프랑스 같은 유럽 열강이 중국을 개방하였지만 일본도 실질적 이득을 취했다. 중국에서 가장 근접 거리에 있던 일본 입장에서는 당시 4억 명에 달하는 중국의 인구는 경공업 제품을 소비하는 거대 시장으로 각광받았다. 수천 킬로미터를 거쳐야 도달 가능했던 영국, 프랑스, 미국 등에 비해 일본은 사실상 옆 나라로서 운송비용 등에 있어 경쟁력을 갖췄고 일본산 제품은 중국 시장을 보다 손쉽게 장악할 수 있었다.

중국이 1980년대부터 개혁개방을 추구하는 과정에서 이렇듯 가까운 거리에 일본 같은 제조강국이 위치한 것은 도전이면서 기회였다. 중국으로서는 1세기 넘게 일본 제조업의 소비시장으로 전락한 경력이 있었다. 그러나 일본을 활용하여 산업화를 달성할 수 있는 기회도 상당했다. 미국이나 유럽처럼 문화적으로나 인종적으로 차이가 큰 국가들과의 협력보다는 일본이 훨씬 유리했기 때문이었다. 중국은 일본의 투자진출을 받아들였고 일본 기업들은 중국에 공장을 지으면서 저렴한 노동력을 적극 활용하였다. 단순 가

공과 몇 세대 떨어진 공업기술을 전수하는 데 있어 일본은 큰 부담이 없었다. 중국도 새롭게 산업화 단계를 올라가야 하는 과정에서 일본이 전수하는 기술과 노하우는 큰 도움이었다.

1980년대는 일본이 가전제품과 소비재를 중심으로 전 세계를 장악했던 시기였다. 중국인 소비자들은 소니 또는 파나소닉 같은 업체가 제공하는 일본의 선진 가전제품에 열광했다. 그 밖에 각종 식품, 화장품, 의류 등 분야에서 일본의 제품들은 중국에서 거대 소비시장을 재발견했다. 중국으로서는 개혁개방을 나서는 과정에서 일본에게 다시금 시장을 내줘야 했지만 그 대신 일본이 자랑하는 경공업과 가전제품의 뛰어난 품질과 성능을 이해했고 이것을 지향점으로 삼아 자국 산업을 발달시켰다. 일본은 처음에는 "메이드 인 재팬"을 중심으로 중국에 수출을 했으나 곧 중국에 공장을 지어 현지 경영을 구가했다.

경공업과 가전제품에서 두각을 낸 이후 일본은 중공업 분야에서도 중국 진출을 가속화했다. 자동차, 철강, 석유화학 분야에서 일본은 자본집약적인 중국에 대한 투자를 진행했고 그 과정에서 많은 수익을 거뒀다. 일본으로서는 다시금 중국의 거대시장을 진출하는 이득을 누렸다면, 중국 입장에서는 비록 중국 시장을 일시적으로 내줬지만 일본의 거대 공장을 유치하면서 일본으로부터 중화학 공정의 노하우와 운영 등을 습득하는 기회를 얻었다. 중공업 분야 중 자동차 산업은 특히 일본의 강세가 두드러졌다. 도요타를 필두로 닛산, 혼다, 스즈키 등 일본 브랜드들은 중국 자동차 업체와 제휴의 과정을 통해 중국 자동차 시장에서 30퍼센트대의 점유율을 차지할 정도로 그 위상을 높였다.

　중국은 1980년대 이후 약 20여 년 동안 일본을 학습했다. 경공업 분야에서는 수억 명의 저렴한 노동력을 기반으로 빠르게 일본을 대체했다. 그다음 단계로 가전 분야의 경우 처음에는 조악한 수준의 복제품을 만들다가 점차 기술향상과 품질개선을 통해 중저가 브랜드 분야에서 일본을 압도했다. 하이얼 같은 업체가 일본을 대체한 것도 이 시기다. 거대 중국 소비시장에서 중국 기업들은 수많은 시행착오를 거쳤고 치열한 경쟁을 거쳐 몇몇 가전업체 강자들이 남는 구도였다. 이렇게 중국 내 시장에서 품질과 경쟁력을 갖추고 승리한 기업들은 당연히 글로벌 차원에서도 월등한 경쟁력을 갖췄고 일본 기업들을 축출했다. 철강과 석유화학 같은 중화학 분야도 비슷한 경로를 걸었다.

　중국과 일본은 수천억 불에 달하는 무역 파트너다. 그만큼 두 국가의 경제협력 관계는 공고한 산업망을 구축해 있다. 2020년대 들어 중국은 경공업과 소비재 분야에서는 압도적인 경쟁력을 갖췄고 일본의 중저가 소비재 시장에는 중국 제품들이 속속 진출 중이다. 전자부품과 중화학 분야에서도 중국산 제품은 일본과 연계된 산업망을 중심으로 일본에 수출되고 있다. 반대로 일본은 글로벌 수준의 경쟁력을 갖춘 중간재, 화학재료, 기계류 등을 중심으로 중국 내 주요 공장 시설물의 대부분을 장악하고 있다. 공정이 첨단 분야로 갈수록 일본 제품에 대한 의존도는 그만큼 더 높다. 일본이 자랑하는 첨단 분야의 강소 기업들은 상당한 매출을 중국에서 거두고 이때 거둔 수익을 다시금 연구개발에 투입하는 구도다.

일본은 중국의 최대 경제중심지인 상하이를 전초기지로 삼는다. 상하이와 일본의 역사는 100여 년이 넘는다. 이미 1900년대 일본은 중국에 조차지(租借地)를 가졌고 일본 기업인들과 금융인들이 대거 진출하였다. 상하이인들이 가지는 특유의 상업정신과 세심한 마인드는 일본인과 유사하다. 그만큼 일본 기업인들이 상하이에서 비즈니스 활동을 하기에 편리했고 그 과정에서 많은 유대 관계가 뿌리내렸다. 비록 정치적인 측면에서는 참혹한 중일전쟁과 일본의 대륙 침략이 진행되었고 상하이 전투는 중일전쟁에서 손꼽히는 격전지였지만 상하이는 여전히 중국과 일본의 유대 관계가 이어지는 핵심 지역으로 자리 잡았다. 2020년대에 들어와서도 상하이와 일본의 특수한 유대 관계는 유지되고 있고 여전히 중국과 일본의 경제 관계를 규정하는 핵심 지역이다.

중국과 일본의 경제계 유대 관계는 이렇듯 역사적 측면에서 오랜 기간 거슬러 올라가고 두 국가가 가지는 어두운 역사의 영향을 여전히 받는다. 그렇기 때문에 양국 기업인들은 서로 기업활동과 경영을 하는 과정에서 최대한 드러나지 않는 방향으로 기업교류와 제휴를 한다. 영토 분쟁이 발생하면 어김없이 이어지는 일본 제품 불매 운동은 중국과 일본 기업인들이 직면하는 정치적 리스크를 잘 보여준다. 그렇기 때문에 일본 기업들은 중국 소비자들을 대상으로 하는 사업보다는 기업 대 기업(B2B) 간의 교류를 보다 선호한다. 중국의 공장에 각종 기자재와 기계류를 제공하는 것은 일반 중국인들의 반일 감정의 대상에서 벗어나 있고 잘 드러나지 않기 때문이다.

그럼에도 중국의 경제성장이 지속되고 소득이 향상될수록 일본 제품이 자랑하는 품질과 완결성은 인정하는 추세다. 중국의 각종 소비재 플랫폼에서 다루는 일본 제품에 대해서는 언제나 "일제"라는 금딱지가 붙어 있는데 이는 그만큼 일본 제품이기 때문에 품질 하나만큼은 인정한다는 중국 소비자들의 묵시적 공감대를 표현한다. 이것은 일본 문화의 소비에서도 드러난다. 특히 일본 식당은 중국 외식의 30퍼센트 이상을 차지할 만큼 두각을 나타내는데 그만큼 중국인들이 일본의 스시나 이자카야 같은 외식문화를 누리는 데 거부감이 없어졌음을 뜻한다.

중-유럽 경제 관계:
2백 주년을 맞이한 새로운 관계 모색

중국과 유럽의 경제 관계는 중국과 미국과의 경제 관계보다 더 길다. 그 이유는 중국이 1842년 개항을 한 이래 180년 넘게 거래를 하고 있기 때문이다. 외견상으로는 여느 무역 및 투자 관계와 비슷해 보이지만 그 뿌리는 훨씬 긴 것이다. 미국은 1840년대만 해도 국제 경제에서 주변부에 불과했고 1880년대가 되어야 본격적으로 산업화를 시작한 후발 국가였다. 19세기에는 사실상 유럽 열강들, 특히 영국과 프랑스가 중국과의 경제 관계를 확고하게 하였다.

유럽은 19세기에 제국주의를 발판으로 국력이 비약적으로 상승했는데 그 배경에는 중국 시장이 유럽 산업화에 필요한 거대 시장을 제공했다는 측면도 크다. 당시 중국을 지배했던 청나라는 4억 명에 달하는 인구를 가진 세계 최대 시장이었다. 영국은 대량생산한 면직물을 중국에 수출함으로써 자국의 의류공장을 계속 가동시켰다. 영국은 19세기 초에는 인도시장을, 19세기 중반 이후에는 중국 시장을 장악하였는데 이로써 영국의 글로벌 경제 패권은 완성되었다. 그 과정에 중국의 수공 면직물 및 견직물 산업은 영국산 의류에 의해 전멸한 것은 당연했다.

중국이 대외 개방을 한 이후 서양 문물이 쇄도하면서 서양 문화가 중국 전통문화보다 우위에 선 것 또한 중국과 유럽의 경제 관계 규명에 중요한 역할을 한다. 유럽의 정치 이데올로기가 중국에서 뿌리내리는 과정에서 유럽의 다양한 문물이 함께 진출했다. 산업혁명이 불러일으킨 사회주의와 공산주의 이데올로기는 중국 제조업의 발전 방향과 그 괘를 함께했다. 그와 함께 자본주의와 파시즘 같은 사조도 중국의 경제 향방을 크게 좌우했다. 유럽의 문화가 이데올로기와 병존하는 과정에서 유럽식 소비행태도 도입되었다. 유럽풍 의류, 식자재, 각종 소모품들은 당시 중국의 전통 문화를 대체하는 신조류로 자리 잡았다.

현대 중국으로서는 이러한 유럽과의 경제적 레거시가 여전히 살아 있다. 중국 경제가 1980년대 이후 비약적인 성장을 구가하는 가운데 유럽의 각종 소비재는 중국의 고소득층과 중산층을 파고들었다. 특히 유럽산 명품의 중국 시장 진출은 확고했다. 소득이 늘어나는 중국인들은 유럽산 명품을 열광적으로 소비했다. 단순히 품질이 좋기 때문에 소비하는 것이 아니라 1800년대부터 뿌리내린 유럽산 문물을 소유하려는 열망의 반영이었다. 고가 의류, 시계, 자동차, 보석류 등은 중국의 고가 소비재 시장을 독점하고 있고 이는 2020년대에 들어서도 여전하다. 중국이 G2 국가에 버금가는 고소득층을 수백만 명 이상 배출하면서 이들이 만드는 상류 문화의 벤치마킹 대상이 여전히 유럽일 수밖에 없는 것이다. 그리고 이에 수반되는 유럽산 명품의 수입도 함께 증가하는 구도다.

제조업 분야에서의 협력은 독일이 압도적이다. 독일은 영국이나 프랑스

보다 뒤늦게 중국 시장에 진출하였다. 이는 독일이 19세기 당시 후발 산업화 국가였기 때문이었다. 그러나 영국과 프랑스와는 달리 이데올로기나 문화적 협력을 배경으로 하지 않는 것도 특징이다. 제조업 강국으로서 가지는 독일의 경쟁력으로 중국에 진출하였다. 그 제조업의 근간이 군수물자로 시작한 것도 흥미롭다. 1910년대 들어 청나라가 망하고 중국 전체가 군벌에 의해 지배되는 시기에 독일은 군수물자를 보급함으로써 수익을 올렸다. 각종 총기, 포, 군용차량, 군수물자를 만드는 철강 및 화학제품 들을 총망라했다. 독일은 수출과 함께 현지 생산도 함께 함으로써 이득을 거뒀는데 중국은 그 과정에서 중화학 공업을 육성하는 부수적 이익도 거뒀다.

현대 중국에 들어서서 독일이 가장 두각을 내는 분야는 자동차 시장이다. 독일의 폭스바겐은 중국에 가장 빨리 진출하였고 중국 이름도 따종(大衆)이라고 명명함으로써 중국 일반인이 널리 타는 자동차로서의 입지를 확고하게 다졌다. 폭스바겐 차종 자체가 독일에서도 일반인이 대중적으로 타는 차기 때문에 중국 자동차 시장에서 폭스바겐이 가장 유리한 위치를 점하는 것은 자연스러웠다. 폭스바겐이 보급형 차량에 중점을 두었다면 벤츠나 BMW는 고소득층 위주의 고급차량에 주력하였고 사실상 중국 시장을 과점하는 지위를 누린다.

중국의 경제가 진화하면서 중국과 유럽의 경제협력의 양상도 함께 변하는 것은 자연스럽다. 친환경과 기후변화에 대응이 중요해지면서 이 분야에서 중국과 유럽의 협력은 심화되고 있다. 물류 분야에서는 중국이 추구하는 일대일로가 중앙아시아를 횡단하고 유럽에 도달하면서 새로운 물자 운송

방식으로 진화하고 있다. 그러나 중국과 유럽의 협력 양상의 변화는 외양상의 변화보다는 심리적인 변화가 더 크다. 그것은 중국의 소득수준이 일취월장하고 국력도 신장하면서 점차 유럽에 대한 시각도 예전처럼 무조건 우대하는 시각이 아닌 동등하게 대하는 시각으로 변하고 있다. 그것은 중국이 대부분 제조업 분야에서 유럽의 경쟁력을 따라잡았고 중국을 앞서는 국가가 사실상 독일밖에 없다는 데에서 잘 나타난다. 유럽에 대한 예우가 명품시장이나 고급 서비스 분야에는 계속 유지되겠지만 나머지 분야에서는 더 이상의 우대 프리미엄이 없이 오로지 가격경쟁력 같은 객관적 지표로만 평가된다는 측면이다. 유럽 차원에서 대중 무역 적자가 2022년 들어 3천억 불에 달하는 것은 중국이 유럽에 대해 얼마큼 무역 우위를 누리는지 단적으로 보여준다.

중국-러시아 경제 관계:
유라시아 경제체로의 변신

중국이 국경을 맞닿아 있는 국가 중 러시아가 차지하는 경제적 비중이 가장 크다. 러시아는 한편으로는 유럽에 닿아 있고 또 한편으로는 극동 시베리아 전체를 차지하는 유라시아형 국가이기 때문에 육로를 통해 중국과 교류가 가능한 유일한 유럽국가이기도 하다. 러시아는 유럽으로부터 전수받은 정치, 경제, 문화, 사회적 노하우를 중국에 전수하는 지위를 가진다. 그렇기 때문에 해양 운송로를 통해 중국에 진출하는 유럽이나 미국과는 구별된다. 육로를 통해 전달되는 직접적인 영향력은 선박을 통한 간접적인 영향력을 훌쩍 능가한다. 러시아를 통해 건너온 사회주의와 공산주의가 중국에서 강력한 여파를 끼치고 있는 이유도 러시아와 국경이 맞닿는 데 따른 영향력으로 볼 수 있다.

경제적 측면에서 러시아가 중국에 영향력을 미친 것은 1949년 이후다. 냉전이 진행되던 시기에 중국은 공산화되었고 경제발전 모델을 소련으로부터 배웠다. 소련이 추구하는 경제개발 5개년 계획을 수용함으로써 국가가 주도하는 계획경제모델을 추구하였고 경공업, 중공업, 농업 등 모든 산업 분야를 국가의 통제하에 두면서 소련이 주도하는 공산주의 경제권과 무역질서에 합류하였다. 소련은 중국에 기술자문을 제공하고 경영 노하우도 전수하였다. 산업화에 필요한 현장기술, 기계류, 노하우 등을 습득한 중국은 빠르게 경제를 성장시켰다. 러시아 국경과 맞닿아 있는 동북3성은 북쪽으로는 소련과, 남쪽으로는 북한과 교류하면서 중국의 주요 경제중심지로 성장하였다. 당시 북한이 구비하였던 중공업 경제 기반은 중국의 동북3성과 소련의 극동 시베리아와 연계되었기 때문에 가능했다.

1980년대 이후 중국이 개혁개방 노선을 취하고 자유시장주의와 자유무역체제를 수용함으로써 중국 경제의 무게중심은 내륙에서 연안으로 전환하였다. 상해와 광저우가 중국의 새로운 경제중심지로 자리 잡으면서 40여 년에 걸친 중국의 고도 경제성장을 주도했다. 이러한 구도는 중국이 육로가 아닌 해양으로 관심을 돌렸음을 의미한다. 자연스럽게 미국과 유럽의 경제적 영향력이 상해와 광저우 등을 통해 중국에 유입되었다. 그만큼 동북3성을 중심으로 했던 중국과 소련의 경제적 연계는 약화되었다. 더욱이 소련이 1980년대 말에 붕괴하면서 중국과 러시아 간 무역과 투자는 자취를 감출 정도로 미미하게 되었다. 오히려 이 시기부터는 중국이 러시아에 대한 투자를 도모하고 중국산 물자의 대러 수출이 본격화되었다. 100여 년 가까이 이어져 내려온 중국과 러시아와의 경제적 관계가 거꾸로 변하는 순간이었다.

40여 년간의 중국이 거친 고도 경제성장은 중국으로 하여금 G2 경제의 반열에 오르도록 하였다. 반면 러시아는 냉전 이후 자원부국으로 변신하면서 천연자원을 주로 수출하는 경제로 전환하였다. 중국과 러시아의 경제 관계는 전형적인 제조업 기반 국가가 에너지와 천연자원을 수입하고 각종 공산품을 수출하는 구도다. 중국은 러시아로부터 원유와 LNG를 주로 수입하고 러시아에 대해서는 가전제품, 기계류, 자동차, 반도체 등을 수출한다. 러시아산 에너지 도입은 파이프라인을 통해 중국으로 공급된다. 러시아로 향하는 중국산 생산품은 기차나 트럭 같은 육로기반 화물 운송에 의존한다.

중국이 추구하는 일대일로의 핵심 사업인 유라시아 철도는 세 갈래로 나뉘는데 가장 번성하는 노선은 모스크바를 통과하는 노선이다. 이 노선은 중국에서 카자흐스탄까지 이어진 다음 모스크바를 향해 북쪽으로 올라가는 것이 특징이다. 러시아가 운용하는 시베리아 횡단 철로 노선보다는 남쪽에 위치해 있으며 중국이 주도하는 노선이라는 점에서 구별된다. 이 노선은 시작지점이 중국 중부에 위치한 시안이라는 점도 중시된다. 시안은 상해나 광저우로부터의 물자를 전달받고 이를 러시아와 유럽으로 내보내는 역할을 하는 곳이다. 러시아에 수출되는 물자가 동북3성 물자가 아닌 연안에서 생산된 물자라는 시사점이 있다. 러시아의 시베리아횡단철도는 시작지점이 동해 연안에 위치한 블라디보스토크이다. 중국으로서는 동부3성이 사용하기 수월한 위치다. 그러나 시베리아횡단철도가 아닌 일대일로 철도가 주로 사용된다는 점은 그만큼 동북3성의 경제력이 크지 않음을 보여준다.

중국과 러시아와의 경제 관계가 100여 년 넘게 이어지고 대다수 기간 동안 러시아가 중국의 우위에 선 역사는 경제 관계 재정립에 큰 변수다. 미국과 유럽이 느끼는 중국의 부상은 간접적이다. 수만 킬로미터 넘게 떨어진 국가이기 때문에 직접적으로 느끼지 못한다. 그러나 러시아는 다르다. 국경을 접하는 국가이기 때문에 중국의 경제력 부상을 바로 체강한다. 중국인과 교류하는 가운데 중국인의 번영과 사고방식의 고도화를 실감한다. 중국인들의 대화 주제가 단순한 제조업과 물류에서 벗어나 금융과 정보통신을 논의하고 미국과의 세계정세를 토의하는 가운데 러시아인들은 중국이 예전과는 전혀 다른 국가로 변신했음을 실감한다. 중국 거래상으로부터 중국이 생산하는 첨단물품을 수입해야만 하는 러시아인들 입장에서는 상전벽해로 느낄 만큼 심리적 충격이 큰 것이다.

중국은 미국과의 경쟁하에서 지속적인 성장을 추구하는 중이다. 미국의 대중 압박 속에서 자구책을 찾는 것이 급선무다. 중국과 러시아와의 관계는 이렇듯 중국과 미국 간의 관계 속에서 진화하고 있다. 우크라이나 사태로 인해 러시아 내에서 영업을 하던 미국, 유럽계 기업들이 물러간 빈자리를 중국 기업들이 메우는 것은 시사하는 바가 크다. 중국이 가진 전방위적인 산업체계와 생산체계, 경공업과 중화학 공업은 러시아에서 모든 미국계, 유럽계 기업들이 철수하더라도 이를 대체할 저력을 갖췄기 때문이다. 러시아로서는 이러한 중국의 저력이 낯설다. 왜냐하면 1980년대부터 중국이 거둔 고도경제성장은 더 이상 러시아가 아닌 미국과 유럽이 기여했기 때문이다. 새로운 경제적 실력과 기술을 갖고 접근하는 중국 기업인들은 러시아의 입장에서는 중국, 미국, 유럽의 하이브리드형 비즈니스맨으로 느낄 정도로 이질적이다.

중국으로서는 러시아와의 경제적 유대 관계를 계속 심화할 것은 확실하다. 지리적으로 맞닿아 있고 미국으로부터의 압박에 대한 자구책으로 중국과 러시아는 상호보완적인 경제협력 파트너이기 때문이다. 중국의 경쟁력을 이길 러시아 기업이 사실상 없다시피 한 점도 중요한 요인이다. 신흥 경제강국인 중국을 대하는 러시아의 속내는 복잡하다. 우크라이나 사태로 인해 유럽과의 관계가 불편해진 시점에 중국과의 경제적 연계는 타당성이 크다. 오히려 장애물은 중국과 러시아의 전통적인 관계를 어떻게 재조정하는지 여부에 있다. 새롭게 성장한 중국을 어떻게 대하고, 이해하고, 수긍하는지 여부가 러시아가 직면한 가장 큰 도전이다.

중-동남아 경제 관계:
새로운 아태지역 공급망의 구축

1980년대 중국이 대외 개혁개방을 추진한 것과 비슷한 시기에 동남아도 경제성장을 시작하였다. 중국과 마찬가지로 동남아 국가에도 외국 기업들이 진출하여 경공업을 기반으로 하는 공장을 세웠다. "메이드 인 베트남", "메이드 인 말레이시아", "메이드 인 인도네시아" 제품들이 국제시장에 OEM 방식으로 수출되었다. 이러한 경제 모델은 한국의 수출지향 경제성장의 방식을 뒤따른 것이었다. 그러나 동남아 국가들은 한국처럼 자체 브랜드를 육성하지는 못했다. 그리고 중국처럼 중공업으로 발전하지 못했다. 오히려 1997년 금융위기로 인해 침체기를 겪었던 경우도 있었다.

동남아가 경제적으로 부상한 계기는 중국의 경제 성장이었다. 중국이 10퍼센트에 달하는 경제성장을 구가하고 중공업으로 전환하는 과정에서 각종 원자재를 수출하면서 중국 특수를 누렸다. 기존의 수출 대상국이었던 미국, 유럽, 일본 등 국가들을 모두 합친 규모의 수출이었고 이는 동남아 국가들이 자본을 축적하는 좋은 기회였다. 중국에서 생산되는 저렴한 "메이드 인 차이나" 제품들은 동남아 국가 국민들의 생활수준을 올려 주는 데 기여하는 효과도 아울러 거뒀다.

중국의 소득수준이 향상하고 정보통신으로 산업의 무게 중심을 옮기면서 중국은 동남아 국가에 중공업 투자를 단행하기 시작하였다. 철강, 석유화학, 화력발전 같은 분야에서 중국은 동남아에 적극적으로 진출하였다. 더 나아가 정보통신 분야에서도 중국은 두각을 내기 시작하였다. 미국의 페이스북과 아마존에 맞서 중국의 알리바바와 텐센트 같은 기업들도 동남아에서 경쟁하기 시작하였다.

중국과 동남아시아 국가들과의 교역 관계의 근간은 동남아 지역에 퍼져 있는 화교에 기원한다. 동남아 화교는 이미 청나라 시대로 거슬러 올라간다. 복건성 같은 중국 연안의 지역에서 해상 무역을 하던 고대 중국인들은 남중국해를 중심으로 동남아 지역과 활발하게 거래를 하였다. 고대 중국의 자기와 실크는 동남아인들에게도 크게 각광을 받았다. 중국이 독점적으로 공급하는 물품을 기반으로 동남아 지역에 진출하여 터전을 잡은 것이 화교의 근원이다. 이렇듯 백여 년이 넘는 기간 동안 화교들은 여전히 중국어를 구사하고 중국 본토와의 관계를 유지하고 있다.

중국과의 유대 관계는 상업활동에 있어 편리하다. 동남아에 진출하는 중국 기업들은 차이나 타운에서 비즈니스 활동을 시작할 수 있다. 시장 동향에 대해 정확한 정보를 갖고 현지 금융, 법률, 조세, 회계 등 서비스에 대해서도 손쉽게 접근이 가능하다. 영미권 계열의 국가들인 미국, 영국, 캐나다, 호주, 뉴질랜드 등이 편리하게 교류하는 것처럼 화교들이 모든 동남아 국가에서 상업을 장악하고 있기 때문에 중국 기업의 동남아 진출은 사실상 동일한 중국인과의 거래라고 할 만큼 수월하다. 마치 한국 기업들이 1990년대 중국 시장 진출 과정에서 연변 조선족의 도움을 받았던 것 이상으로 중국 기업들은 동남아 진출 화교와의 공조를 통해 경제활동을 영위하는 것이다.

중국과 인도네시아와의 관계가 가장 보편적인 유형이다. 자카르타 같은 인도네시아 대도시에는 이미 중국의 각종 정보통신 기업들의 진출이 활발하다. 인도네시아가 육성하는 스타트업 기업들이 중국 벤처 투자의 자본 지원을 받고 기술 제휴도 많다. 중국의 고속철도 사업이 인도네시아에 성공적으로 진출하여 자카르타와 반둥을 잇는 노선을 건설 중에 있다. 중국의 철강과 석유화학 공장이 인도네시아에 진출하여 인도네시아의 저렴한 자원을 활용하여 부가가치를 높이는 제품을 생산하고 있다. 이 제품들의 대상 지역이 중국인 것은 이미 중국과 인도네시아 간의 산업망이 상당히 공고하게 만들어졌음을 보여주는 사례다.

동남아시아의 또 하나의 경제강국인 베트남은 중국과 맞닿은 국경선을 활용한 경제협력에 적극적이다. 중국으로서는 주변에 14개 국가들과 국경을 마주하는데 제조업을 중심으로 협력이 가능한 국가는 베트남밖에 없다. 중국은 1980년대부터 개혁 개방을 통해 산업화를 단행했고 베트남은 2000년대부터 산업화를 개시했기 때문에 중국이 베트남에 비해 20여 년 앞서 있다. 즉 중국은 산업망에 있어 경공업이나 노동집약적인 부분을 베트남에 맡길 수 있다. 단순 부품 조립이나 가공은 베트남 쪽에서, 그 밖에 첨단기술이나 중화학 공정은 중국 쪽에서 분담하는 분업화를 추구하는 것이다. 국경선을 중심으로 물품이 오고 가면서 각각의 비교우위를 점하는 것이다. 이는 미국과 멕시코의 국경선에서 마킬라도라(maquiladora)라고 불리는 산업협력

방식과 유사하다. 미국과 멕시코가 이전의 북아메리카자유무역협정(NAFTA, 지금의 USMCA)의 관세면제 특혜를 활용한 것과 마찬가지로 중국과 베트남은 역내포괄적경제동반자협정(RCEP)을 활용함으로써 비용의 최소화 추구가 가능해진 것이다.

중국과 싱가포르의 관계는 여느 동남아시아 국가와는 다소 다르다. 싱가포르는 사실상 중국인이 건설한 도시 국가와 다름없다. 청나라 시절에 동남아로 대거 이주한 복건성인들이 말라카반도의 끝자락에 정착하면서 만들어진 국가다. 동남아 해운의 요충지역으로서 영국이 식민지로 삼으면서 발달했고 도시의 성격은 홍콩과 비슷하다. 싱가포르인들이 중국어를 구사하고 정서적으로도 중국인과 유대 관계가 깊다는 것은 그만큼 중국과 협력하는 데 있어 별다른 장애가 없음을 의미한다. 싱가포르는 1980년대부터 자본, 기술, 노하우 등을 중국에 제공함으로써 중국이 개혁개방을 추진하는 데 일등공신 역할을 했다. 싱가포르의 공헌은 소프트웨어 측면이었다. 건설업, 호텔업, 회계, 세무, 보험 같은 분야에 싱가포르는 적극적으로 진출했고 거대한 이익을 거뒀다. 중국은 외국인에게 맡기기 어려운 서비스업 분야를 사실상 같은 중국계 화교가 주류인 싱가포르에게 의뢰하는 데는 그만큼 거부감이 덜했고 동시에 싱가포르부터 선진 서비스업 노하우를 습득할 수 있었다.

더 나아가 중국과 국경을 맞닿아 있으면서 경제적으로 낙후된 미얀마와 라오스는 중국과의 경제협력에 적극적이고 중국도 이에 대해 인프라 건설 같은 다양한 분야에서 경제진출을 하고 있다. 캄보디아의 경우 중국이 중시하는 남중국해에 접하는 전략적 국가로서 밀접한 경제협력 관계를 유지하고 있다.

　중국과 동남아의 관계는 2020년대 들어 중국이 추구하는 해양 일대일로 구상을 통해 그 외연이 더욱 넓어지고 있다. 중국은 동남아 국가와의 경제 협력을 구가하면서 자국이 우위에 있는 "메이드 인 차이나" 제품을 수출하고 동남아 국가들은 중국의 자본과 인프라를 받아들이면서 중국처럼 산업화를 추구하는 상호협력이 가능한 구도다. 개별 동남아 국가들의 경제력 수준에 맞게 중국은 경제진출을 활발하게 추구하고 동남아 국가에 포진한 화교들의 호응에 맞춰 그 협력의 수준은 계속 심화될 것으로 전망된다.

중국-중동 경제 관계:
21세기 지정학적 에너지 협력 관계 정립

중국이 경제성장을 하기 위해서는 막대한 에너지를 필요로 했다. 1980년대 이전까지 중국은 자체 보유하는 원전과 석탄 자원만으로 자국이 필요로 하는 에너지를 수급하는 데 별문제가 없었다. 그러나 1980년대 이후 고속성장을 하기 시작하면서는 중국 내 에너지원만으로는 부족했고 외부로부터 조달해야 했다. 1980년대 전 세계의 에너지 공급처는 중동이었다. 사우디아라비아를 필두로 카타르, 쿠웨이트, UAE 같은 국가들은 미국, 유럽은 물론 한국과 일본 같은 아시아 국가들에 석유를 수출했다. 중국도 중동으로부터의 석유와 천연가스 등의 도입은 당연한 수순이었다.

2020년대 들어 중국은 G2 국가로 등극하면서 중동의 가장 큰 에너지 수입국가로 자리매김하였다. 미국은 텍사스 지역에서 셰일 가스를 개발하는 데 성공하면서 중동으로부터의 의존에서 많이 벗어났다. 유럽도 풍력과 태양광 같은 친환경 에너지원을 확대하면서 중동산 석유 수입을 대폭 줄였다. 반면 중국은 경제성장을 지속하고 있기 때문에 중동으로부터의 석유와 천연가스 도입 또한 지속되고 있다. 20세기까지만 해도 중동은 미국의 주된 관심 지역이었지만 이제는 중국이 그 자리를 대체하기 시작한 것이다.

중국과 중동 국가와의 관계는 다층적이다. 그것은 중동 국가들의 여건이 모두 다르기 때문이다. 중국이 가장 친한 국가는 이란이다. 이란과의 관계는 실크로드를 통해 역사적으로 연결된 측면도 있으나 더 중요한 것은 1980년 대 이란-이라크 전쟁 당시 중국이 이란 편을 들었다는 데에 있다. 일종의 혈 맹 관계로 중국과 이란의 관계는 정치적으로 돈독하고 그와 함께 이란산 석 유와 에너지를 수입하는 과정에서 관계가 가까워졌다. 특히 중국은 일대일 로 구상의 일환으로 유라시아 철도를 계속 추구하는데 이 중 일대일로 남부 노선은 중앙아시아를 거쳐 이란을 통과하기 때문에 이란이 갖는 의의는 상 당하다. 지정학적 시각에서 이란이 반미 입장을 취하는데 중국으로서는 이 러한 이란의 입장은 전략적인 활용가치가 크다.

중국이 이스라엘과도 우호적인 관계를 갖는 것도 흥미롭다. 이스라엘이 친미 국가이고 이란과 대척점에 있음에도 불구하고 중국과의 관계는 나쁘 지 않다. 역사적으로는 유대인들이 100여 년 넘게 상하이에서 금융기반을 가졌던 유래가 있고 중국 내에 유대인들이 소수민족으로 거주한 적이 있었 기 때문에 중국인과 이스라엘인과는 연결고리가 있다. 그러나 현대에 들어 와서 이스라엘과의 관계는 보다 현대 과학 협력에 기반한다. 중국과 이스라 엘은 정보통신 분야에서의 첨단기술 관련 협력이 상당하다. 중국은 이스라 엘의 혁신성과 스타트업 분야에 관심을 많이 갖고, 이스라엘은 협소한 국토 와 적은 인구의 약점을 보완할 수 있는 중국의 거대 인구와 인프라의 활용 에 관심이 많다.

중국과 이집트의 관계는 1950년대로 거슬러 올라간다. 당시 중국은 공산주의가 통치이념으로 자리 잡던 시기였고 모택동이 지도자였다. 이집트 또한 영국으로부터 독립을 쟁취하고 나세르가 중동의 새로운 강자로 등극하였다. 중국과 이집트는 냉전 시기에 미국과 소련으로 양분되던 진영 그 어디에도 속하지 않는 비동맹 노선을 추구했고 서로 공고한 이데올로기적인 유대 관계를 가졌다. 이러한 중국과 이집트 간의 정치적 우호관계는 2020년대까지도 이어지고 있다. 다만, 중국은 더 이상 예전의 개발도상국이 아닌 G2 국가로 거듭난 반면 이집트는 여전히 경제성장을 제대로 추구하지 못하고 있어 중국으로부터 많은 지원을 받는 지위로 전락했다. 인프라, 정보통신, 금융 등 분야에서 중국은 이집트에 많은 도움을 주고 그 과정에서 이집트 시장 진출을 통해 많은 이득을 거두는 측면도 있다.

2020년대 들어서 또 하나의 주목받는 관계는 중국과 사우디아라비아의 경제협력 관계다. 기후변화와 함께 화석연료에 대한 기피 현상은 사우디로 하여금 앞으로의 미래를 걱정하게 만들었다. 석유 수출에만 의존하는 경제체제로는 지속가능성이 없기 때문이었다. 사우디로서는 향후 경제발전에 대한 고민을 하지 않을 수 없었고 벤치마킹을 삼을 만한 상대는 중국이었다. 중국이 추구한 국가중심의 경제성장 노선은 사우디가 충분히 따라 할 수 있는 모델이었다. 사우디는 민주주의 국가가 아닌 왕정 체제이기 때문에 미국이나 유럽의 민주주의와 시장경제에 기반한 경제성장을 추구하기에는 부담이 많이 따른다. 중국이 40여 년 넘게 쌓아온 경제성장의 노하우를 습득하면서 이를 사우디에 적용하려는 노력이 진행 중이다.

중국 입장에서는 사우디를 포함한 중동 국가들이 새로운 경제발전을 추구하고 있고 이에 대한 롤모델 국가로 중국을 지목하는 것이 반갑다. 중동이 요구하는 인프라 프로젝트에 중국 건설업체들이 대거 진출하는 것은 자연스럽다. 중동 국가들은 중국이 건설 현장에서 선보이는 다양한 시공기법과 노하우를 습득한다. 인프라 프로젝트가 비단 도로와 항만에 국한되지 않는다. 대규모 중공업 분야의 공장 건설도 포함한다. 예를 들어 중동의 풍부한 석유자원을 활용한 석유화학 공단의 준공은 중동국가로 하여금 단순히 원유만을 수출하는 것에서 벗어나 원유를 가공함으로써 부가가치를 더욱 올리는 이득을 챙길 수 있도록 한다.

중동은 외교적으로는 많은 난제들이 산적한 지역이다. 중국은 외교 사안에 대해서는 내정 간섭이라는 이유에 대해 별다른 관여를 하지 않는다. 중동 국가들 간의 정치적 대립과 긴장과 무관하게 각각의 중동 국가들과의 경제적 이득이 있으면 거래를 하는 실용주의 입장을 견지한다. 그렇기 때문에 이스라엘, 이란, 이집트, 사우디아라비아 등 서로 견제와 대립을 하는 국가들과 모두 건실한 경제협력 관계를 구가하는 것이다.

중국-중앙아시아 경제 관계:
중국의 서진(西進) 경제정책 추구

중앙아시아는 유라시아 대륙 깊숙한 위치에 있는 내륙 국가들로 구성되어 있다. 주요 국가들로는 중국의 1/4에 달하는 광활한 영토를 가진 카자흐스탄이나 중앙아시아 왕국의 후예를 자처하는 우즈베키스탄이 있다. 내륙에 위치해 있다는 특성상 해양 운송과는 거리가 멀다. 육로 운송인 실크로드를 통해 수천 년간 중국과 중동 및 유럽 국가들 사이에서 중개무역을 하면서 번성했다. 자체적으로 생산을 추구하기보다는 카라반 같은 국제 무역상을 대상으로 통과세와 관세를 걷고 정보를 확보함으로써 실리를 취한 왕국들이었다. 하지만 대항해시대가 15세기부터 활발하게 진행되면서 실크로드는 역사의 뒤안길로 사라졌고 강대한 힘을 자랑하던 중앙아시아 국가들도 함께 세계역사에서 그 모습이 희미해졌다.

중국이 추구하는 일대일로 구상의 핵심은 중앙아시아 국가들과의 협력에 있다. 중국이 다시금 융성을 추구하기 위해 예전에 번성하였던 실크로드 같은 육송 운송 루트를 재건하려는 것은 자연스럽다. 중국을 중심으로 유라시아로 뻗어 나가는 육송통로는 중국의 경제적 영토 확장의 길이다. 중앙아시아 국가 입장에서도 내륙에 갇혀 있는 불리함을 중국의 육송통로를 통해 해양으로 진출함으로써 극복이 가능해진다. 더 나아가 중앙아시아를 둘러싼 국가들 중에서 경제적으로 도움을 줄 여력이 있는 국가가 별반 없는 것도 중요하다. 러시아는 경제보다는 정치적 영역에서 그 영향력이 크다. 남쪽의 인도의 경제력은 중앙아시아까지 파급될 정도로 강력하지 못하다. 결국 G2로 부상한 중국은 중앙아시아 국가들로서는 매력적인 경제 협력 파트너다.

중국이 경제적으로 부상하기 전까지는 미국과 유럽의 영향력이 상당했다. 중앙아시아의 석유나 가스 같은 부존자원 개발 과정에서 미국과 유럽의 에너지 기업들이 많이 진출했고 지역 개발에도 많은 역할을 했다. 그러나 중국이 경쟁력을 갖추면서 이 지역에서 서양의 기업들은 버티기가 어려웠다. 내륙 지역의 특성상 유럽의 국가들이 중앙아시아에 각종 물자를 운송하고 신속한 교류를 하는 것은 불가능했다. 미국처럼 지구 반대편에 있는 국가는 더욱더 경제적으로 긴밀한 교류와 물류 이동이 어려웠다. 러시아와 이란처럼 주변에 반미 국가들이 포진해 있는 것도 상황을 더욱 어렵게 만들었다. 반면 중국은 카자흐스탄이나 키르기스스탄 같은 국가와 국경이 맞닿아 있는 인접 국가이고 경제적으로도 도움이 되는 제조업을 기반으로 하기 때문에 중국이 중앙아시아에서 세력을 넓히는 것은 자연스러운 진행이다.

21세기 들어 중앙아시아에 대한 중국의 경제적 영향력은 계속 증가하였다. 처음에는 중앙아시아 국가들은 저렴한 중국산 소비재를 많이 구입했다. 반대로 중국은 중앙아시아의 석유와 에너지 자원에 눈독을 들이기 시작했다. 중국 경제가 성장하면서 자연스럽게 송유 파이프라인을 설치하여 중앙아시아의 에너지를 받기 시작하였다. 중동으로부터 거대한 유조선을 통해 인도양과 남중국해를 거쳐야 하는 경로보다는 훨씬 안정적인 에너지 보급처였다. 중국과 중앙아시아 국가 간의 경제적 거래는 이렇듯 소비재와 에너지를 거래하는 구조에서 점차 중국 자본이 중앙아시아에 투자하는 구조로 바뀌어 갔다. 중앙아시아 지역에서 직접 석유화학 제품을 생산하는 공장을 설립함으로써 원자재 조달 비용을 낮추는 방식이었다. 중앙아시아 입장에서도 자원을 단순히 외부에 수출하는 수준에서 한 발 더 나아가 부가가치를 거두는 방안이었기 때문에 매력적이었다. 중국이 만든 철도와 도로 인프라를 활용함으로써 외부 세계에 수출하는 구조였다.

중국이 해상 운송과 함께 육상 운송도 많이 활용하는 것은 중앙아시아 국가들에게도 이득이다. 마치 실크로드가 그랬던 것처럼 수백 량이 이동하는 유라시아 철도가 중앙아시아 국가를 횡단하면서 중국과 유럽 사이를 오고 가면 중앙아시아 국가들은 통행료를 거두게 된다. 즉 중국과 유럽의 거래관계가 계속 증대할수록 중앙아시아 국가들도 함께 수익을 올리는 구조로 자리 잡은 것이다.

2020년대 들어서 중국은 중앙아시아와 친환경 및 신재생 에너지 분야에서의 협력을 강화하고 있다. 유라시아 내륙에 위치한 중앙아시아 국가들은 태양과 바람이 풍부하다. 중국의 에너지 업체들은 이들 국가에 진출하여 태양광 패널과 풍력 발전소를 설치함으로써 경제협력을 강화하고 이들 지역에 대한 경제적 입지를 보다 내실화하고 있다. 풍력 발전소에 필수적인 풍력 발전용 날개를 거대한 운송차량이 중국 서북부를 가로질러 카자흐 사막지대에 실어 나르는 것은 중국이 가진 지리적 접근성 때문이라고 할 수 있는 것이다. 미국이나 유럽국가들로서는 중국이나 러시아의 도움 없이는 사실상 불가능한 작업이다.

중국이 중앙아시아에 갖는 경제적 관심은 경제 외적인 요인도 있다. 중국은 중앙아시아에 맞닿아 있는 신장-위구르 자치구를 개발해야 하는데 이지역 또한 내륙에 위치해 있기 때문에 중국의 다른 도시들과는 달리 중앙아시아와의 교류가 필수적이다. 신장-위구르 지역은 여타 중앙아시아와 문화적, 인종적 측면에서 유사하기 때문에 경제적 교류가 수월한 측면도 있다. 만일 신장-위구르와 중앙아시아 지역이 상생 발전할 수 있다면 중국은 연안 지역이 아시아-태평양 지역과 협력하는 것과는 다른 또 하나의 발전 구도를 갖추게 된다. 그러한 교류관계를 통해 경제가 발전하면 자연스럽게 사회가 안정되고 이 지역을 틈틈이 노리는 이슬람 극단 세력의 침투를 막는 이득도 거둔다.

또 하나는 중앙아시아에 대한 러시아의 세력 약화다. 한때 중앙아시아 지역은 모두 소련의 소속이었다. 1990년대에 독립을 했기 때문에 이들 국가에 남아 있는 러시아의 존재감은 상당하다. 그러나 예전의 소련과는 달리 러시아는 중앙아시아에 제공할 수 있는 경제적 역량이 거의 없다. 이 빈 공간을 중국이 메우는데 중국의 경제적 영향력이 계속 증가하면서 자연스럽게 중앙아시아 국가 내에서 친중 네트워크가 강해지고 있다. 경제적으로 존재감이 약한 친러 인적 네트워크가 약해지면서 중국과 친숙한 인맥이 점차 두각을 나타내는 것은 당연하다. 2020년대 들어서 그러한 경향은 더욱 공고해지고 있고 그만큼 이 지역에서 중국이 구사하는 영향력이 커지는 것은 당연한 수순이다. 먼 옛날 당나라는 탈라스 전투를 이끈 고선지 장군이 이슬람 세력에 패배하였고, 이후 중국의 중앙아시아 진출은 천 년 넘게 이루지 못한 숙원이었다. 그 숙원이 바야흐로 이뤄지고 있는 시점이다.

중국-아프리카 경제 관계:
21세기의 새로운 상생모델

아프리카는 유럽 국가들로부터 식민지를 벗어난 이래 유럽의 경제적 영향력 아래에 있었다. 1960년대 많은 국가들이 독립을 하였지만 100여 년에 걸친 유럽 국가들의 식민지 경제 체제에서 벗어나기 어려웠고 기술과 자본도 여전히 이전의 식민지 지배국가에게 의존하였다. 이 시점에 한국은 수출 지향적인 경제 모델을 채택함으로써 빠른 경제성장을 구가하였지만 아프리카 국가 대부분은 부존자원에 의존한 원자재 수출에 머물렀다. 석유와 광물 같은 천연자원과 카카오 같은 농산물 등을 주로 수출하였다. 이렇듯 1차 산업에 머무는 경제 구조는 반세기 넘게 이어졌고 아프리카 경제는 계속 정체되었다.

중국이 아프리카에 본격적으로 등장한 것은 2000년대부터였다. 물론 1960년대에도 중국은 아프리카에 존재감이 있었지만 이때는 주로 이데올로기적 차원에서 독립을 추구하는 아프리카 국가들에게 반제국주의와 사회주의 같은 정치 이념을 투사하는 역할이었다. 국민당을 몰아내고 중국을 차지한 모택동은 독립을 추구하던 많은 아프리카인에게 영감을 준 것은 사실이었다. 그러나 2000년대의 중국은 전혀 다른 모습이었다. 예전의 이데올로기적 접근이 아니라 실용주의에 기반한 경제적 협력이 목적이었다. 2000년 대의 중국은 소비재 강국이었다. "메이드 인 차이나" 제품은 전 세계에 저가의 소비재를 공급하였는데 아프리카도 예외가 아니었다. 중국산 제품들이 아프리카 전역에 공급되었고 이는 아프리카인의 생활 수준을 올리는 데 기여하였다. 비록 품질은 떨어지더라도 저가의 소비 가능한 제품을 공급하였다는 데에 그 의의가 컸다.

중국과 아프리카의 소비재 교역 관계에 있어 광저우에 아프리카인의 밀집 거주지역이 있는 것은 많은 시사점을 준다. 아프리카인이 유럽에 거주하는 것은 식민지 시대의 유산이다. 수백 년 넘게 유럽 국가들에 의해 통치를 당했기 때문에 정치, 문화, 사회적으로 유럽과의 연계가 이어지기 때문이다. 반면 광저우에 있는 아프리카인은 순수하게 비즈니스 경제협력을 위해 거주하는 것이 특징이다. 광저우가 가지는 전 세계의 공장으로서의 위상은 아프리카처럼 아직 제조업이 발달되지 못한 경우에는 매력적이다. 아프리카에서 요구하는 모든 제품을 광저우에서 조달이 가능하다. 그것은 의류, 기계류, 가전제품, 완구류, 가구 등을 총망라한다. 더욱이 광저우와 함께 인근 홍콩의 물류를 이용할 경우 기존 해운 유통망을 통해 아프리카 운송이 가능하다.

중국이 소비재를 중심으로 아프리카에 수출을 하는 과정에서 인프라 진출도 본격화되었다. 마치 유럽 국가들이 19세기에 자국의 산업화에 필요한 각종 물자를 조달하기 위해 아프리카에 진출했듯이 중국도 마찬가지다. 원유와 광물이 주된 관심 대상이었다. 앙골라와 나이지리아 같은 국가들은 중국 원유의 20퍼센트를 공급할 정도로 중요한 비중을 차지한다. 최근 전기차용 배터리에 필요한 코발트는 콩고민주공화국이 주된 협력 대상국이다. 자원 확보를 위해 광산을 구입하고 정부 차원에서 각종 자금지원을 하는 등 아프리카 국가들과의 경제적 유대 관계를 공고히 하고자 노력하고 있다.

인프라 차원에서 중국의 아프리카 진출은 상당하다. 1990년대 전까지 아프리카에 있는 대부분 인프라는 유럽이 남겨 놓은 시설들이다. 아프리카 국가들이 독립을 쟁취한 이후 인프라를 방치했다. 그러나 중국이 진출하면서부터 사정이 달라졌다. 중국자본이 아프리카에 속속 진출하면서 많은 국가들에서 중국산 인프라가 구축되었다. 항만, 철도, 도로, 공항, 교량 등은 중국자본, 기술력, 엔지니어들의 손에 이뤄졌다. 2010년대부터는 일대일로 구상이 본격적으로 가동되면서 아프리카 동부지역에 중국 경제력이 더욱 공고하게 되었다. 지부티, 에티오피아, 케냐, 탄자니아로 이어지는 연안과 그 내륙 지역으로까지 중국의 인프라는 지역경제 발전의 기반으로 자리 잡고 있다.

정보통신 분야는 인프라 시설의 중요한 부분을 차지한다. 중국이 14억 명을 대상으로 5G 네트워크를 구축할 정도의 기술력을 갖췄기 때문에 아프리카 진출에도 유리하다. 중국의 화웨이는 아프리카 주요 국가의 정보통신 네트워크 구축에 핵심적인 역할을 하고 있다. 2G나 3G까지만 해도 유럽의 에릭슨과 노키아 같은 통신 기자재 업체가 장악을 했지만 이제는 중국 업체들이 대체하고 있다. 더욱이 중국은 저가 핸드폰 시장에서 샤오미, 오포, 비보 같은 업체들이 아프리카 시장을 사실상 장악했기 때문에 정보통신 네트워크 차원에서 시너지를 얻는 것도 가능하다. 아프리카 국가들은 정보통신 발전이 가져오는 여러 유리함에 주목하고 있다. 특히 무선 정보통신 기술은 모빌리티는 물론 연계성까지 동시에 제공하기 때문에 기업활동에 유리하다. 아프리카 소상공인들 입장에서는 핸드폰을 갖고 다양한 정보를 온라인으로 공유할 수 있는 것만으로도 지금까지는 불가능했던 기업활동이 가능해지기 때문이다. 이러한 가능성을 열도록 중국이 필요한 기술력과 시설을 제공하는 것이다.

중국은 아프리카의 저렴한 노동력에도 관심을 가지고 있다. 중국과 친숙한 국가일수록 중국 기업이 진출해서 노동력을 활용하는 것이 가능하다. 동부 아프리카가 그 가능성이 가장 크다. 에티오피아 같은 경우 이미 1970년대 사회주의 시절 때부터 중국과의 유대 관계가 돈독하다. 그리고 에티오피아가 가지는 낮은 문맹률과 비교적 잘 정착된 사회구조는 중국으로 하여금 의류 같은 경공업 분야에서의 제휴를 가능하게 한다. "메이드 인 에티오피아" 의류가 동남아 공장을 대체할 수 있는 잠재력을 지닌 것이다.

아프리카 국가들 입장에서도 중국은 많은 시사점을 주는 국가다. 1980년대 이후의 고속 성장 실적은 아프리카로 하여금 중국의 경제성장 모델에 대한 관심을 높여 주었다. 광저우뿐 아니라 북경, 상해, 우한 등 도시에 아프리카 국가 학생들이 대거 중국의 교육기관에 유학을 하고, 많은 아프리카 관료들이 중국의 중앙정부와 지방정부를 견학하는 것은 중국에 대한 높은 관심을 반영한다. 중국의 성장 노하우를 자국에 접목시키려는 관심의 일환이다. 이러한 상황은 유럽과 미국으로 하여금 아프리카와의 협력 관계를 재고하게 만드는 효과도 가져왔다. 자칫 아프리카가 친중 성향으로 넘어갈 수 있다는 우려를 염두에 두고 좀더 적극적인 경제협력 관계를 구축하려는 노력이 진행 중이다. 아프리카 입장에서는 지금까지 유럽과 미국이 독점해 왔던 경제협력 영역에 경쟁이 붙는 것은 고무스러운 일이다.

제7장

포스트-코로나
한중 경제 관계

한중 무역 관계

한국의 무역은 1960년대부터 1980년대 말까지 고공 성장을 지속했다. 값싼 경공업 제품에서 시작하여 자본 집약적인 중화학공업으로 도약했고, 그 다음에는 미래지향적인 정보통신 산업으로 진출하였다. 한국 경제는 미국을 정점으로 하는 산업망의 가장 밑자락에서부터 착실하게 올라갔다. 한국 국내시장은 고관세로 보호하면서 미국과 유럽에 수출하여 외화를 버는 방식이었다. 그러나 한국의 소득과 구매력이 상승하면서 미국으로부터 시장개방 압박을 받기 시작했다. 1980년대 말 미국 정부는 한국에 대한 불공정 무역을 거론하면서 무역법 슈퍼 301조 같은 제재로 한국을 압박했다. 한국 무역을 30년간 주도했던 기존 전략은 한계에 직면한 것이었다.

이런 상황 속에서 한국이 1992년 중국과 수교를 한 것은 다음 30년을 기약하는 호재였다. 한국은 당시 전 세계 글로벌 가치망에서 중간 정도의 위상을 차지하고 있었다. 산업화는 성공했지만 미국이나 유럽 같은 선진국과는 격차가 여전히 컸다. 자유시장에서 경쟁을 할 경우 한국기업은 도태해야만 할 정도로 경쟁력이 뒤떨어져 있었다. 그러나 중국 시장이 열리면서 한국은 산업계단 한참 밑에 위치한 중국과 새로운 연계가 가능해졌다. 비교우위와 절대우위를 모두 누리는 동시에 황해를 마주하는 인접국과의 무역이 가능해진 것이었다. 한국은 그동안 일본만이 유일한 인근 무역 국가였다. 그 나마 만성적인 무역적자국이었다. 주요 교역국인 미국과 유럽은 수만 킬로 미터의 해운을 통해야만 교역이 가능한 국가들이었다. 이에 반해 중국이 제 공한 거대시장, 인접성, 그리고 비교우위와 절대우위는 한국 무역에 또 한 번의 30년 도약을 가능하게 하였다.

한국이 중국과 무역이 가능해진 것은 중국에도 호재였다. 중국으로서는 가치사슬 가장 밑부분에서 경제성장을 시작해야 했기 때문에 한국의 경험 이 긴요했다. 중국이 필요한 모든 물자를 제공할 수 있었다. 1960년대의 한 국과 마찬가지로 1990년대의 중국은 경공업을 기반으로 경제성장을 추구 했다. 생산에 필요한 원자재, 기계, 중간재 등은 한국이 공급하였다. 이미 한 물간 기계류 등은 모두 중국으로 넘겼다. 중국에 구식 사업장을 이전하는 과정에서 한국의 산업은 자연스럽게 구조조정을 거쳤다. 생산재뿐 아니라 소비재도 중국에 대대적으로 수출되었다. 1990년대 한국의 대중 수출액은 1992년 26억 불에서 1999년에는 136억 불로 5배 넘게 증가했다. 한국이 1994년 우루과이라운드 개방 등으로 인해 수입물량이 대대적으로 유입되 던 시절이었는데 중국으로의 수출이 이를 상쇄하면서 한국은 무역수지 흑 자를 방어했다. 그리고 이때 10년간 쌓은 200억 불에 달하는 흑자는 약 20 조 원에 달하는 거금이다. 한국으로 하여금 1997년의 IMF 위기를 극복하 고 2000년대 정보통신 산업으로 넘어가는 노잣돈 역할을 하였다.

중국이 고도성장을 추구하였지만 한국도 성장을 멈추지 않았다. 중국이 2000년대 들어 중화학 공업으로 관심을 돌리던 시점에 한국은 이미 정보통신 분야에 박차를 가하고 있었다. 1990년대 한국과 중국의 격차만큼 2000년대에도 마찬가지로 한국은 중국과의 가치사슬 계단에서 비슷한 수준의 격차를 유지했다. 중국이 필요로 하는 중화학 공업에 필요한 물자를 대대적으로 중국에 수출하였다. 한국의 철강과 석유화학 같은 분야는 중국과의 교역을 통해 글로벌 수준으로 도약하였다. 정보통신 분야에서도 핸드폰, 컴퓨터, 각종 통신기자재를 중국에 대거 수출하면서 한국의 정보통신 기업들은 아시아의 강자에서 글로벌 강자로 도약하는 데 필요한 자금을 축적하였고 이는 연구개발에 투입되어 한국의 또 한 번의 경제 도약을 이끌었다. 중국도 이득을 본 것은 마찬가지였다. 황해 건너 모든 물자를 공급하는 국가가 있다는 점은 중국에게도 큰 호재였다. 중국은 자신에게 필요한 모든 원자재와 최종소비재를 수입하면서 자신의 경제성장 동력을 유지하였다. 한국의 대중 수출액은 2000년도 180억 불에서 2009년에는 860억 불로 다시금 5배 성장할 정도로 도약하였다. 이때 쌓은 대중 무역흑자 2천억 불은 우리 돈으로는 240조 원인데 한국이 선진국으로 부상하도록 만든 원천 자금이었다.

2010년대부터 중국은 한국을 많이 따라잡았다. 한국은 제4차 산업혁명으로 도약을 하기 시작했지만 아직까지도 현재 진행 중이다. 한국이 성과를 못 낸 것이 아니라 글로벌 차원에서도 미국 같은 선진국조차 여전히 시행착오가 진행 중일 정도로 어려운 분야이기 때문이다. 중국은 자국의 거대시장을 기반으로 2010년대 들어 중공업 분야를 따라잡았고 정보통신 분야도 글로벌 수준의 경쟁력을 갖추는 데 성공하였다. 그럼에도 한국은 여전히 중국에게 많은 것을 제공하는 국가로 자리매김하였다. 중국에 진출한 3만여 개에 달하는 한국기업들은 원자재와 중간재를 한국으로부터 수입해서 이를

중국에서 가공하는 체제를 갖췄다. 화장품은 단일 소비재로서 최고의 수출
고를 올렸는데 이는 한국의 유행 트렌드가 중국에 그대로 영향을 미치기 때
문이었다. 경공업, 중공업, 정보통신산업에 이어 서비스 산업으로 한국의 대
중 경쟁력 트렌드가 이어지는 것을 잘 보여준다. 반도체는 B2B 제품으로는
최고의 경쟁력을 갖고 중국에 수출되고 있다. 2010년부터 2019년까지 화장
품의 대중 수출액은 20억 불에서 300억 불로, 반도체는 170억 불에서 370
억 불로 증가하였다. 두 품목만으로 각각 36조 원과 44조 원에 해당하는 막
대한 매출을 거둔 것이다.

  1992년 이래 30년이 흐른 한중 무역은 2020년대 들어 다시금 전환기에
직면하였다. 한국은 더 이상 중국을 상대로 이전과 같은 무역흑자 규모를
누리지 못하게 되었다. 2022년의 대중 무역흑자는 10억 불 규모로 줄었다.
코로나 상황이 이를 확실하게 부각시켰다. 인적 교류가 99퍼센트 감소하고
제로 코로나에 집중하는 과정에서 중국은 무역정책을 새롭게 재고하기 시
작하였다. 쌍순환 정책하에서 자국산업 위주로 산업망을 재편성하고 외국
에 대한 의존을 줄이는 방향으로 전개되었다. 중국은 여전히 한국으로부터
자국이 필요한 각종 원자재와 기자재를 수입하지만 예전처럼 필수불가결한
공급국가가 더 이상 아니다. 중국도 상당한 수준의 경쟁력을 갖췄기 때문에
자체적으로 조달하거나 일본이나 독일 같은 기술선진국의 고가 제품을 선
호하는 단계로 올라섰다. 소비재 분야도 마찬가지다. 중국이 갖춘 거대한 제
조업 기반은 독보적인 글로벌 경쟁력을 갖췄다. 한국은 1인당 소득이 중국
을 훌쩍 능가하기 때문에 소비재 생산 분야에서 중국을 앞서기는 무척 어려
운 상황에 직면했다. 설령 한국이 혁신적인 제품을 만들어 중국에 수출해도

중국 기업들은 이를 카피하는 실력도 갖췄기 때문에 중국 시장 공략은 더욱 더 어려워졌다.

상품 외에 서비스 무역도 있다. 한중 무역구조에 있어 한국은 서비스 분야에서 중국을 상당히 앞서 있다. 특히 음악, 영화, 드라마, 게임 같은 문화 콘텐츠 산업에서 한국의 경쟁력은 중국을 훌쩍 앞선다. 만일 자유무역이 가능했다면 한국과 중국은 서비스 분야에서 다시금 상생적인 협력이 가능했을 것이다. 한국이 중국 내 문화 콘텐츠 분야를 주도하는 가운데 중국도 자체 경쟁력을 키우는 구도다. 그러나 문화는 단순한 소비재가 아니다. 정치적, 사회적 함의를 함께 지니기 때문에 중국이 쉽게 개방하기 어려운 분야다. 한국으로서는 경공업, 중공업, 정보통신 산업에 이어 서비스와 문화산업으로 발전해 나가는 것이 정상이지만 이렇듯 중국이 서비스 분야의 시장개방에 소극적인 입장을 취하면서 또 한 번의 대중 수출 도약의 길도 막히게 된 것이다.

반면 중국은 희토류와 희소금속 같은 재료 분야에서 새로운 시장을 찾았다. 한국이 경쟁력을 갖춘 핸드폰이나 배터리 같은 미래지향적 분야는 희토류와 희소금속을 많이 필요로 하는데 이들 가격이 상승하고 수요량은 급증하면서 한국은 수십억 불에 달하는 비용을 들이면서 이러한 원자재를 중국에서부터 수입하게 되었다. 한국으로서는 인근 국가로부터 요긴한 물자를 쉽게 수급할 수 있는 이점을 십분 활용하여 글로벌 경쟁력을 제고한 것이 사실이다. 하지만 이에 대한 부작용으로 중국에 대해 80퍼센트 넘는 의존도가 부담스럽게 되었고 엎친 데 덮친 격으로 미국으로부터의 견제도 받으면서 예전처럼 한중 무역이 순항하는 분위기는 점차 저물기 시작하였다.

중국의 제로코로나 정책에 따른 인적 교류의 전면 중단의 타격은 컸다. 무역은 유기적인 활동이다. 수출업자는 끊임없이 바이어와 교류를 통해 수출품을 홍보하고 흥정해야 한다. 그 과정에서 경쟁업자들보다 앞서고 바이어의 변하는 선호와 니즈에 맞춰 수출품을 계속 업그레이드하는 것이다. 3년여의 동안의 인적 교류 단절은 한국 수출업자로 하여금 중국 바이어들과의 관계가 소원해지는 것을 막을 수 없었다. 아무리 밀접한 사업 관계라도 3년여 동안 서로 못 보고 지내면 거리가 멀어지는 것은 인지상정이다. 코로나19는 한중 간 무역 관계에 미시적인 상처를 입힌 것이 사실이다. 비슷한 맥락에서 한국의 주력 대중 수출 품목인 화장품도 마찬가지다. 수시로 변하는 중국 소비자의 취향에 맞춰 끊임없이 시장조사와 현장실사를 해야 하지만 3년 동안의 교류 단절은 중국 소비자로 하여금 새로운 제품을 모색하는 계기로 작용하였다. 중국 내 화장품 업체들은 한국의 공백을 파고들어 자신만의 브랜드를 차별화하면서 마케팅하면서 시장 점유율을 올렸다. 리오프닝 후 중국 시장이 다른 모습인 것은 당연하다.

한국 무역이 30년마다 한 번씩 전환기를 맞이하는 것은 글로벌 트렌드와 일치한다. 한중 간 고도의 무역성장은 1990년대 들어 한국의 경제적 수요와 중국의 경제적 수요가 맞아떨어진 성과였다. 2020년대 들어 한중 무역은 또 다른 영역에서의 새로운 공통분모를 통해 그다음 30년을 기약해야 한다. 그것은 한국에게 떨어진 과제다. 중국이 중국식 현대화를 추구하고 미국을 중심으로 하는 자유무역질서와는 다른 길을 지향하는 이상 한국으로서는 중국의 상황과 경제정책을 명확하게 이해하고 중국의 지향점과 한국이 추구하는 방향 간 공존의 공통분모를 찾아야 한다. 한국이 비록 중국에 대해 절대우위를 잃었지만 상대우위는 여전하다. 지리적 인접성은 상수다. 14억 명의 중국 인구는 앞으로 30년 동안 여전히 건재할 것이다. 한국으로서는 미국과 유럽처럼 태평양과 인도양을 지나야만 도달할 수 있는 6억 명의 시장을 추구하는 것과 반나절 만에 도달하는 황해를 건너 있는 14억 명의 시장이 가지는 차이를 숙지하고 새로운 기회를 면밀하게 탐구해야 하는 과제는 당연하다. 비록 무역흑자 기조는 많이 약화되었지만 여전히 연간 180조 원에 달하는 수출고를 올리고 있음을 상기해야 한다. 한국의 연간 총수출액이 800조 원 규모임을 상기할 때 중국은 한국에게 필수불가결한 무역상대국이다. 기업 입장에서 총매출의 22퍼센트를 올리는 시장의 방치는 있을 수 없는 일이다.

한중 투자 관계

1990년대 들어 한국은 더 이상 경공업에 기반한 경제가 아니었다. 저렴한 노동인구는 이미 30여 년의 고도 경제성장을 거쳐 고임금 인력으로 변환되었고 산업체계 또한 중화학 공업 중심으로 전환하였다. 국가소득이 증가하면서 미국과 유럽의 한국시장 개방에 대한 압력도 높아졌다. 그리고 우루과이 라운드 이후 경쟁력 있는 외국 기업들이 한국에 진출하면서 한국의 기업들은 새로운 도전에 직면하였다. 보호무역 장벽이 내려오고 자유무역이 대세가 되면서 한국 기업들은 보다 저렴한 노동력을 찾아 해외시장을 개척하기 시작하였다. 1992년 중국이 한국과 외교 관계를 수립한 것은 한국 기업들에게 절호의 기회였다.

한국기업들이 중국의 동북 연안에 위치한 천진, 칭다오, 웨이하이, 대련 같은 곳에 공장을 짓기 시작한 것은 우연이 아니다. 황해만 건너면 되는 접근성은 인천항구에서 손쉽게 공장 기자재를 운반할 수 있는 최적의 여건이었다. 한나절만 건너면 인천에서 웨이하이와 천진항에 도착할 정도로 가깝다. 인천을 포함한 인근 반월이나 시흥공업단지에 입주해 있는 기업들로서는 공장을 들어내어 선적한 다음 중국으로 운반하면 며칠 내 공장 이전이 가능할 정도였다. 이들 도시의 배후에 있는 산동성과 하북성 인구는 각각 1

억 명에 달하는 거대 시장이었다. 한국 기업들은 공장을 짓고 각종 기자재를 중국 시장에 보급하였다. 중국은 빠른 시일 내 공장을 짓는 한국 기업인의 역량에 환호하였고 한국 기업이 제공하는 양질의 기자재를 갖고 경제성장에 박차를 가했다.

1990년대 초 한국과 중국이 외교 관계를 수립하는 과정에서 중국은 한국의 투자진출을 반겼다. 한국이 1960년대 이후 거둔 고도의 경제성장에 중국은 주목했고 이러한 성공을 거둔 기업들이 중국에 와서 다시금 경제성장의 도약을 재연하기를 희망하였다. 천진과 웨이하이를 시작으로 한국 기업은 중국 전역으로 투자를 진행하였다. 광저우와 상해는 당연한 목적지였고 그 밖에 절강성, 강소성, 요령성이 주목을 받았다. 모두 연안에 위치하기 때문에 한국의 인천항이나 부산항으로부터 손쉽게 물류이동이 가능한 입지였다. 한국기업의 대대적인 중국진출이 이뤄졌고 중국 전역에 한국 기업들이 공장을 세워 물건을 생산하였다. 중국 정부의 전폭적인 지원이 한국기업 특유의 경쟁력과 결합되다 보니 한국 투자기업들의 중국 시장 진출은 소위 "땅 짚고 헤엄치기" 수준이었고 이들 기업이 누리는 수익은 천문학적 규모에 달했다. 이때 거둔 수익은 한국으로 하여금 새로운 경제적 도약을 가져온 원동력이 된 것은 당연했다.

한국 기업들이 중국에 투자 진출하는 과정에는 연변 조선족의 역할이 컸다. 조선족은 이미 중국에서도 가장 높은 교육열을 가진 소수민족으로 자리 잡고 있었다. 같은 한민족으로서 동질적인 정서를 지녔고 한국어를 구사하였다. 이들은 한국 기업이 가져오는 자유시장에 기반한 경쟁력과 공장 노하우를 습득하면서 이를 중국에 적용하는 가교역할을 맡았다. 중국 현장에 낯설어하는 한국 기업인들을 위한 유능한 사업 파트너였고 중국에 정착하는 데 크게 기여하였다. 한국 기업인들의 진취적인 특성은 조선족의 실용주의와 잘 결합하였고, 조선족이 가지는 중국에서의 높은 위상과 정직함 등 장점도 한국기업의 중국 투자진출에 유리하게 작용하였다. 중국에서 투자를 하는 데 발생하는 이질적이고 낯선 분야는 조선족 파트너가 잘 해결해 주었고 대가로 한국 기업인들로부터 글로벌 기준과 자유시장하에서의 업무 노하우를 전수받았다.

한국 대기업들의 중국 진출도 본격적으로 진행되었다. 경공업, 중화학, 정보통신 등 모든 분야에 걸쳐 공장을 세우기 시작하였다. 대기업을 중심으로 하는 한국의 1선 협력업체와 2선 협력업체들이 모두 중국에 진출하여 대규모 협력단지를 세웠다. 핸드폰을 만들 때 필요한 각종 기자재나 자동차를 만들 때 필요한 중간재를 납품하는 업체들이 모두 중국에 진출하여 대기업에 납품했다. 많게는 수백여 개의 업체들이 모두 투자 진출할 정도로 대규모 진출이었다. 대기업들은 한국에서의 일선 협력업체까지 모두 중국으로 불러들여서 경쟁력을 배가했다. 한국은 1990년대 들어 이미 글로벌 시장에서 저가 분야에서 경쟁력을 갖췄다. 중국의 핸드폰, 가전제품, 기타 경공업 제품 시장을 석권하는 것은 당연했다.

한국 기업의 중국 투자는 중국 시장을 겨냥한 측면도 있지만 제3국 수출도 염두에 뒀다. 중국은 자유무역지대를 개설하여 관세 없이 중국 내 생산과 제3국 수출이 가능하도록 배려하였다. 한국 상표를 단 "메이드 인 차이나" 제품은 전 세계에 수출되었다. 중국으로서는 수십만 명에 달하는 일자리가 창출되었고 선진 경영 노하우와 기술을 습득하는 기회를 얻었다. 특히 해외로 수출을 어떻게 하는지에 대한 현장지식을 터득하였으며 그 과정에서 외국인 바이어 네트워크와 국제 마케팅 방식도 어깨너머로 배웠다. 한국 기업들은 1960년대 이후 30여 년간 습득한 경영 노하우를 중국에게 전수하는데 인색하지 않았다. 아울러 기술 공유에도 개방적이었다. 중국으로서는 한국인들과의 문화적 유대감과 함께 선의로 대하는 한국 기업의 배려 속에서 한국이 겪었던 많은 시행착오를 거칠 필요 없이 단기간에 경쟁력을 배양했다.

한국 기업들은 30여 년 동안의 중국 진출을 통해 중국 경제와 함께 성장했다. 중국 경제가 매년 10퍼센트의 고도성장을 하는 동안 한국 기업들은 그 이상의 매출을 거뒀다. 한국이 중국 시장에서 거둔 수익은 한국으로 하여금 선진국으로 도약하게 하는 기반으로 작용했다. 아울러 중국에서의 투자진출 경험을 살려 중국을 벗어나 다른 나라에도 투자진출을 가능하게 하였다. 중국이 계속 성장하고 중산층이 발달하면서 한국의 대중 투자는 일반 소비재로도 확대되었다. 일반 소모품, 일용품, 식자재를 만드는 공장들이 속속 중국에 진출하여 중국 국내시장에 유통되고 있다. 한국의 대중 투자진출이 중국인 생활 밀착형으로 변하는 단계다.

중국이 제공하는 투자환경은 계속 변해왔다. 한국으로서는 모든 산업 분야별 가치망에서 중국에 앞서 있었고 이를 기반으로 중국에 투자진출을 했다. 1992년부터 2020년까지 80조 원 수준의 금액을 중국에 투자하였고 이를 몇 번 뽑아낼 수준의 수익을 거뒀다. 하지만 중국이 30여 년간 부단한 성장을 지속해 옴에 따라 중국에게 경쟁 우위를 지닌 분야는 현저히 줄었다. 2020년부터 중국이 제로코로나 정책을 추진하면서 3년에 걸친 인적 교류 단절은 한국의 대중 투자시설과 생산 공장 운영에 큰 타격을 입혔다. 생산 시설과 공장은 시장의 상황과 맞물려 끊임없이 생산라인을 조정하고 업그레이드를 필요로 한다. 간단한 하드웨어와 소프트웨어들이 지속적으로 검사를 받고 교체를 하는 가운데 제품의 경쟁력이 유지되는 것이다. 한국의 재중 투자시설은 또한 기술의 우위를 가지는 한국의 기자재와 기술을 수시로 도입하여 로컬 중국업체보다 우위에 서야 하는데 코로나 기간 중 이러한 메커니즘이 중단되었던 것이다. 한국업체와 경쟁하던 중국의 업체들에게 호기가 아닐 수 없었고 3년이라는 기간 동안 차곡차곡 경쟁력을 배양하고 홈그라운드 이점을 살려 시장에서 우위를 점하기 시작했다. 한국과의 교류가 끊긴 중국 내 한국 투자 기업들로서는 뾰족한 대응수단이 없었던 것이 사실이었다.

중국의 자립도 강화로 중국의 시장환경은 물론 한국 기업에 대한 인식도 함께 변했다. 한국으로서는 중국의 변화한 투자환경에 대해서 예전의 접근 방법 대신 새롭게 제로베이스로 임해야 한다. 14억 명 규모의 시장이 여전히 건재하고 대중 수출 규모가 여전히 180조 원에 달할 정도로 견실함을 인식해야 한다. 각 지역경제 규모가 수천만 명 수준에 육박하며 각 지역별 소비자가 다른 취향을 가지고 있음을 직시해야 한다. 중국 정부가 대단일시장을 역설하고 있는데 이는 달리 말하면 여전히 각 지역별 재량과 고유한 특색이 상당함을 의미한다. 각 지역경제와 연계된 일자리 창출형 공장은 여전히 지방 당국의 환영을 받는다. 30년의 시간 동안 한국기업들은 가장 손쉽고 수익성 높은 과실을 향유했다. 이제는 새롭게 시장 조사를 해야 하고 새로운 네트워킹을 필요로 한다. 한국기업들이 중유럽, 중남미, 중동 등 국가에 투자진출을 하기 위해 쏟는 관심과 정성만큼 중국의 각 지역과 지방을 대상으로 특화되어 관심을 가질 경우 또 다른 투자기회가 도출될 수 있다. 그런 과업은 다른 국가들에게는 사실상 불가능한 과업이다. 중국의 문화, 한자 기반 언어, 경제 환경은 워낙 이질적이기 때문이다. 30년 동안 투자진출을 통해 경험과 노하우를 닦은 한국기업에게만 해결 가능한 과제다.

코로나 이후의
한중 경제

한국은 1992년 이래 30여 년 동안 중국과의 무역과 투자를 통해서 또 한 번의 도약을 성취했다. 1960년대부터 1980년대까지 한국 경제가 산업화를 성공했다면 1990년대부터 2010년대까지 한국 경제는 선진국으로 진입하는 2차 도약에 성공했다. 2차 도약에서 요구되는 천문학적 자금은 중국과의 거래에서 도출했다. 이 거래는 중국에게도 이득이었다. 중국은 자국 시장을 내주고 유리한 투자유치 조건으로 각종 혜택을 우리 기업들에게 제공하는 대신 자국 경제가 30년 내 G2 수준으로 도약할 수 있는 모든 노하우와 기술을 한국 기업으로부터 얻어 갔다.

30년간 관계 구축 속에서 한국과 중국 기업과 기업인, 그리고 일반인들은 매년 천만 명에 달하는 교류를 통해서 서로를 이해해 갔다. 그것은 비즈니스, 문화, 생활, 사회, 관광, 학술 등 모든 분야를 총망라하는 교류였다. 30년이 흐르면서 한국인도 변했고 중국인도 변했다. 변화에 빠른 것은 한국인이다. 1960년대부터의 1차 도약에서 한국은 이전의 농업과 유교를 중심으로 하는 보수적인 전통을 약화시키면서 대신 실용주의와 실적주의에 기반한 고속 경제성장을 달성했다. 1990년대부터는 민주주의, 자유주의, 법치주의,

인권주의 등 선진적인 가치들을 적극 수용하고 시장에 기반한 혁신을 도입함으로써 또 한 번의 변신을 꾀했다. 두 번의 변신은 모두 한국의 번영과 경제발전을 가져왔다. 중국도 30여 년의 고도성장을 통해 급속하게 변신했다. 공산주의와 사회주의에 묻혀 있던 중국인의 상업 유전자는 만개했고 이는 중국의 경제 활력의 근간으로 작용했다. 모르는 것은 배우고 힘센 상대에는 굽히는 실리주의가 중국인의 대외 관계에서 기본 원리였다. 중국은 한국의 우수한 경제력과 기술력, 그리고 경영 노하우 그 모든 것을 습득하기 위해 한국에 예우를 다했고 정성스럽게 관계를 맺었다. 배우는 입장에 선 중국인에게 한국인의 변화는 중요하지 않았다. 검은색 고양이건 흰색 고양이건 쥐만 잡으면 그만이라는 "흑묘백묘론(黑猫白猫論)"은 한국인의 정신세계가 어떤 지향점을 가지는지 무관하게 필요한 기술과 노하우를 배우기만 하면 그만이라는 입장으로 구현되었다.

G2의 단계에 오른 중국인에게 한국은 더 이상 필수 학습 대상 국가가 아니다. 여전히 배울 만한 부분에 대해서는 예우를 갖추지만 그 밖의 대부분 분야에서 예전처럼 한국을 추켜세우는 모습을 기대하기 어렵다. 냉정한 비즈니스 세계관이 작용한다. 영업 환경이 변했기 때문에 한국에 대해 예전 같은 자세를 취할 필요가 없다는 지극히 수지 타산적인 세계관이 작용한다. 한국에 대해서도 충분히 배려했다는 입장도 내세운다. 한국은 30년에 걸쳐 중국 시장에서 수백조 원에 달하는 수익을 챙겼다는 입장이다. 중국은 한국 기업들로 하여금 마음껏 중국 시장에서 장사를 하도록 허용했다는 논리다.

중국이 한국에게 낯선 국가로 비춰지는 것은 코로나로 인해 교류가 단절

되면서 도드라진 현상이다. 하지만 코로나는 한국으로 하여금 한 걸음 떨어져서 중국을 보다 냉정하게 보도록 만든 측면도 있다. 중국은 언제나 그 근본은 동일했다. 1990년대, 2000년대, 2010년대, 2020년대 중국은 외견상으로는 계속 진화하는 모습을 보이지만 저변에 깔려 있는 공통분모는 크게 변하지 않았다. 중국중심 세계관, 사회주의에 대한 확고한 믿음, 철저한 실용주의는 그대로였다. 오히려 한국이 좀더 빠르게 변하는 가운데 세계관을 재정립하면서 중국과 차이가 벌어졌다. 한국 기업들은 1990년대 환대를 받고 중국 시장에 진출했고 20년 넘게 중국의 예우에 익숙해지다 보니 중국 내면세계의 정확한 이해에 둔감했던 측면도 있다. 중국은 한국의 실력을 인정했고 그 실력을 전수받기 위해 깍듯하게 예우했다. 하지만 중국은 절치부심하면서 실력을 키웠던 것이다. 한국이 자유주의와 민주주의 등 보편적 가치를 확고하게 받아들이면서 중국이 주창하는 사회주의 기반 세계관들이 더욱 이질적으로 느껴지는 측면도 있다. 한국의 전통적인 유교기반 가치관이 점차 서구형 개인주의와 합리주의로 전환되면서 중국과 공유하는 문화기반이 약화된 것도 사실이다. 중국인을 대할 때 서로 공감할 수 있는 대화의 주제가 대폭 줄어든 것이다.

코로나 이후의 한중 경제협력의 향방은 결국 쌍방이 상대방을 어떻게 이해하는지 여부에 달렸다. 중국은 미국과 불편한 관계다. 미국이 주창하는 세계관과 가치관에 대해 유보적인 입장을 취한다. 반면 한국은 미국이 정립한 글로벌 규범 기반 질서에 적극 참여한다. 중국으로서는 이렇듯 서로 세계관과 가치관의 격차가 벌어진 한국을 어떻게 대해야 할지 여부와 특히 경제협력을 어떻게 관리할지 여부가 관건이다. 한국도 마찬가지다. 중국에 대해 취해온 경제적 접근을 새롭게 검토해야 하는 상황이 되었다. 1990년 이래 중국이 한국에 부여한 경제적 예우가 종료되었다. 이러한 예우 종료는 중국인 특유의 현실중심 비즈니스 세계관에 따르는 것임을 냉정하게 수용해야 한다. 중국인 입장에서 한국기업은 중국 시장에서 30년 동안 풍족하게 수익의 과실을 향유했고 그사이 중국도 열심히 노력해서 소정의 성장을 했다고 내세운다. 이러한 중국의 세계관을 액면가로 수용하고 다음 과제로 한국이 추구하는 가치관을 중국과 거래할 때 얼마큼 견지할지, 그리고 필요시 얼마큼 어떻게 보정할지 여부를 고민해야 한다. 중국이 중국식 현대화를 추구하고 신(新)발전하에서 쌍순환과 공동부유 같은 자국 중심 경제정책을 운영할 때 한국이 관여하고 취할 수 있는 이득이 어떤 것인지, 그리고 얼마큼 있는지를 헤아리고 이것이 얼마큼 한국이 지향하는 가치관과 병립 가능한지를 분석해야 한다. 정치, 경제, 사회, 문화 등 다방면에 걸친 입장을 총망라하면서 한국식실용주의 입장을 유지해야 솔루션이 도출될 것이다.

중국과 30여 년 동안 상호 호혜적인 관계를 구축하는 과정에서 한국은 중국에 많은 터전을 쌓았다. 그것은 물리적으로 수천 곳에 건설한 공장들, 수천만 건에 달하는 인적 교류 등 유형적이고 무형적 관계를 총망라한다. 한국은 이렇게 쌓아온 터전을 바탕으로 중국을 이해하고 새로운 공통분모를 모색해야 한다. 물론 30여 년간 축적한 노하우가 중국 측의 우호적인 배려와 조선족의 물심양면의 도움, 그리고 한국 경제가 가진 월등한 경제력과 경쟁력에 기인한 것은 사실이다. 그리고 2020년대 들어 더 이상 중국은 예전 같은 우호적인 배려를 보이지 않고 있으며 조선족의 도움도 사라졌고 한국 경제가 중국 경제에 대해 누렸던 우위를 상실한 것도 사실이다. 그럼에도 코로나 이후 중국을 이해하는 입장에서 보면 한국은 여전히 그 어떤 국가보다도 유리하다. 그 어떤 국가도 한국과 같이 중국에 쌓아 놓은 터전이 없기 때문이다. 한국은 이제 자체 의지와 노력만으로 중국과의 새로운 협력을 모색해야 하는 상황에 놓였다. 그것은 한 번도 겪어 보지 않은 낯선 상황이다. 중국도 마찬가지다. 중국으로서도 30여 년 동안 번영과 발전을 한 한국에게서 여전히 배울 것이 많다. 서로 어떻게 배우고 어떻게 협력할지를 따지는 것은 두 국가가 함께 해야 하는 과제다.

한국은 반세기의 시간에 걸쳐 무역강국, 경제강국으로 거듭나는 과정에서 미지의 세계에 진출하여 밑바닥부터 장사를 한 저력을 지닌 국가다. 중동의 열풍 속에서 건물을 지었고 미국과 유럽에 저가 소비재를 팔면서 경쟁력을 닦았다. 이들 콧대 높은 구매자들의 취향을 알아내고자 부단히 노력했다. 한국이 어디 있는지도 모르는 소비자들을 대상으로 무수한 시행착오를 거쳤다. 이들이 누리는 소비패턴과 사회문화적 저변을 이해하고자 수십년 동안 학습하고 체험하면서 체화했다. 서양의 이질적인 문화와 사회 관습, 언어 장벽을 뚫고 거둔 성과들이 하나둘씩 쌓였고 그 결과물이 2020년대에 누리는 한국의 저력과 경제력이다. 동남아, 중동, 중남미, 아프리카 시장에 진출하는 과정도 마찬가지였다. 이런 측면에서 중국 시장은 달랐다. 그동안 한국이 진출하려고 노력한 시장들에 비해 상대적으로 가깝고, 친숙하고, 편리했다. 하지만 2020년대 중국 시장은 한국이 그동안 다른 지역에 들였던 땀이 밴 노력과 정성을 요구할 정도로 변했다. 이렇듯 새롭게 변신한 중국 시장 진출과 한중 경제협력 증진은 한국이 완연한 선진국으로 자리 잡는 데 꿰맞춰야 할 마지막 퍼즐이다. 성공할 경우 한국이 누릴 지정학적, 지경학적 이점은 21세기 한반도의 경제와 안보까지 좌우할 것이기 때문이다.

참고문헌

박순혁, 〈K 배터리 레볼루션〉, 지와인, 2023.

박종한, 〈중국 감각〉, 역락출판사, 2022.

셔니엔하이(史念海), 〈역사지리학십강〉, 우한: 장강문예사, 2020.

쑹훙빙(宋鴻兵), 〈화폐전쟁〉, 랜덤하우스코리아, 2008.

양훙젠(楊弘建), 〈중국의 장사꾼들〉, 카시오페아, 2015.

왕이웨이(王義桅), *China Connects the World*, 북경: 신세계출판사, 2018.

이상준, 〈중국인의 상도〉, 책이 있는 마을, 2008.

이희승, 〈상인이야기〉, 행성비, 2013.

중국사회과학원(中國社會科學院), 〈일대일로 건설 발전 보고〉, 북경: 사회과학원출판사, 2016.

중국국가지리지도편위회(中國國家地理地圖編委會), 〈중국국가지리지도〉, 북경: 중국백과사전사, 2010.

치엔무(錢穆), 〈중국경제사〉, 북경: 연합출판사, 2019.

인민일보(人民日報), 치우시(求是), 차이징(財政), 차이신(財新) 등 중국 언론 매체

Bednarski, K., *Lithium*, New York: Hurst, 2021.

Dalio, R., *Principles for Dealing with Changing World Order*, New York: Simon & Schuster, 2021.

Gordon, R., *The Rise and Fall of American Growth*, Princeton: Princeton Univ. Press, 2021.

Hillman, J., *The Emperor's New Road*, Providence: Yale University Press, 2020.

Mahbubani, K., *Has China Won*, New York: Hachette Book Group, 2020.

Miller, C. *Chip War*, London: Simon & Schuster, 2022.

Pitron, G., *The Rare Metals War, New York: Scribe, 2020*.

Platt, S., *Imperial Twilight*, New York: Alfred A. Knopf, 2018.

Rudd, K., *The Avoidable War*, New York: Hachette Book Group, 2022.

Sheehan, M., *The Transpacific Experiment*, New York: Counterpoint, 2020.

Whittingham, M. et al., 〈배터리의 미래〉, 서울: 최종현학술원, 2021.

Yuval, H., *Sapiens*, New York: Harper, 2018.

포스트-코로나
중국 경제 매뉴얼

초판인쇄 2023년 08월 18일
초판발행 2023년 08월 18일

지은이 손창호
펴낸이 채종준
펴낸곳 한국학술정보(주)
주 소 경기도 파주시 회동길 230(문발동)
전 화 031-908-3181(대표)
팩 스 031-908-3189
홈페이지 http://ebook.kstudy.com
E-mail 출판사업부 publish@kstudy.com
등 록 제일산-115호(2000. 6. 19)

ISBN 979-11-6983-589-3 13320